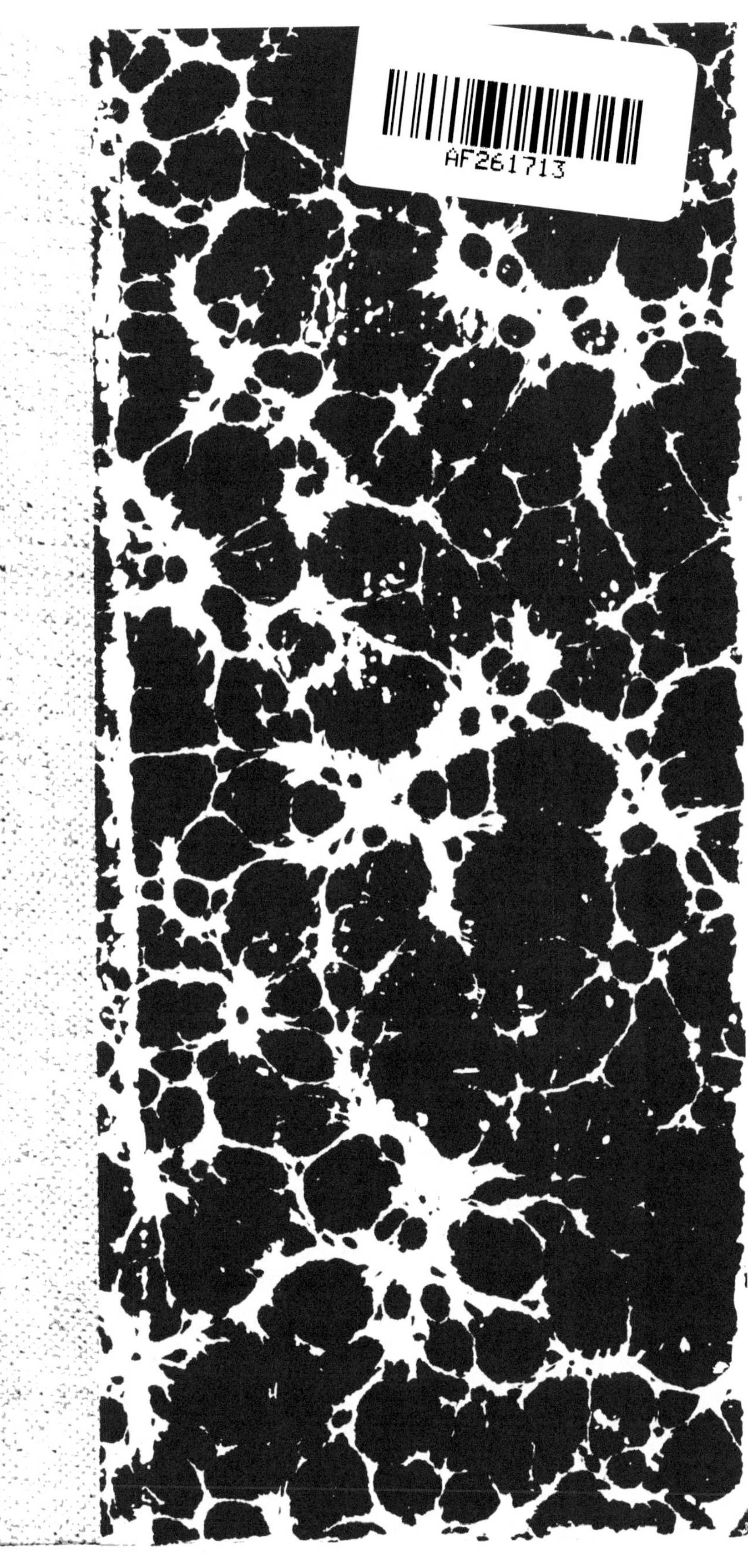

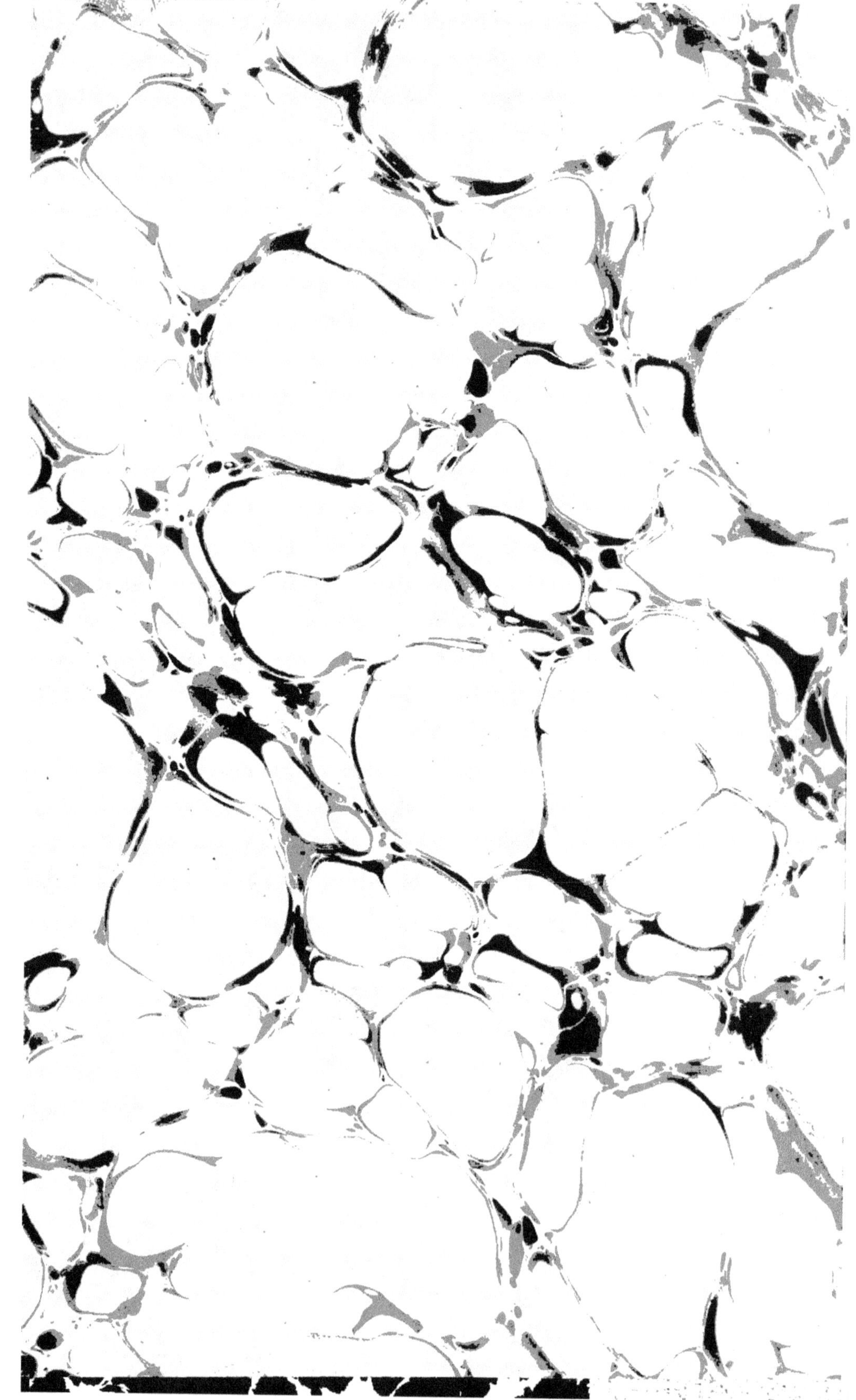

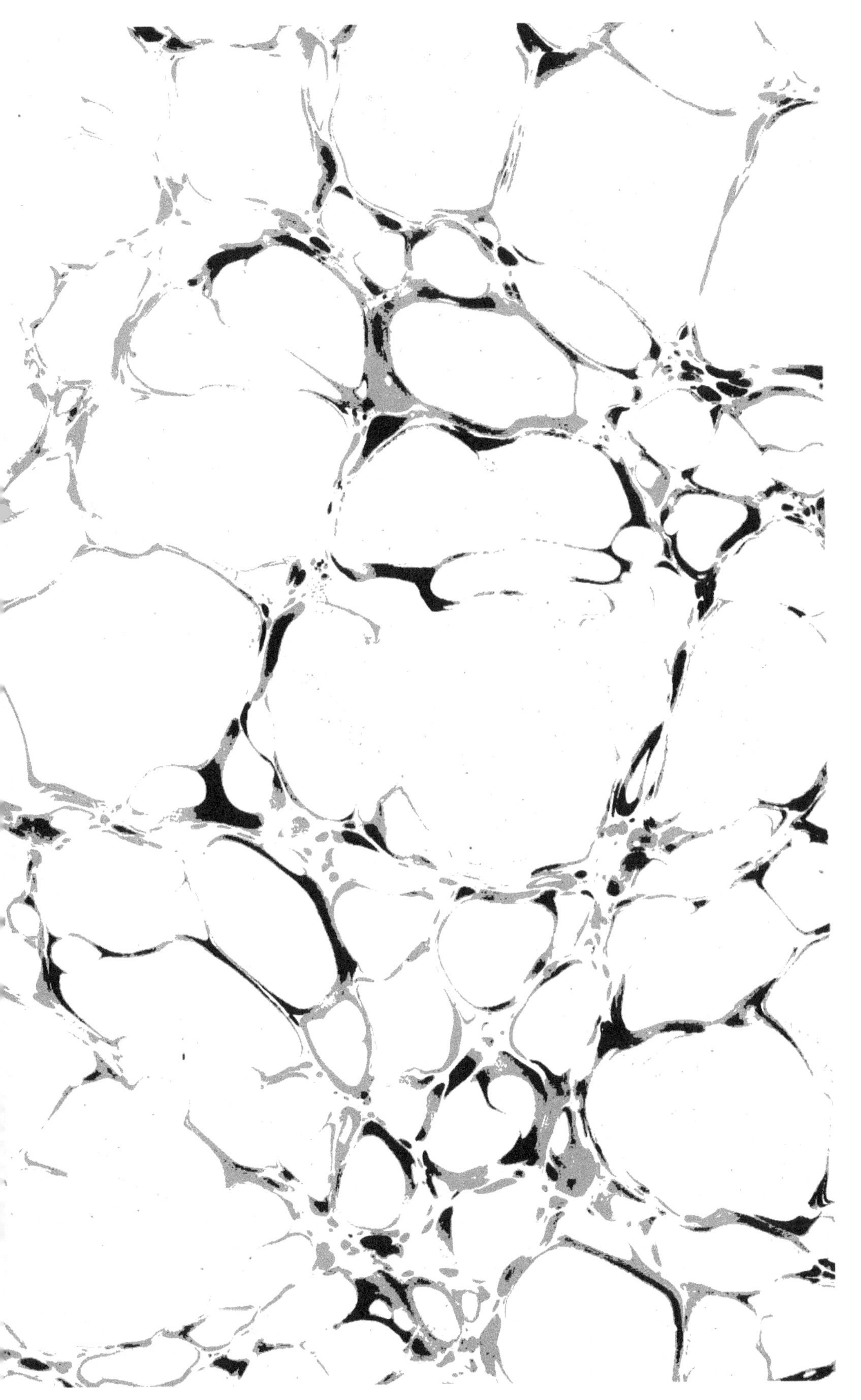

L'ÉGYPTE

CONTEMPORAINE

ET

ARABI PACHA

PAR

N. SCOTIDIS

Docteur en droit

JUGE CONSULAIRE A LA CHANCELLERIE DE LA LÉGATION HELLÉNIQUE

A CONSTANTINOPLE

PARIS

MARPON ET E. FLAMMARION

ÉDITEURS

26, RUE RACINE, PRÈS L'ODÉON

L'ÉGYPTE CONTEMPORAINE

ET ARABI PACHA

PARIS. — IMP. C. MARPON ET E. FLAMMARION, RUE RACINE, 26.

L'ÉGYPTE

CONTEMPORAINE

ET

ARABI PACHA

PAR

N. SCOTIDIS

Docteur en droit,
Juge consulaire à la Chancellerie de la Légation Hellénique
à Constantinople.

PARIS

C. MARPON ET E. FLAMMARION
ÉDITEURS
26, RUE RACINE, PRÈS L'ODÉON

1888

L'ÉGYPTE CONTEMPORAINE

ET ARABI PACHA

PROLOGUE

Pendant que la rébellion soulevée par Arabi Pacha dominait l'Égypte et que les événements graves du massacre, du bombardement, de l'incendie et du pillage d'Alexandrie se passaient, je me trouvais dans cette ville comme Vice-consul secrétaire de l'Agence diplomatique de Grèce en Égypte.

En cette qualité, et comme témoin oculaire, je suivis avec attention toutes les péripéties intérieures et extérieures de la crise égyptienne, dont je gardais note pendant leur développement.

M'étant appuyé sur ces bases et sur les livres diplomatiques des grandes puissances, principalement sur ceux de la Grande-Bretagne et de l'Italie, relatifs à la question égyptienne, j'ai publié en 1883 cet ouvrage en grec.

Il y a quelque temps, des personnes distinguées de l'Egypte et de Constantinople, qui ont bien voulu lire mon ouvrage, m'ont conseillé de le publier en français. C'est ce que je fais aujourd'hui, quoique le français ne soit pas ma langue maternelle. Mais j'ai revu et complété mon ouvrage à d'autres points de vue et d'après la situation dans laquelle se trouve actuellement l'Egypte.

En publiant mon petit ouvrage en français pendant que la question égyptienne continue toujours à préoccuper le monde, je ne suis pénétré que d'un seul désir : c'est qu'il serve de base, sinon pour les opinions que j'ose exprimer sur différentes personnes et sur divers événements politiques, du moins pour les faits, quand un écrivain écrira un jour l'histoire contemporaine de l'Égypte, de ce beau pays qui m'offrit l'hospitalité pendant cinq ans, et dont le souvenir sera toujours vivace dans ma mémoire.

X. Scoridis.

Constantinople, le 23 juillet 1887.

INTRODUCTION

L'Égypte, qui florissait dans la plus ancienne époque de l'histoire des peuples orientaux, était prédestinée à devenir, il y a cinq années, le théâtre de scènes terribles, malgré toutes les lois du progrès et de la civilisation de l'humanité.

Depuis l'ère fort éloignée des Hicsos, où l'Égypte repoussait les étrangers et se mettait ensuite en contact avec eux, sous le Pharaon Psamétic, l'histoire de ce pays ne contient que peu de pages lamentables qui, d'ailleurs, ne se rapportent qu'aux temps reculés, à l'époque Byzantine des poursuites faites contre les religionnaires et à celle du schisme d'Athanase.

En général l'Égyptien y figure comme étant d'un caractère doux et tranquille, avec un tempérament voluptueux, exerçant l'hospitalité, ne se lassant point dans les travaux de l'agriculture et très obéissant aux lois et aux autorités de son pays.

C'est ainsi qu'on pourrait comprendre l'existence et le développement des villes demi-grecques de Memphis et de Thèbes dans les anciens temps, et surtout pendant l'époque du roi Psamétic, ainsi que la position florissante d'Alexandrie et de toute l'Égypte au point de vue intellectuel et matériel pendant l'époque Alexandrine.

Depuis le temps où la religion de Mahomet commença à dominer l'Égypte et qu'elle fut occupée par les Turcs, le caractère, les mœurs et les coutumes du peuple égyptien furent changés. Élevé d'après des principes belliqueux, il laissa la charrue pour prendre les armes et peu à peu devint martial et peu favorable aux étrangers. Cet état de choses dura pendant quelques siècles, jusqu'à ce que les Européens eussent recommencé, pour des raisons de commerce, à fréquenter l'Égypte.

Dès lors, l'Égyptien s'habitua à reprendre ses habitudes anciennes, à laisser ses airs belliqueux et à se servir de nouveau de la charrue et de la pioche au lieu du sabre et du fusil. C'est ainsi qu'il devint peu à peu tolérant, calme et ami des étrangers, que la fertilité et la bonne température du pays attiraient de toutes parts.

— 7 —

A l'époque surtout de Méhémet-Ali Pacha (1)
qui, faisant toujours des concessions aux Européens, leur avait ouvert les portes de l'Égypte,
et ensuite, pendant que Saïd Pacha (2) était sur
le trône, ils commencèrent à y accourir en foule,
l'élément grec, que le grand Khédive avait très
bien traité, étant en tête.

C'est ainsi que de grandes colonies européennes se sont rétablies en Égypte. C'est ainsi
que les Européens ont acheté beaucoup de terrains (3) qui sont devenus par la culture de
grandes et riches propriétés, dans lesquelles les
Égyptiens travaillent par milliers, gagnant facilement leur vie. Ce sont les Européens qui ont
fait, par leurs capitaux et par les mains des
Égyptiens, de grandes bâtisses, à Alexandrie,
au Caire et en d'autres villes d'Égypte ; qui ont
établi des chemins de fer qui la traversent dans
toutes les directions ; qui ont fondé de grandes
sociétés et banques maniant des milliards de
livres, pour le plus grand profit des Européens et
des Égyptiens.

Donc, depuis l'époque de Méhémet-Ali et après

(1) 1840.
(2) 1856.
(3) Méhémet-Ali avait concédé aux Européens des propriétés
immobilières en Égypte avant 1856, tandis que la Turquie ne leur
donna ce droit qu'en 1863.

l'avènement d'Ismaïl (1) et de Tewfik. toutes les circonstances contribuèrent à ce que les Égyptiens vécussent heureux et en pleine amitié avec les Européens. Ce ne fut que lorsque Ismaïl Pacha commença à gaspiller les richesses du pays au préjudice des intérêts Européens et Égyptiens, que l'Angleterre et la France furent obligées de les protéger, en forçant ce Khédive à s'éloigner de l'Égypte et formant, par une convention, le Contrôle général et la Commission de la Dette publique.

Ces événements importants. qui auraient pu troubler longtemps l'ordre public dans un autre pays, ne contribuèrent qu'à exciter seulement la curiosité du peuple égyptien pour quelques jours, et aussitôt l'Égypte reprit sa vie habituelle.

Il n'y a même pas plus de six ans qu'il n'avait pas paru à l'horizon politique le moindre nuage qui eût pu présager l'orage qui menaçait le pays. et. surtout depuis l'avènement du bon et progressif Tewfik, on admirait l'Égypte pour la sécurité publique et l'ordre qui y régnaient.

(1) On dit que ce Khédive. devenu propriétaire d'immeubles dépassant la moitié des terres cultivables, avec le penchant à augmenter sa fortune territoriale. apportait quelques entraves pour la transmission des propriétés : cependant un grand nombre de telles transmissions eurent lieu pendant qu'il régnait en Égypte.

Les soulèvements et les révolutions sociales et politiques de toutes les nations proviennent de motifs importants, de principes philosophiques, religieux, sociaux ou politiques.

En Égypte quelle fut la question, soit sociale, soit religieuse ou politique qui ait pu justifier les troubles et les malheurs qui s'y produisirent? Que firent-ils ceux qui contribuèrent à cet état de choses, afin que le peuple intelligent de l'Égypte se développât, et qu'il pût comprendre peu à peu les principes derrière lesquels les soi-disant réformateurs se fortifièrent, sans qu'ils en eussent rien compris, pour satisfaire leur ambition, leurs passions et leurs intérêts? Quelle tyrannie fut exercée sur l'Égypte, dans les dernières années, pour que fussent justifiées les déclarations politiques qu'Arabi avait faites pour sa liberté? Quels empêchements au développement de l'esprit national du pays et à son progrès entremirent la France, ou l'Angleterre, ou le Khédive, ou la Turquie?

Le Contrôle général, quoiqu'il touchât à l'amour-propre du peuple Égyptien, fut très nécessaire, après les grandes dépenses qu'avait faites Ismaïl Pacha à compte du Trésor public, et la crise financière qui survint dans le pays, aussi bien pour l'Égypte que pour les grands intérêts de l'Europe, jusqu'à ce qu'il fût possible que l'équilibre revînt dans les finances de l'État, et que le ministre compétent pût les diriger sans aucun contrôle et sûrement.

Que contenait-il ce régime privilégié, dont on a tant parlé, et comment se heurtait-il aux intérêts égyptiens ?

Le Contrôle était un système de surveillance exercé sur l'Administration du budget du Gouvernement égyptien. Ce système fonctionnait par plusieurs Commissions internationales : comme celle de la Daïra Sanieh 1), celle des Domaines et celle de l'Administration des chemins de fer et des postes.

Le Contrôle, en général, comprenait la surveillance exercée sur toutes les questions financières de l'État et, spécialement, l'Administration des Commissions spéciales et la surveillance faite sur elle par les Contrôleurs généraux, en vue de consolider les garanties offertes aux créanciers de l'Égypte et de restituer l'équilibre de ses finances.

La Commission de la Dette publique étant constituée de quatre membres, d'un Français,

(1) Daïra signifie un système d'administration instituant une personne morale. Daïra Sanieh était le système d'administration des biens immeubles du **Khédive** Ismail Pacha, qui sont compris dans ceux de la couronne, depuis qu'il fut détrôné.

d'un Anglais, d'un Italien et d'un Autrichien (1)
encaissait et encaisse encore les revenus des
quatre provinces égyptiennes : de Garbieh, de
Menoufieh. de Béhéra et de Siout, ainsi que
les recettes des douanes, des chemins de fer,
des télégraphes, des ports d'Alexandrie, pour le
paiement des amortissements de la Dette privilégiée (2) et de la Dette unifiée de l'Égypte (3).

Chacun de ces services constitue un bureau
spécial avec son directeur, le sous-directeur.
l'administrateur et l'inspecteur, qui reste dans
les provinces.

La juridiction de la Daïra Sanieh s'étend sur
des terrains de 420.000 feddans hypothéqués pour
une dette de l'ex-Khédive Ismaïl. et elle est
constituée de trois membres, d'un Anglais, d'un
Français et d'un Égyptien.

La Commission des domaines étant aussi
constituée de trois membres. d'un Anglais. d'un
Français et d'un Égyptien, est chargée de l'administration des domaines publics hypothéqués

(1) Plus tard, il fut convenu qu'un commissaire Russe et un
commissaire Allemand prendraient part à cette commission. (Décrets des 19 février et 1er mars 1885.)

(2) Elle s'est élevée à la somme de 22,296,800 l. st. au 31 décembre 1886.

(3) Dont le montant a été de 55,999,980 l. st. au 31 décembre
1886.

pour l'emprunt domanial de 9.000,000 de l. st.

Dans tous ces bureaux il y avait 355 employés de toutes nationalités, pour lesquels on dépensait par an 103.000 l. st. environ. Les chefs de tous ces services étaient les deux Contrôleurs. un Français et un Anglais, qui avaient les droits suivants, d'après le décret du 15 novembre 1879 . 1° Ils avaient rang et séance au conseil des ministres avec voix consultative (art. 1 : 2° ils avaient les pouvoirs d'investigation les plus étendus sur tous les services publics art. 1) : 3° ils communiquaient soit au Khédive. soit à ses ministres, les observations auxquelles leurs investigations donnaient lieu ; 4° ils rendaient compte de leurs travaux au Khédive à la fin de chaque année (art. 5). En un mot. les Contrôleurs généraux avaient le droit d'assister et d'intervenir. à titre de conseillers. dans les actes du gouvernement. sans participation directe à l'administration. et celui d'en référer au Khédive pour tous les actes ou toutes les mesures administratives.

Le but du système du Contrôle général fut de prévenir de nouvelles crises financières et de servir, d'un côté, comme une barrière aux tendances arbitraires et dissipatrices de chaque gouvernement qui aurait pu être de mauvaise loi. et. de l'autre. comme une garantie des dettes de 1878.

Ce système, créé le 15 novembre 1879 et sanctionné par le Khédive, le Sultan et les grandes puissances. fut suspendu à la suite de l'institution du ministère mixte ; mais trois ans après il fut reconstitué et. en 1880, il devint plus complet par la loi de liquidation du 19 juillet.

Il est vrai que cette institution. à cause du grand nombre de ses employés. exigeait de grandes dépenses de 100.000 livres égyptiennes environ par an. et qu'elle donnait lieu à une ingérence étrangère dans les affaires de l'Égypte qui portait atteinte à l'autorité du gouvernement ; mais elle avait puissamment aidé au rétablissement des finances du pays. Par conséquent, il était évident que toute réaction contre cette institution, qui que ce fût qui pût la faire, aurait causé les complications que nous allons raconter.

L'institution des tribunaux internationaux, faite en vertu de la convention du 10 novembre 1874, quoique, d'un côté, elle touche à la souveraineté et à l'amour-propre de l'Égypte par la participation à la justice du pays des Européens de différentes nationalités, qui jugent avec des Égyptiens toutes les contestations entre étrangers et entre étrangers et indigènes, elle s'y accorde, de l'autre, parce qu'elle a rendu à l'autorité territoriale la partie des droits que les traités lui avaient laissée et dont elle était dépossédée par les usages dans les causes où les indigènes étaient engagés, et où le tribunal consulaire du défendeur, lorsqu'il était européen, était compétent.

D'après ce système, il y a deux tribunaux de première instance, à Alexandrie et au Caire (1), dont chacun est composé de sept juges, de quatre étrangers et de trois indigènes, et une Cour d'appel à Alexandrie composée de onze magistrats, dont quatre indigènes et sept étrangers: il y a aussi un Parquet à la tête duquel est un procureur général, ayant sous sa direction des substituts en nombre suffisant pour le service des audiences et la police judiciaire.

La compétence de cette juridiction s'étend aux contestations mixtes en matière civile ou commerciale, à l'exclusion de toutes questions principales ou incidentes intéressant le statut personnel des étrangers. A cette juridiction appartient également la connaissance de tout litige en matière immobilière, même entre étrangers seuls, ainsi que celle des atteintes portées à un droit

____

(1) Il y avait aussi à Mansourah un tribunal de première instance qui, quelque temps après son institution, fut supprimé.

acquis d'un étranger par un acte d'administration. Le gouvernement, les administrations, les
Daïras du Khédive et des membres de sa famille
sont justiciables de ces tribunaux dans les procès
avec les étrangers.

En matière pénale, la compétence des tribunaux mixtes ne comprend que les contraventions
de simple police, excepté les crimes ou délits qui
seraient commis par ou contre leurs membres
dans l'exercice de leurs fonctions, ou à l'occasion de l'exécution de leurs sentences. Excepté le cas précité, où s'étend la compétence
des tribunaux mixtes, unique, internationale, en
quelque sorte amphictyonique, en tout autre cas
de procès entre étrangers de la même nationalité
est maintenu le régime actuel de dix-sept juri-
dictions consulaires.

Avant l'institution des tribunaux mixtes, tous
les différends entre les Égyptiens et les Européens, dont les premiers étaient défendeurs,
étaient jugés par les gouverneurs et les sous-gou-
verneurs ou les cadis, d'une manière sommaire (1),
selon la conscience, le Coran et quelques coutumes qui régnaient en Égypte. A cause de cela,
l'exécution de tous les actes et conventions qui

(1) Dans cette procédure sommaire on n'évitait pas de comprendre quelquefois la bastonnade.

étaient contractés entre les Égyptiens et les Européens, quelquefois au préjudice des premiers, devenait problématique.

Pour obvier alors à ce danger, on contractait quelquefois un intérêt analogue à la bonne foi et à la régularité de l'Égyptien qui aurait eu besoin des capitaux européens.

Mais, après l'institution des tribunaux mixtes, dont sont membres des hommes distingués de l'Europe ainsi que de l'Égypte, toutes les raisons de cette situation désagréable n'existent plus. Dès lors, les capitaux ayant été assurés se répandent plus facilement, et les banques ayant développé leurs affaires, l'intérêt a diminué jusqu'au taux légal à peu près.

Si à la suite de cette institution et de la constitution du Code égyptien, basé pour la plus grande partie sur le Code français, il a été institué des lois qui ne s'accordent pas, plus ou moins, avec l'esprit religionnaire et les coutumes du peuple égyptien, on peut corriger ces divergences peu à peu, sans qu'il soit nécessaire, ainsi que le prétendit Arabi Pacha, de renverser l'édifice à l'abri duquel se sont développés en Égypte le commerce et l'industrie.

La multitude des employés européens qui travaillent dans les différents bureaux, principalement ceux des différentes commissions, gênent beaucoup les Égyptiens et excitent leur amour-propre et leur jalousie. Par principe on doit leur donner raison, parce que chaque nation a le droit, dans sa souveraineté, de diriger elle-même ses affaires par ses membres. Mais, dans l'état où l'Égyptien se trouve aujourd'hui au point de vue intellectuel, comme nous allons l'exposer plus bas, il n'y en a pas beaucoup qui puissent bien diriger les services techniques du pays, lesquels exigent plusieurs connaissances scientifiques et une longue expérience. On comprendra donc que l'introduction et le maintien de quelques employés européens dans les différents bureaux de l'État soit utile plus à l'Égypte qu'à eux-mêmes, leur service contribuant à la bonne direction des affaires du pays et à la formation de fonctionnaires capables. C'est d'ailleurs un fait reconnu par les hommes politiques de l'Égypte les plus sérieux et les plus pratiques, qui avaient invité et reçu, dans le temps, plusieurs employés européens.

Toutefois, à part les Contrôleurs et quelques autres employés du Contrôle, les plus hauts emplois de l'État, celui de premier ministre, des ministres, des maréchaux de la Cour, des gouverneurs, des directeurs des chemins de fer et des postes, etc., ont continué et continuent à être entre les mains des Égyptiens, ainsi que différents emplois inférieurs.

C'était contre ce système que quelques plaintes s'étaient déclarées dans des cercles d'Égyptiens instruits, ainsi que dans des journaux du Caire et d'Alexandrie. Mais ceux-ci ne touchaient pas à d'autres questions plus importantes : comme celle du système des impôts fonciers dont la base est la dîme (1), celle de l'instruction publique dont l'état est déplorable, surtout celui des écoles primaires, où on n'ap-

(1) Voici le tableau des sommes payées en 1874 pour impôts des terres soumises à la dîme situées dans la Haute-Égypte :

1ʳᵉ classe, par feddan (44 ares)			. fr.	24.93
2ᵉ »	»	»	. fr.	22.43
3ᵉ »	»	»	. fr.	19.95
4ᵉ »	»	»	. fr.	17.55
5ᵉ »	»	»	. fr.	14.96
6ᵉ »	»	»	. fr.	10 »

Les terres de la seconde catégorie (haradzis) avaient payé à la même époque :

1ʳᵉ classe, par feddan (44 ares)			. fr.	59.83
2ᵉ »	»	»	. fr.	49.85
3ᵉ »	»	»	. fr.	44.87

En résumé, la dîme, en moyenne, par feddan, peut se représenter en Égypte par une somme de 7 fr. 50 p. 100.

prend qu'à lire et à écrire des versets du Coran,
et celle de la formation de fonctionnaires capables, parce que les meneurs ne trouvaient pas
dans ces questions des prétextes à l'aide desquels
ils pourraient cacher leurs desseins, comme ils
en avaient trouvé dans celles du Contrôle et des
tribunaux mixtes. Ces cercles restreints, ainsi
que ces deux ou trois journaux qui saisirent par
assaut les questions ci-dessus mentionnées ne
représentaient pas le peuple Égyptien, qui restait
tranquille, ne s'occupant que de son travail et de
ses intérêts.

On aurait dit que dans ces plaintes il y avait
des raisons plus sérieuses, celles d'un danger
qui menaçait l'indépendance d'Égypte, que ceux
qui troublèrent le pays voulurent prévenir.

Celui qui a suivi avec attention la politique
de l'Angleterre, ainsi que celle de la France,
pendant la durée des années 1881 et 1882, surtout
depuis l'époque du Prononciamiento des colonels
et dès lors, pendant le développement des différents événements, dont quelques-uns touchèrent
même à l'honneur des deux puissances, ne peut
qu'admirer leur résignation et leur longani-
mité.

La presse anglaise, ainsi que des hommes politiques sérieux d'Angleterre, crurent qu'il appa-

raissait en Égypte un parti national dont le drapeau était tenu par un homme plein de patriotisme, Arabi, qui n'avait en vue que la prospérité et la civilisation de son pays. Pénétrés de ces sentiments, ils n'hésitèrent pas à lui déclarer leur sympathie et à réclamer son apppui. Ce fut ce que les gouvernements français et anglais firent, une fois que, selon les déclarations faites par Arabi dans les cercles politiques ainsi que dans le *Times* de Londres, il n'y avait pas de doute que les conventions internationales n'eussent couru le danger d'être méprisées. « Nous n'avons en vue, écrivait Arabi à M. Blount, de Londres, le 1er avril 1881, que de débarrasser notre patrie du joug de l'esclavage, de l'ignorance et de la tyrannie (! et de protéger nos intérêts qui s'accordent avec ceux des puissances européennes, à l'égard desquelles nous sommes engagés par des conventions. En ce qui concerne le Contrôle, écrivait-il après, soyez sûr que nous n'empêcherons nullement sa liturgie, conformément à ses privilèges accordés par les conventions internationales, et ni nous, ni aucun autre de nos compatriotes nous ne proposons d'y toucher, ainsi qu'à aucune autre de nos obligations. Par conséquent, les représentants des puissances qui vivent en paix dans notre pays doivent nous appuyer dans l'accomplissement de notre tâche, confirmant leurs paroles par des faits ».

Mais à peine une année fut-elle passée, que le dictateur, oubliant tout à fait ces déclarations diplomatiques, et voulant, d'un côté, avilir et détrôner le Khédive, qui représentait l'ordre légal dans le pays, et, de l'autre, abolir le Contrôle, qui était la question principale pour la France et l'Angleterre et toutes les conventions internationales, provoqua plusieurs protestations de la part des deux Contrôleurs et, à la fin, l'Ultimatum du 25 avril et tous les malheurs qui survinrent en Égypte.

Ce sont ces événements importants que nous allons raconter, et nous espérons qu'avec le développement détaillé que nous en ferons, le lecteur sera persuadé que toute la responsabilité des malheurs produits en Égypte, du moins vis-à-vis de l'histoire, incombe à l'homme à qui quelques-uns ont donné le nom de Garibaldi de l'Égypte.

I

Ahmed-Arabi, qui fut le personnage principal
du drame égyptien, est né à Zagazig de parents
Fellahs pauvres, en 1830. L'histoire de son
enfance et de sa jeunesse ne contient rien d'extraordinaire. Étant enrôlé dans l'armée égyptienne, il avança peu à peu jusqu'au grade de
major. Respectant tout ce qui concernait Dieu,
il s'occupait toujours d'études religieuses et
apprenait par cœur plusieurs axiomes du Coran
dont il profita beaucoup, quelque temps après,
en les altérant et s'en servant dans ses discours
par lesquels il essayait de séduire l'armée et le
peuple. Très superficiel dans ses études, il devint
très fanatique et ennemi de l'élément étranger, y
compris celui des Turcs, dont il détestait la prédo-
minance en Égypte. Après l'avènement du Khédive Tewfik, on lui accorda le grade de colonel,

et ce fut dès lors qu'il fut commandant du 4e régiment. Doué d'une certaine intelligence, de courage politique et d'une grande éloquence (1), il pensa à occuper d'assaut les plus hauts emplois de sa patrie, pour satisfaire son ambition et ses intérêts, ainsi que ceux de ses amis. Dans la carrière militaire il était ami d'Abdelal, colonel au 1er régiment des noirs du Soudan, et d'Ali Fehmi, colonel au 6e régiment qui s'inspiraient des mêmes sentiments et principes et qui avaient au moins du courage politique, aussi bien que d'autres colonels, comme Soliman Daout dont le nom fut mêlé à l'incendie d'Alexandrie, et Mahmoud Fehmi.

Jusqu'à l'année 1881, ces hommes n'avaient aucun poids en Égypte, ni au point de vue politique, ni au point de vue militaire. Ce ne fut que soudainement et comme par une machination qu'ils apparurent à l'horizon politique, comme des présages fatals de l'avenir de leur patrie.

Le 5/17 janvier 1881, Ahmed-Arabi et Abdelal remirent au premier ministre Riaz Pacha, par l'entremise d'Ali-Fehmi, une pétition par laquelle ils se plaignaient contre le ministre de la guerre, d'origine circassienne, de ce qu'il favorisait les officiers turcs et circassiens qui servaient l'armée égyptienne au détriment des officiers indigènes.

(1) Nous avons connu de près Arabi Pacha et nous l'avons entendu deux fois, au Caire, faire des discours.

Ce fut le premier pronunciamiento qu'on appela « Pronunciamiento des colonels », entièrement contraire à la loi militaire et aux devoirs du soldat. Ce fut avec de tels principes qu'apparut sur la scène politique celui qui, quelques mois après, réclamait le titre de protecteur de l'Égypte.

La pétition des trois colonels ayant été soumise au conseil des ministres, qui se réunit sous la présidence du Khédive, il fut décidé de renvoyer par-devant la Cour martiale les officiers insolents et d'ordonner leur arrestation.

Le ministre de la guerre les invita au ministère par une lettre, sous le prétexte d'avoir quelque chose à leur communiquer. Arabi et Abdelal, qui comprirent le but de cette invitation, refusèrent de s'y rendre. Mais Ali-Fehmi, après qu'il se fut entendu avec quelques sous-officiers, pour qu'ils l'aidassent dans le cas où il serait détenu, se conforma à l'invitation du ministre. A peine fut-il entré au ministère, qu'il fut détenu et envoyé à la caserne de Kasr-el-Nil, afin qu'il rendit compte de ses actes ; mais quelques minutes après, plusieurs soldats étant entrés, le mirent en liberté par la force.

Après ce succès, les colonels ne voulaient pas céder, d'autant plus qu'ils craignaient que leur tête ne fût en danger, s'ils étaient jugés par une Cour sévère, vu que leur position était devenue plus difficile, après le coup d'État fait pour eux par les soldats à Kasr-el-Nil.

Pour éviter ce danger et non par principe, Arabi décida d'agir. Ainsi du moins il justifia la rébellion organisée par lui quelques temps après, lorsque, deux ans plus tard, il comparut par-devant la Cour martiale au Caire pour faire son apologie.

Depuis que les trois colonels avaient foulé aux pieds la discipline militaire, divers conseils se réunissaient dans la maison d'Ali-Fehmi, où deux autres personnes, qui étaient prédestinées à jouer un grand rôle en Égypte, prenaient part. C'étaient Tulba, qui n'était pas encore devenu militaire, et Mahmoud-Sami Pacha, ministre des Wakfs. Dans ces conseils, il fut arrêté par les rebelles que le ministre de la guerre serait révoqué.

Le 1ᵉʳ février 1881, les trois colonels Arabi, Abdelal et Ali-Fehmi, ayant concentré leurs régiments sur la place d'Abdin et cerné le palais du Khédive, situé là, l'autre armée étant en même temps sur pied dans les casernes, deman-dèrent au Khédive que le ministre de la guerre Osman Pacha Rifki fût destitué. Le Khédive, surpris soudain par ce coup d'État et ne pouvant pas résister, fut obligé d'accepter la démission de son ministre, les Consuls généraux de France et d'Angleterre étant d'accord, afin d'éviter des troubles plus grands, et il nomma Mahmoud Pa-cha Sami ministre de la guerre.

Dès lors, l'Égypte fut soumise à la prédomi-nance de l'armée ou du parti militaire qui la représentait, et en tête duquel furent les trois colonels.

Le nouveau ministre continua à s'entendre

toujours avec les rebelles, à conspirer contre
le *statu quo*, et à ne faire que tout ce qui
leur était agréable, accordant, contre la loi,
divers grades militaires aux personnes qu'ils
favorisaient et augmentant leurs subventions.
Toutes les fois que ses collègues protestaient
contre ces mesures, il menaçait de donner sa
démission, parce qu'il savait bien qu'elle ne
serait pas acceptée, tant que le sabre d'Arabi
et de son entourage pendrait sur leur tête. Plus
tard, lorsque l'insolence et l'arbitraire de Mahmoud-Sami Pacha fut au comble, le Khédive,
étant fatigué, fut forcé de le remplacer par son
gendre Daout Pacha.

Arabi, quoiqu'il ne participât pas directement
au gouvernement de sa patrie, fut dès lors une
des personnes qui jouèrent le premier rôle au
Caire. Le premier succès qu'il obtint le rendit si
audacieux, qu'il décida d'employer le moyen
dont, la première fois, il s'était servi pour sauver sa vie, afin de satisfaire maintenant son
ambition ainsi que ses autres intérêts. Par ses
manières affables et son éloquence, par quelques
axiomes du Coran qu'il intercalait toujours dans
ses discours même les plus ordinaires, qu'il
faisait au peuple, et par son charlatanisme il
parvint à se faire aimer par ses soldats et à
jouir d'une grande popularité, qui peu à peu
augmenta par le moyen des promesses qu'il
faisait, relatives à des grades et à des cadeaux.
Ce fut ainsi qu'il parvint à enchanter et à fana-
tiser les soldats, tellement qu'il leur fit croire

qu'une mission suprême et sacrée pour tout le peuple musulman lui avait été confiée par le Ciel : ce que ses collaborateurs appuyaient de tout leur cœur.

L'armée, à qui Arabi devait les premiers lauriers qu'il avait obtenus de la rébellion, suffisait évidemment pour satisfaire ses désirs; mais ce n'était pas assez pour lui. Il désirait avoir avec lui le peuple, moyennant différents mensonges. Connaissant bien le caractère du peuple égyptien, il toucha sa corde sensible, celle de l'intérêt. Directement et indirectement, par l'entremise de délégués capables qu'il fit disperser dans toutes les provinces, il commença, d'un côté, à faire que le peuple espérât l'abolition de la corvée, la suppression de ses dettes contractées auprès des Européens, ou un emprunt destiné à éteindre les dettes des fellahs, dont les titres non usuraires et antérieurs à 1882 seraient liquidés par une commission sur le pied de 8 p. 100 l'an: de l'autre côté, à tromper les personnes éclairées par la promesse qu'il donnait de faire introduire en Égypte une organisation constitutionnelle, d'après les principes qui lui avaient été enseignés par son ami suisse Niné, dans le but de repousser l'influence étrangère, d'abolir les conventions internationales relatives au Contrôle et aux tribunaux mixtes, et de faire éloigner les employés européens.

Pendant quelques mois, il ne circulait en Égypte que des idées vagues, parce que Arabi comprenait bien que spécifier dans un programme des principes touchant directement aux conventions internationales aurait heurté la politique et les intérêts européens, surtout ceux des deux grandes puissances, et que cela l'aurait mis dans une position difficile.

Le ministère de Riaz Pacha, connaissant bien l'homme et ses principes, repoussait, autant qu'il était possible, l'influence qu'il voulait exercer sur lui et il faisait échouer plusieurs de ses tentatives. Il fallait que cet empêchement fût mis de côté, de même qu'Arabi se débarrassât d'Osman Pacha Rifki.

Vers la fin du mois d'août 1881, le ministère avait ordonné qu'un des bataillons les plus fidèles à Arabi, qui était campé dans l'acropole du Caire, fût envoyé à Tantah.

Les rebelles du 4 février décidèrent de profiter de cette occasion pour déclarer la révolution; mais, avant ce coup d'État, ils crurent bon de montrer tous les égards dus aux représentants des puissances au Caire qui en seraient témoins. Arabi, agissant comme s'il était le chef du gouvernement, leur adressa une circulaire par laquelle il leur annonçait que la nation, l'armée et les officiers ne pouvaient plus tolérer la tyrannie et les humiliations exercées sur eux par des personnes attachées au Khédive, et que les Européens ne courraient aucun danger de tout ce qui aurait lieu.

Le 9 septembre 1881, toute l'armée, qui stationnait au Caire, fut mise sur pied : Abdelal et Ali-Fehmi avec leurs régiments, le colonel

Ismaïl-Bey avec sa batterie. Abdoul-Gafar avec la cavalerie ; et, en général, tous les bataillons du Caire occupèrent la place d'Abdin et mirent le Khédive en état de siège dans son palais. Arabi, tenant le sabre à la main et entouré d'Ali-Fehmi, d'Abdelal, d'Abdoul-Gafar et de Tulba, se présenta devant le Khédive, qui était descendu avec les Consuls généraux des grandes puissances au vestibule du palais. Le Khédive ordonna à Arabi de mettre le sabre au fourreau et de lui expliquer le motif et le but de la centralisation de tant de soldats autour du palais. Arabi répondit au Khédive que tous les chefs militaires, exprimant les sentiments de la nation, et de l'armée exigeaient 1° que le ministère de Riaz Pacha fût révoqué ; 2° que l'armée fût augmentée au nombre de 18,000 hommes ; 3° qu'une Chambre des délégués du peuple fût convoquée pour délibérer sur les affaires du pays, et 4° que le bataillon qui était à Tantah revînt à l'Acropole. Dans le cas contraire, si ses demandes n'étaient pas acceptées, il fit cette menace que l'armée ne se retirerait pas de la place où elle se trouvait. Le Khédive fut forcé de céder à la force et d'accepter toutes les propositions des rebelles.

On a dit dans cette circonstance que si le Khédive, agissant avec fermeté et énergiquement, avait ordonné à Arabi de mettre son sabre de côté et de se rendre à lui avec ses amis ; et qu'il n'eût pas cédé aux propositions que les rebelles lui avaient faites, la crise égyptienne aurait été arrêtée là. Mais comment pouvait-il faire cela, une fois que toute l'armée, dont la force s'exerçait sur lui en ce moment-là, était pour Arabi et appuyait ses demandes ? Il ne restait à Son Altesse que de donner sa démission du trône ; mais cette mesure extrême employée dans ce moment critique aurait évidemment amené le malheur de l'Égypte. Dans tous les cas, on ne peut pas admettre que ce fût la crainte pour sa vie qui força le Khédive d'accepter les propositions que les rebelles lui avaient faites : le courage et le sang-froid qu'il montra plusieurs fois pendant la suite des événements que nous allons décrire repoussent cette idée.

Chérif Pacha fut alors invité par le Khédive à former le nouveau ministère. Cet homme d'État [1], se conformant aux conseils des Consuls généraux et au désir du pays, accepta le mandat que son prince lui confiait dans de telles circonstances.

Le 13 septembre, il forma son ministère, dans lequel prit part, comme ministre de la guerre, le collègue des rebelles, l'intrigant Mahmoud Pacha Sami. Le nouveau ministère, reconnaissant dans son programme que l'institution du Contrôle avait puissamment aidé au rétablissement des finances du pays, en même temps qu'elle avait été une force véritable pour le gouvernement, promettait de la maintenir,

[1] Il est mort dernièrement.

telle qu'elle était instituée par le décret du 15 novembre 1879 (1).

Ces faits, qui eurent lieu au Caire avec une rapidité étonnante, excitèrent beaucoup l'esprit du peuple égyptien : il fallait que la tranquillité revînt au moins momentanément. Arabi, obéissant aux conseils de ses amis, accepta de s'éloigner avec son régiment de la capitale provisoirement et d'aller à Ouady, avec l'espérance toujours d'être bientôt invité à diriger les affaires de sa patrie. Avant de partir, il fit une revue à toutes les casernes pour saluer les soldats. On le reçut partout avec enthousiasme et on lui fit plusieurs discours, auxquels il répondait avec une grande présence d'esprit. Dans cette revue militaire, qui ne saurait être faite que par un prince ou un chef d'armée, Arabi était accompagné par Mahmoud-Sami Pacha.

Le 8 octobre, d'un côté, Arabi, ayant quitté le Caire alla à Ouady avec son régiment; et, de l'autre, Abdelal avec le régiment des Soudanais prit la direction de Damiette. Mais, avant de partir du Caire, Arabi crut qu'il était de son devoir de s'occuper de la réalisation de son projet au sujet de la Chambre des délégués.

En effet, le 5 octobre 1881, Chérif Pacha, ayant cédé à la proposition d'Arabi Pacha, soumit au Khédive une lettre, par laquelle il lui indiquait que les circonstances et l'opinion des

(1) Lettre de Chérif Pacha à Son Altesse le Khédive, adoptée par elle. — Livre bleu d'Angleterre, 1882, N° 2, 29.

personnes éclairées exigeaient que les notabilités du pays fussent invitées, suivant la loi
de 1283 publiée pendant que Ismaïl Pacha était
sur le trône, pour être consultées sur les besoins
des provinces et sur les réformes, qui seraient
nécessaires pour une meilleure administration
du pays. Quant aux conventions contractées
entre l'Égypte, d'un côté, et les grandes puissances de l'autre, Chérif Pacha déclarait qu'elles
ne sauraient être l'objet de la discussion de
la Chambre, ni modifiées sans le consentement
des puissances qui y étaient parties contractantes (1).

Le 5 octobre, le Khédive fit publier un décret par lequel il convoquait les électeurs et
fixait l'ouverture de la Chambre au 23 décembre 1881.

Selon la loi électorale, seraient électeurs les
ulémas, les prêtres, les rabbins, les professeurs,
les employés civils et militaires, les avocats et
les médecins, excepté ceux qui étaient privés
des droits politiques, ainsi que les faillis et les
joueurs. Quant au système électoral, il serait
indirect, et le tirage aurait lieu dans plusieurs
départements, le nombre des délégués fut fixé
à 125, et la période de la Chambre à cinq ans,
son président serait nommé par le Khédive pour
le même terme.

---

(1) Livre bleu d'Angleterre, 1882, N° 2, 174.

II

Les grandes puissances. — Les circulaires de M. Barthélemy Saint-Hilaire et de M. Granville au sujet de leur politique en Égypte. — Les envoyés extraordinaires du Sultan, Ali-Nizami Pacha et Fuad Bey. — La politique d'Italie. — La politique des trois puissances du Nord.

Aussitôt que la nouvelle de la rébellion militaire du Caire fut arrivée en Europe, toutes les puissances, et principalement la France et l'Angleterre, dont les intérêts en Égypte étaient très importants, s'émotionnèrent. Les deux gouvernements, après avoir échangé leurs idées au sujet de l'attitude à prendre en Égypte, tombèrent d'accord sur une coopération faite en vue d'y maintenir le *statu quo*, qui était en danger. Le programme de Chérif Pacha n'étant pas contraire à leurs intérêts, qui étaient assurés par les traités, comme des États élevés et développés par la liberté, ils promirent de l'appuyer.

Le 14 septembre 1881, les Consuls généraux

de deux puissances au Caire remirent au premier
ministre la communication suivante (1) :

Les Agents et Consuls généraux de France et de la
Grande-Bretagne considèrent comme un devoir de
remercier Son Excellence Chérif Pacha de la preuve
de dévouement à son pays qu'il a donnée, en acceptant
la présidence du conseil dans ces circonstances particulièrement difficiles. Convaincus qu'il s'inspirera dans
son administration des idées libérales et qu'il s'atta-
chera à développer la prospérité de l'Égypte, ils sont
tout disposés à lui prêter dans cette voie le concours le
plus actif.

Signé : Sienkiewicz,

Chas. A. Cookson

Quelques jours après, M. Barthélemy-Saint-
Hilaire et lord Grandville envoyèrent des instructions identiques aux Consuls généraux au Caire,
relativement à la conduite qu'ils devaient suivre
dans l'avenir. A la suite de la protection que
plusieurs fois les deux puissances avaient offerte
à l'Égypte, et dans le but d'assurer les intérêts
de leurs grandes colonies et la libre navigation
dans le canal de Suez, les deux hommes d'État
recommandaient à leurs représentants au Caire
une ligne de politique qui aurait pu surmonter
tout empêchement mis contre l'équilibre politique et financier de l'Égypte, et ils déclaraient
en même temps que leur politique n'aurait pas
heurté les droits de l'humanité et de la civilisa-

____

(1) Livre bleu d'Angleterre, 1881-1882. N° 3, 10.

tion, dont les germes avaient commencé à être semés en Égypte depuis soixante ans. En outre, les deux gouvernements recommandaient à leurs représentants d'examiner avec attention et de leur faire connaître de quels éléments se composait le parti national, quelles étaient ses demandes et comment il serait possible d'y faire droit. Enfin, les deux grandes puissances promettaient que, si ces demandes étaient justes, elles offriraient leur aide à l'Égypte pour qu'elle pût obtenir l'indépendance administrative à laquelle elle visait. Ces dépêches diplomatiques n'indiquaient en aucune façon une intervention en Égypte, sous quelque formalité qu'elle fût (1).

Le gouvernement italien, qui exigeait une place secondaire en Égypte après l'Angleterre, avait déjà déclaré, le 11 septembre (2), qu'une intervention quelconque étant nécessaire en Égypte, il fallait qu'on fît usage de l'influence morale de l'accord européen ; si elle devenait inutile, qu'on permît à la Sublime-Porte d'agir, mais avec toutes les garanties dues au maintien de l'indépendance égyptienne et le développement sage des lois, qui avaient été créées et grandies sous l'influence de la civilisation européenne. La réponse de lord Granville à cette communication de M. Mancini fut favorable ;

(1) Livre vert d'Italie, 1881-1882, XLI, et Livre bleu d'Angleterre, 1882, N° 5, 7.

(2) Livre vert d'Italie, 1881-1882, N°s 1 et 2.

mais, quoique le ministre anglais ne contestât
pas la valeur et l'utilité de la manière de voir de
M. Mancini, il fit observer que, se considérant
engagé, à cause de la coopération qui était arrêtée entre l'Angleterre et la France et inaugurée
par le ministère précédent, il ne pouvait pas
changer sa politique.

La politique des autres cabinets de Berlin, de
Vienne et de Saint-Pétersbourg était réservée:
parce que, d'après ce qui résulte des opinions
figurant dans le Livre Vert d'Italie et échangées
entre ces puissances à l'initiative du gouvernement italien, les quatre puissances, considérant
la question égyptienne d'un caractère européen,
n'auraient permis aucun changement du « *statu
quo* », à moins que leur opinion ne fût demandée là-dessus (1).

La révolte militaire, qui se passa au Caire,
tourmenta aussi la souveraine puissance qui
commença à craindre une complication sérieuse
en Égypte. Elle décida d'envoyer des délégués
spéciaux en Égypte pour rétablir l'autorité du
Khédive et celle du Sultan, et de prévenir de
nouveaux désordres par les conseils qu'ils auraient donnés à leurs promoteurs.

Le maréchal Ali-Nizami Pacha et Ali-Fouad-
Bey, chargés de cette mission, arrivèrent en
Égypte le 6 octobre 1881.

Après avoir prononcé quelques discours par
lesquels ils conseillèrent aux officiers de respec-

(1) Livre vert d'Italie, 1881-1882. XIII et II.

4

ter le Khédive et de lui obéir, comme représentant du Khalife, et après avoir remis au Khédive, de la part du Sultan, la première décoration de l'empire ottoman, les commissaires repartirent pour Constantinople le 18 octobre 1881.

Sur ces entrefaites, Mahmoud Sami continuait à intriguer et à miner la tranquillité du ministère Chérif Pacha dans le but de devenir lui-même premier ministre. La présence d'Arabi, avec qui il s'entendait toujours, étant nécessaire, il l'invita au Caire sous divers prétextes. Arabi s'y rendit avec beaucoup de plaisir; mais, dès son arrivée à la capitale, de nouveaux cas de désordre commencèrent, menaçant maintenant la sûreté des Européens. Ce fut alors que le gouvernement français accepta la proposition du gouvernement anglais d'envoyer à Alexandrie deux bateaux de guerre pour servir de refuge à leurs nationaux 1 . Ces deux bateaux étaient l'avant-coureur de la démonstration navale du 20 mai.

(1) Livre bleu d'Angleterre, 1881-1882, N° 3, 74.

Dans cet intervalle et jusqu'à l'année suivante avaient lieu en Égypte les élections des
délégués, tranquillement d'un côté, mais de
l'autre sous l'influence des amis d'Arabi. Heureusement pour l'Égypte, quelques délégués entrèrent dans la Chambre qui n'admettaient pas
les principes révolutionnaires d'Arabi et du
parti militaire, comme nous allons l'exposer.

La Chambre se réunit le 26 décembre 1881.
sous la présidence de Sultan Pacha, dont le
nom sera inscrit dans les meilleures pages de
l'histoire égyptienne. D'origine bédouine. Sultan Pacha appartient à une des plus nobles et
plus anciennes famillles du Soudan, dont le gouvernement lui était confié, il y avait quelques

années. Prudent, modéré et patriote, il fut pendant cette époque critique l'interprète des sentiments du peuple égyptien les plus patriotiques et les plus modérés. Avec l'autorité que lui donnait son nom et le haut poste qu'il occupa, s'étant mis entre l'ambitieux et bouillant Arabi et le calme et conservateur Khédive Tewfik, il tâcha de prévenir les malheurs qui menaçaient sa patrie : « Appartenant à la meilleure partie du peuple égyptien, dit Sultan Pacha le jour de l'ouverture de la Chambre, nous devons prendre en considération que nos devoirs sont analogues. Dans les conseils que nous allons tenir pour assurer la prospérité de la patrie, nous ne devons pas oublier que nous avons contracté avec les grandes puissances des conventions financières et commerciales que nous devons respecter. Ne doutons pas que les grandes puissances ne suivent leurs déclarations officieuses, faites par elles plusieurs fois, étant pénétrées du désir que les réformes de notre organisation soient réalisées. »

De même Chérif Pacha par son programme, et le Khédive qui le sanctionna, déclarèrent qu'en ce qui concerne le Contrôle et la Dette publique, ils ne seraient pas un objet de la discussion de la Chambre. Le projet aussi de l'organisation de la Chambre, que le gouvernement lui avait soumis, et la loi, votée par la Chambre et sanctionnée par le Khédive, n'étaient motivés que dans ce sens, contenu du reste dans l'article 34. Mais, d'après l'article 35,

le budget, qui jusqu'alors était un objet des délibérations du conseil des ministres et des Contrôleurs généraux, devait maintenant être discuté
et voté par la Chambre ainsi que, selon l'article 38, toute convention, tout accord ou obligation qui seraient contractés entre le gouvernement et un tiers, ne seraient pas définitifs
s'ils n'étaient pas votés par la Chambre. Par ces
dernières dispositions la Chambre, et derrière
elle Arabi, se proposaient de toucher aux traités
et de paralyser l'action des Contrôleurs. En
outre, d'après les principes qu'Arabi et les rebelles avaient formulés au Khédive, le 9 septembre 1881, d'augmenter l'armée, 18,000 hommes, il fallait charger le budget de 1882, malgré
les promesses que le gouvernement avait données à la Commission de la liquidation, qui avait
approuvé la somme de 522,030 L. st. pour le
budget du ministère de la guerre.

Ces tendances de la Chambre, qui agissait
sous l'influence du parti militaire, étant contraires aux conventions, tourmentèrent les Contrôleurs généraux qui, aussitôt l'organisation de
la Chambre publiée, commencèrent à discuter
ces questions avec le ministère et à attirer l'attention de leurs gouvernements par de longs
mémorandums (1).

La position de Chérif Pacha était devenue
très difficile : d'un côté, il ne voulait pas repousser les représentations justes des Contrôleurs

---

(1) Livre bleu d'Angleterre, 1882. N° 7, 49.

ainsi que celles des Consuls généraux de la
France et de l'Angleterre; de l'autre, il était
obligé de se laisser aller à l'influence du parti
militaire, dont le représentant, qui était au ministère, Mahmoud-Sami Pacha, n'avait jamais
cessé d'intriguer.

La position du Khédive était encore plus difficile, le parti militaire faisant usage de tous les
moyens pour abaisser son autorité et l'entraîner
dans ses prétentions absurdes.

Mais les deux puissances occidentales, du moment que la rébellion avait éclaté au Caire, ne
cessèrent d'encourager le Khédive. Le 8 janvier
1882, leurs Agents diplomatiques au Caire remirent à Son Altesse une note identique par
laquelle ils lui déclaraient au nom de leurs gouvernements « qu'elles considèrent le maintien
de Son Altesse sur le trône, dans les conditions
qui sont consacrées par les Firmans des Sultans,
et que les deux Gouvernements ont officiellement
acceptées, comme pouvant seul garantir dans le
présent et pour l'avenir le bon ordre et le développement de la prospérité générale en Égypte,
auxquels la France et l'Angleterre sont également intéressées. Les deux Gouvernements étroi-
tement associés dans la résolution de parer, par
leurs communs efforts, à toutes les causes de
complications intérieures et extérieures qui
viendraient à menacer le régime établi en
Égypte, ne doutent pas que l'assurance publiquement donnée de leur intention formelle à cet
égard ne contribue à prévenir les périls que le

Gouvernement du Khédive pourrait avoir à redouter, périls qui d'ailleurs trouveraient certainement la France et l'Angleterre unies pour y faire face; et ils comptaient que Son Altesse elle-même puiserait dans cette assurance la confiance et la force dont elle a besoin pour diriger les destinées du peuple et du pays égyptien (1).

Cette communication de deux puissances, dans laquelle elles laissaient croire à un appui probable par des faits, fut considérée comme un présage d'intervention et de violation de la souveraineté de la Turquie. Ce fut dans ce sens que la Sublime-Porte exprima, le 13 janvier 1882, son étonnement et ses regrets au sujet de cette action de l'Angleterre et de la France.

Les autres quatre puissances, après avoir échangé leurs idées, le 4 février, communiquèrent à la Sublime-Porte, par leurs Ambassadeurs accrédités auprès d'elle, un aide-mémoire dans lequel elles exprimaient le désir que le *statu quo* fût maintenu en Égypte sur la base des arrangements européens, et les Firmans du Sultan, et l'avis que ce *statu quo* ne saurait être modifié que par une entente entre les grandes puissances et la puissance souveraine (2).

Arabi et Mahmoud-Sami Pacha, malgré les représentations des Contrôleurs généraux et la note par laquelle les deux puissances déclarèrent le maintien du Khédive, insistaient sur leur sys-

(1) Livre bleu d'Angleterre, 1882, N° 2, 42.
(2) Livre vert d'Italie, LXXVII.

tème fatal, comptant sur une complication quelconque qui serait peut-être survenue à la politique européenne.

L'embarras de Chérif Pacha devenait de jour en jour plus grand, de sorte qu'il fut obligé de donner sa démission, le 4 février 1882, en privant ainsi sa patrie de son concours précieux dans ces circonstances critiques, où elle se trouvait.

Par un décret du Khédive, la formation du nouveau ministère fut confiée à Mahmoud-Sami Pacha. Arabi feignit la résignation, ayant accepté seulement le portefeuille de ministre de la guerre.

Le premier des actes du nouveau ministère, soi-disant maintenant national, fut d'accorder à Arabi, à Abdelal et à Ali-Fehmi le grade et le titre de pacha, de nommer Tulba qui, aussitôt la formation du ministère Chérif Pacha, était nommé major, colonel, et d'accorder plusieurs grades et subventions aux soldats et sous-officiers qui avaient participé à la révolte.

Le nouveau premier ministre déclarait par son programme que le ministère aurait respecté et appuyé les conventions, en vertu desquelles furent institués le Contrôle général, la Commission de la Dette, le Contrôle de la Daïra Sanieh et la Commission des domaines d'État; et en même temps il exprimait son opinion pour une loi de réorganisation de la Chambre, sans que cela heurtât le Contrôle (1). Voici son programme, qui fut approuvé par le Khédive:

(1) Livre vert d'Italie, 1881-1882, LXXXI, annexe.

Lettre de Son Excellence Mahmoud-Sami Pacha à Son Altesse le Khédive.

MONSEIGNEUR,

Votre Altesse a daigné me confier la mission de former un nouveau Cabinet; je considère comme le premier de mes devoirs de lui soumettre les principes qui dirigeront ma conduite et inspireront celle du Ministère que je dois présider.

Les événements qui se sont succédé en Égypte depuis quelques années ont préoccupé l'opinion publique à des titres divers, ici, et dans les pays étrangers: ces préoccupations se rattachent à deux ordres d'idées: nos charges financières et nos réformes intérieures.

La Dette générale a été définitivement réglée par une série de Décrets qui ont été complétés eux-mêmes par la Loi de liquidation du 19 juillet 1880.

Ces lois ont acquis le caractère de conventions internationales; le Gouvernement de Votre Altesse n'a jamais cessé de les respecter; le Ministère veillera à leur stricte et fidèle exécution.

La liquidation de la Dette flottante est un fait accompli pour tous les intéressés, et c'est l'immense majorité, dont les droits ont été reconnus jusqu'à ce jour par les autorités compétentes; elle continuera à être activement poursuivie.

Le service de la Dette consolidée, qui comprend les Administrations spéciales de la Daïra et des Domaines engagés à la garantie de l'emprunt de 1878, s'effectue régulièrement. Les Administrations qui ont été créées pour assurer ce service: le Contrôle général, la Commission de la Dette, le Contrôle de la Daïra, la Commission des Domaines sont des institutions qui doivent toujours être loyalement soutenues par le Gouvernement; elles l'ont toujours été jusqu'à ce jour.

À cet état de choses, rien ne sera changé dans l'avenir; le Ministère s'efforcera de consolider ces institutions et de faciliter leur fonctionnement. Il considérera la bonne harmonie de tous ces services publics comme une condition essentielle à la marche régulière des affaires, et il pense que l'administration générale du pays devra à cette politique d'incontestables avantages.

Votre Altesse a toujours été convaincue que, pour accomplir avec sagesse et sécurité les réformes intérieures, il fallait le concours d'une Chambre de délégués, et c'est dans cette pensée que la Chambre actuelle a été convoquée.

Le Ministère partage ses sentiments. Il portera toute son attention sur la réorganisation des tribunaux, les réformes de l'administration, les améliorations nécessaires dans notre enseignement public pour aider la marche du pays dans la voie du progrès et de la civilisation ; il étudiera les mesures propres à développer l'agriculture, le commerce et l'industrie, ainsi que tous les autres projets de réformes qui ont été l'objet de la sollicitude constante de Votre Altesse. Mais, avant tout, il croit nécessaire de déterminer les attributions de la Chambre des délégués, afin de lui permettre de donner au Gouvernement le concours qu'il attend d'elle et de réaliser les espérances du pays.

C'est pourquoi le premier acte du Cabinet sera de faire sanctionner une loi organique pour la Chambre des délégués.

Cette loi respectera tous les droits et toutes les obligations d'un caractère privé ou international ainsi que tous les engagements relatifs à la Dette publique et aux charges que celle-ci impose au budget de l'État ; elle déterminera sagement la responsabilité des Ministres devant la Chambre ainsi que le mode de discussion des lois.

Bien loin d'être une cause d'inquiétude, cette loi organique réunira toutes les conditions nécessaires pour rassurer les intérêts de tous.

Tel est, Monseigneur, le programme du nouveau Ministère conforme aux vœux du pays.

Les Hautes Puissances — et particulièrement la

Sublime-Porte, dont l'appui bienveillant ne nous a jamais fait défaut dans l'exercice des droits et privilèges qu'elle nous a octroyés continueront, j'en ai le ferme espoir, à prêter, comme dans le passé, au Gouvernement de Votre Altesse ce concours précieux qui a toujours été bienfaisant pour l'Égypte.

J'ai également l'espoir que l'autorité de votre Gouvernement sera uniquement consacrée à la sauvegarde des droits de chacun, et au maintien de l'ordre, et qu'elle guidera la nation dans la voie du progrès et de la prospérité.

Le jour où Votre Altesse a pris en mains le pouvoir, elle a promis à l'Égypte une nouvelle ère; nous venons apporter à Votre Altesse notre absolu concours pour la réalisation de sa promesse. [1].

MAHMOUD-SAMI.

Aussitôt ce programme publié, les deux Contrôleurs, qui avaient cru que le système du Contrôle allait être violé par ce programme, communiquèrent, le 8 février, à Mahmoud-Sami Pacha le Mémorandum suivant:

Le Caire, le 8 février 1882.

MONSIEUR LE PRÉSIDENT,

Dans la lettre que vous avez adressée à Son Altesse le Khédive, vous annoncez votre intention de soutenir loyalement les institutions créées pour assurer le service de la Dette consolidée, et parmi ces institutions vous mentionnez le Contrôle général, comme la Commission de la Dette, le Contrôle de la Daïra et la Commission des Domaines.

1 Livre bleu d'Angleterre, 1881-1882, N° 7, II.

Les termes dans lesquels votre intention est exprimée donneraient à penser que vous considérez le Contrôle général comme ayant des attribuitons restreintes à la surveillance des Administrations dont le produit est affecté au service de la Dette.

Le Décret du 15 novembre 1879 étend, au contraire, à tous les services publics l'action du Contrôle et nous attribuant séance tenante au Conseil des Ministres, nous donne, par cela même, le droit d'émettre notre opinion sur toutes les questions d'administration intérieure qui touchent aux intérêts financiers du pays.

Nous ne pouvons donc accepter que sous réserve les termes du programme que vous avez soumis à Son Altesse.

Nous vous prions de vouloir bien lui communiquer cette lettre et d'en donner lecture au Conseil des Ministres dans sa prochaine séance (1).

Veuillez, etc.

Les Contrôleurs généraux :

Signé : E. DE BLIGNIÈRES.

A. COLVIN.

La réponse du ministère égyptien aux deux Contrôleurs fut la suivante :

Le Caire, le 9 février 1882.

MESSIEURS,

En soumettant à Son Altesse le Khédive les principes qui dirigeront ma conduite et celle du Ministère que je préside, ma volonté de soutenir loyalement les institutions créées pour assurer le service de la Dette consolidée a été formellement exprimée.

Votre lettre du 8 février courant me fait connaître que les termes dans lesquels ma volonté est exprimée

(1) Livre bleu d'Angleterre, 1882. N° 7, 11.

vous ont donné à penser que le Contrôle général avait ses attributions restreintes à la surveillance des Administrations dont le produit est affecté au service de la Dette. Cette interprétation ne me paraît pas justifiée. Le Contrôle général a été institué comme l'une des garanties les plus efficaces pour les intérêts des créanciers, et c'est à ce titre que, dans ma lettre à Son Altesse le Khédive, il a été mentionné en tête des Administrations créées pour assurer le service de la Dette consolidée. Aux termes du Décret du 15 novembre 1879, les Contrôleurs généraux, sans prendre part à la direction des services administratifs et financiers, ont en matière financière les pouvoirs d'investigation les plus étendus sur tous les services publics. Ce Décret fait partie des dispositions législatives qui ont définitivement réglé la dette du pays, et j'ai formellement déclaré que le Ministère veillerait à leur stricte et fidèle exécution.

J'ai donc la satisfaction de vous donner l'assurance que vos réserves au programme que Son Altesse a daigné approuver n'ont aucun fondement et j'espère, Messieurs, que ces explications seront pour vous une nouvelle preuve de mon sincère désir de vous faciliter l'exercice des fonctions dont vous êtes chargés dans l'intérêt des créanciers.

Veuillez, etc.

Le Président du Conseil des Ministres.

Signé : MAHMOUD.

Après la réponse précitée du ministère, un nouveau Mémorandum lui fut communiqué par les deux Contrôleurs, ainsi qu'il suit :

Le Caire, 12 février 1882.

MONSIEUR LE MINISTRE,

Nous avons l'honneur de vous adresser la réponse

5

faite par le Président du Conseil à la lettre par laquelle nous lui avions fait savoir que nous ne pouvions accepter sans réserve les termes dans lesquels s'exprimait au sujet du Contrôle le programme qu'il a soumis à Son Altesse le Khédive.

Nous jugeons inutile de continuer avec M. le Président du Conseil une discussion qui nous paraît sans intérêt pratique. Nous avons voulu seulement établir que, suivant nous, les attributions du Contrôle n'étaient pas restreintes à telle ou telle catégorie de revenus comme celle des autres Administrations mentionnées par le Président du Conseil.

Nous estimons, en effet, que, restreint à la surveillance des revenus affectés, le Contrôle ferait, dans une certaine mesure, double emploi avec la Caisse de la Dette, le Contrôle de la Daïra, et les Administrations des Domaines et des Chemins de fer. La véritable raison d'être du Contrôle est, croyons-nous, d'éviter, par son action sur la marche générale de l'administration, le retour de crises financières dont les créanciers auraient inévitablement à souffrir, malgré l'affectation à leurs créances de gages spéciaux (1).

Veuillez, etc.

Les Contrôleurs généraux :

Signé : E. DE BLIGNIÈRES.

A. COLVIN.

Le ministère répondit de nouveau, réclamant la liberté de l'administration intérieure, sanctionnée par les Firmans, et le droit de l'État de voter (2) son budget, les Contrôleurs n'ayant que le droit d'y faire les observations nécessaires par

(1) Livre bleu d'Angleterre, 1882. N° 7, 38.

(2) Livre bleu d'Angleterre, 1881-1882. N° 7, 38 et N° 7, 26.

des communications adressées soit au Khédive, soit au ministère.

Dès lors, les relations des Contrôleurs généraux avec le ministère étaient tendues.

IV

Tendances dictatoriales d'Arabi Pacha. — L'incident
des officiers circassiens. — Conflit du ministère avec
le Khédive. — Négociations des puissances relatives à
l'Égypte. — L'entrée au port d'Alexandrie de la flotte
anglo-française.

Arabi Pacha jouissait de sa gloire, rêvant à un
avenir plus glorieux. Il était devenu maître absolu de l'Égypte. Quoique il ne fût que ministre
de la guerre, il se mêlait à toutes les questions
relatives à l'administration et aux finances du
pays, de même qu'à l'exécution des jugements des
tribunaux mixtes rendus contre le gouvernerment
égyptien, en les soumettant, soit à cause de son
audace, soit à cause de son ignorance, à un certain contrôle. Il faisait des déclarations diplomatiques aux correspondants des journaux les plus
sérieux d'Europe et écrivait des lettres politiques aux *Times*, et à divers personnages d'Europe, dans lesquelles il traitait les principes du
parti national, dans le but de gagner ces personnes à sa cause. En un mot, il agissait comme
un vrai dictateur de l'Égypte.

Mais les puissances européennes, malgré leur
position réservée vis-à-vis de l'Égypte, troublaient plus ou moins ses rêves heureux. On
avait dit, ces jours-là, que Mahmoud-Sami
Pacha, ayant invité, une nuit, tous les chefs de
la conspiration à la caserne d'Abdin, leur fit
prêter un serment dont le mystère fut expliqué
par les faits qui se passèrent quelque temps
après à Alexandrie.

Le dictateur avait d'autres raisons d'inquiétude : depuis longtemps, il y avait au service de
l'armée égyptienne quarante officiers circassiens
à peu près, parmi lesquels Ratib Pacha et l'ex-
ministre de la guerre Osman Pacha, tous dévoués
au Khédive et excitant toujours la jalousie d'A-
rabi et d'autres officiers indigènes, parce qu'ils
étaient Turcs (1) et qu'ils jouissaient de l'estime du Khédive et de tous les personnages
du Caire. Se méfiant de tous ces officiers, Arabi
Pacha jugea bon de les éloigner de l'Égypte de
toute manière.

A cette époque, sévissait, au Soudan, le
rebelle Mahdi, contre qui on crut nécessaire
d'envoyer un corps d'armée. Arabi ordonna d'y
comprendre les officiers circasiens. Ceux-ci,
ayant compris que cette mission pour trois ans,
ne serait qu'un exil, refusèrent sous divers prétextes d'obéir, et, s'étant concerté entre eux, ils
commencèrent à conspirer contre Arabi; mais
à la suite d'une dénonciation faite contre eux, ils

1) A cette époque, Arabi Pacha détestait l'élément turc.

furent arrêtés et emprisonnés. Après qu'on eût employé sur eux diverses tortures, le 1er mai, ils furent condamnés par la Cour martiale, qui se réunit au Caire, suivant les ordres d'Arabi, à l'exil perpétuel et à la dégradation.

Le Khédive, dont les bons sentiments sont reconnus par tous, même par ses ennemis, jugeant avec impartialité cette affaire et se conformant aux conseils des Consuls généraux des grandes puissances, refusa de sanctionner ce jugement injuste; et, par un décret, il changea l'exil perpétuel au Soudan par celui d'un éloignement d'Égypte, sans la dégradation.

Ce fut ce décret du Khédive qui produisit définitivement la rixe entre lui et Arabi Pacha. Mahmoud-Sami Pacha déclara alors aux Consuls généraux que, si le ministère garantissait les Européens, contre qui circulaient des bruits fatals, il ne pouvait pas garantir aussi le trône du Khédive, dont l'autorité d'ailleurs devint problématique, du moment que le conseil des ministres, suivant la proposition de son président, convoqua la Chambre des délégués au 10 mai, à l'insu du Khédive, pour se prononcer sur la question qui était mise sur le tapis entre lui et Arabi Pacha, au sujet des officiers circassiens.

Le président de la Chambre fit tout son possible pour que la loi relative à la convocation de la Chambre fût respectée, et que les deux partis se réconciliassent. De même, beaucoup de notables étant d'accord avec Sultan Pacha refusèrent de prendre part aux séances de la Chambre : ce qui prouve que, quoique l'Égypte eût succombé sous la force de l'armée, il existait encore un parti qui ne voulait pas permettre au dictateur les tendances révolutionnaires qu'il commença à montrer. Toutefois, Arabi Pacha, s'appuyant sur l'armée, qui lui était obéissante, ne voulait rien entendre, et, n'étant inspiré d'aucune idée sublime, il employait tous les moyens pour satisfaire ses passions personnelles.

La question des officiers circassiens peut être considérée comme la pierre lydienne sur laquelle était éprouvé le caractère et l'esprit politique d'Arabi ; incident d'un caractère personnel à la principale vue, cette question n'était pas de celles qu'un homme d'État, ayant une haute mission dans sa patrie, comme le dictateur prétendait, met sur le tapis politique, comme une condition, *sine qua non*, pour sa carrière politique et pour la grandeur de lui-même ainsi que de sa patrie. Au contraire, l'homme politique qui, tout récemment vient de créer sa carrière et qui espère beaucoup dans l'avenir ne fait que de mettre de côté de telles questions, se montrant indulgent et brave jusqu'à ce qu'il puisse surmonter des difficultés sérieuses qu'il rencontrerait et toucher plus ou moins son but. Ce qui est prouvé par l'histoire des hommes d'État sérieux de l'Europe.

Quelques jours après la déclaration du 2 février 1882, faite par les quatre puissances à la Sublime-Porte, d'après laquelle la question égyptienne portait un caractère européen, les deux puissances occidentales invitèrent les autres à se concerter sur ce sujet, ce qui fut accepté tout de suite et, dès le 27 février, les pourparlers entre elles commencèrent (1). Les deux puissances étant d'accord sur une démonstration navale en Égypte l'indiquèrent aux autres puissances comme une mesure qui aurait pu rétablir l'autorité du Khédive, ainsi que celle des traités. Mais, depuis la démonstration navale de Dulcino, Bismark détestait beaucoup de telles mesures et il avait décidé de s'abstenir de toute intervention en Égypte (2), ainsi que les deux autres Chanceliers d'Autriche-Hongrie et de Russie (3). Seule, l'Italie décida d'envoyer à Pord-Saïd un cuirassé comme stationnaire, qui seulement, en cas de danger, serait allé à Alexandrie protéger les sujets italiens.

Le 5 mai, la France et l'Angleterre annoncèrent aux autres puissances qu'elles avaient décidé d'envoyer à Alexandrie quelques navires de guerre pour encourager le Khédive; et en même temps elles leur exprimèrent le désir que le Sultan s'abstint de toute intervention en Égypte, ce qu'elles prièrent les cabinets de soutenir près de Sa Majesté (4).

Le 16 du même mois, les Ambassadeurs de France et d'Angleterre à Constantinople com-

---

(1) Livre bleu d'Angleterre. N°* 63,7 et 65, 7.

(2) Livre vert d'Italie, 1882. CXXXIII et CXL.

(3) *Idem.*

(4) Livre bleu d'Angleterre, 1882. N° 8, 9.

muniquèrent cette décision de l'envoi de la flotte à Alexandrie à Assim-Pacha, qui s'empressa de protester auprès des autres puissances.

Le 20 mai, sept bateaux, dont quatre anglais et trois français, sous les ordres des **amiraux** sir Seymour et M. Conrad, entraient dans le port d'Alexandrie. Les amiraux avaient reçu l'ordre de s'entendre avec les Consuls généraux sur le moyen de donner un appui moral au Khédive, et de s'abstenir de tout acte matériel de guerre, « à moins qu'ils ne fussent attaqués et qu'ils n'eussent à protéger la sécurité des Européens (1).

Le 23 mai, la France et l'Angleterre télégraphièrent aux quatre puissances ainsi qu'à la Turquie qu'elles étaient prêtes à s'entendre avec elles sur les meilleures mesures qui pourraient contribuer à une solution quelconque de la question égyptienne.

(1) Livre bleu d'Angleterre. 1882. N° 8, 19.

V

Préparatifs militaires et intrigues d'Arabi contre le Khédive et les deux puissances occidentales. — Protestations des deux Contrôleurs. — Ultimatum de la France et de l'Angleterre contre Arabi Pacha. — Réponse du ministère égyptien à l'Ultimatum. — Démission du ministère égyptien.

L'envoi de la flotte anglo-française à Alexandrie fut interprété différemment par les Égyptiens, qui furent très émus; mais les plus sages comprirent que, quoique Arabi poussât les choses à l'extrême, les deux puissances, dans leur tolérance et leur réserve entre elles-mêmes et envers les autres puissances, pour le moment, ne comptaient pas procéder à une action politique quelconque. Elles désiraient seulement de rendre plus respectables les conseils qu'elles avaient donnés à l'Égypte et les conventions internationales. Ce sens du moins avait été donné à l'envoi de la flotte par les représentants de France et d'Angleterre en Égypte dans la circulaire qu'ils avaient adressée aux Consuls subordonnés, ainsi que par leurs représentants à Constantinople au

Sultan, qui en demanda des explications, réclamant sa souveraineté sur l'Égypte (1).

Arabi Pacha et ses partisans, ayant pris en considération ces déclarations et sachant qu'il n'y avait pas d'armée à bord de la flotte pour un débarquement, et en même temps espérant dans une certaine complication de la politique européenne, continuèrent à agir avec la même légèreté et la même audace. Le ministre de la guerre, quoiqu'il exprimât aux deux puissances des sentiments d'amitié et de respect, et qu'il garantît à leurs Agents diplomatiques la sûreté et l'ordre public en Égypte, ne fit qu'enrôler des soldats, se procurer de l'argent et des provisions de guerre, et organiser, par des envoyés secrets répandus dans toute l'Égypte, sa défense, sous le prétexte que sa liberté ainsi que sa religion étaient en danger. En même temps, il ne cessa d'intriguer sur le Khédive et de provoquer contre lui des plaintes pour le détrôner, promettant que son détrônement serait approuvé par le Sultan.

Mais il ne trouvait pas toujours des partisans facilement. Ayant demandé des munitions au commandant de la forteresse du Caire, il fut repoussé, ainsi que quand il voulut encaisser 25,000 L. st. à la caisse publique. Néanmoins, il parvint à prendre des mains du ministre des Wakfs, un de ses partisans les plus fanatiques, 300,000 L. st. en actions de la Dette privilégiée,

____

(1) Livre Bleu d'Angleterre, 1882, N° 8, 9.

ayant oublié entièrement les conventions internationales et les Contrôleurs, qui déjà depuis un
mois avaient cessé d'assister aux conseils du ministère.

Ce nouveau coup d'État d'Arabi accompli, aussitôt l'entrée de la flotte dans le port d'Alexandrie, troubla les deux Contrôleurs, qui, ayant
assisté au conseil des ministres, déposèrent sur
sa table avec une grande indignation le Mémorandum suivant :

Il est de notoriété publique que le Gouvernement a
fait, depuis que le Conseil s'est réuni, des préparatifs
et des dépenses qui ne paraissent pas avoir été prévus
lors de la confection du budget.

Les Contrôleurs soussignés pensaient qu'après une
suspension de séance de quinze jours, il serait rendu
compte au Conseil d'aujourd'hui de ces préparatifs et de
leurs conséquences financières; n'ayant néanmoins
trouvé à l'ordre du jour que des questions insignifiantes,
ils expriment le désir d'être renseignés sur les points
suivants :

1° Le Gouvernement a-t-il depuis la dernière réunion
du Conseil ou antérieurement engagé des dépenses supplémentaires et qui doivent nécessiter sous une forme
quelconque un dépassement des crédits accordés pour
chacun des chapitres du budget?

2° A l'aide de quelles ressources le Gouvernement
compte-t-il faire face à ces dépenses? Peut-on préciser
dès à présent le montant et en vertu de quelle autorisation sont-elles engagées?

Les Contrôleurs soussignés déposent cette note sur la
table du Conseil et demandent qu'une réponse écrite et

catégorique leur soit remise avant la prochaine séance
et soit amenée au prochain ordre du jour (1).

Les Contrôleurs généraux :

(Signé) : LÉON BRÉDIF.

A. COLVIN.

Le même soir du 25 mai, les Consuls généraux
d'Angleterre et de France notifièrent au premier
ministre d'Égypte l'Ultimatum suivant :

Les soussignés Agents et Consuls généraux de la
France et de la Grande-Bretagne, considérant que Son
Excellence Sultan Pacha, Président de la Chambre des
délégués, mû par un sentiment de patriotisme et désireux d'assurer la paix et la prospérité de l'Égypte, a
proposé à Son Excellence Mahmoud Pacha Sami, Président du conseil, comme moyen unique de mettre un
terme à l'état troublé du pays, les conditions suivantes :

1° Éloignement temporaire de l'Égypte de Son Excellence Arabi Pacha, avec conservation de son grade et
de son traitement.

2° Envoi dans l'intérieur de l'Égypte d'Ali Pacha
Fehmi et Abdellal Pacha, qui conservent également
leurs grades et leurs traitements;

3° Démission du Ministère actuel.

Considérant que ces conditions, par l'esprit de modé-
ration qui les a inspirées, peuvent prévenir les malheurs
qui menacent l'Égypte;

Agissant au nom et avec autorisation de leurs Gouvernements respectifs, les recommandent à la plus sérieuse
attention du Président du Conseil et de ses collègues, et
au besoin en exigent l'accomplissement;

(1) Livre bleu d'Angleterre, 1882. N° 11. 122.

Les Gouvernements de la France et de la Grande-Bretagne n'ont d'autre but, en intervenant dans les affaires d'Égypte, que de maintenir le *statu quo*, et par suite de faire restituer au Khédive l'autorité qui lui appartient et sans laquelle le *statu quo* est incessamment menacé.

L'intervention des deux Puissances n'ayant aucun caractère de vengeance, de représailles, elles emploieront leurs bons offices pour obtenir auprès de Son Altesse le Khédive une amnistie générale et veilleront à sa stricte observation (1).

(Signé) : A. SIENKIEWICZ.
E.-B. MALET.

Cet Ultimatum troubla le conseil des ministres et principalement Arabi Pacha, qui, malgré toutes les assurances que lui avait données son conseiller, le Suisse Niné, d'un désaccord entre les grandes puissances, commença à comprendre qu'elles comptaient maintenant montrer leur intervention en Égypte, qui devint déjà nécessaire, par des faits. Après de longues délibérations du conseil des ministres, où différentes opinions furent échangées, le ministère décida, par une majorité à laquelle se conforma Arabi Pacha, bon gré mal gré, de soumettre au Khédive la démission suivante :

Le Caire, 25 mai 1882.

Monseigneur,

Aussitôt que la flotte Anglo-française est entrée dans le port d'Alexandrie, Votre Altesse nous a fait connaître qu'elle a écrit à Constantinople en demandant des ins-

---

(1) Livre bleu d'Angleterre, 3882. N° 11, 122.

tructions. Nous attendions la réponse de la Sublime-Porte lorsque les Consuls généraux de la France et de l'Angleterre ont remis au Président de notre Conseil la note du 25 mai.

D'ordre de Votre Altesse, nous nous sommes réunis en conseil, dont la décision est la suivante : .

Lorsque nous nous sommes réunis auprès de Votre Altesse pour lui demander son opinion, Elle nous a déclaré qu'elle avait accepté la note des représentants de la France et de l'Angleterre.

Cette acceptation est contraire à l'opinion unanime de votre Conseil des Ministres, parce que l'acquiescement à l'intervention des Puissances étrangères en Egypte porte atteinte aux droits de Sa Majesté Impériale le Sultan.

Par conséquent, nous avons l'honneur de soumettre à Votre Altesse notre démission.

Nous avons l'honneur, Monseigneur, d'être, de Votre Altesse, les très humbles et très obéissants serviteurs.

MAHMOUD-SAMI.

AHMED-ARABI.

MAHMOUD-FEHMI.

ABDELAL-FICRI.

HASAN-SEREÏ.

ALI-SADIK.

Le même jour, le ministère adressa aux Consuls généraux de la France et de l'Angleterre la réponse ci-après, à leur Ultimatum :

Dans la nuit d'hier, Son Excellence Sultan Pacha a déclaré au sein du Conseil des Ministres qu'il se borne à répéter au Président du Conseil l'entretien qu'il avait eu avec le Consul général de la France et que jamais il n'a pris l'initiative de faire des propositions pour lesquelles il n'était compétent ni comme particulier ni comme Président de la Chambre vacante.

Les recommandations mentionnées dans la communication des Agents et Consuls généraux de France et d'Angleterre touchent à des questions concernant l'ordre intérieur, où les grandes Puissances ont bien voulu reconnaître toujours la liberté d'action du Gouvernement Égyptien.

Le Gouvernement de Son Altesse le Khédive ne peut pas discuter ces questions sans mettre en doute les Firmans Impériaux et les conventions internationales qui ont sanctionné l'état particulier de l'Égypte, et sans heurter les lois fondamentales du pays, qui sont la première garantie du *statu quo*.

Le Gouvernement de Son Altesse le Khédive sera toujours heureux de se conformer aux conseils des représentants de la France et de l'Angleterre, mais il regrette de ne pas pouvoir, dans ce cas, remplir avec son empressement habituel le désir expliqué dans la communication qui lui a été remise.

Si les Gouvernements de la France et de l'Angleterre croient que la communication de leurs Agents et Consuls généraux au Caire ne concerne pas exclusivement l'ordre intérieur, mais la politique générale, elles pourraient s'adresser à la grande puissance qui est souveraine de l'Égypte, à la Turquie (1).

Nous insérons toutes ces dépêches historiques, parce qu'on y voit la politique très noble et très réservée des deux puissances vis-à-vis des priviléges et de la liberté de l'Égypte, ainsi que la méchanceté et l'inconstance d'Arabi Pacha et de ses collègues.

Les deux grandes puissances, n'ayant pas voulu toucher à la liberté intérieure de l'Égypte, avaient déclaré par leur communication iden-

(1) Le texte français de ces deux dépêches étant perdu, nous avons été obligé d'en faire la traduction du grec.

tique que ce n'étaient pas elles qui prenaient l'initiative aux recommandations y déclarées; mais que celles-ci, provenant de l'Egypte elle-même, d'une personne officielle aimant sincèrement sa patrie, et qui avait sondé l'esprit du vrai peuple égyptien, de Sultan Pacha, elles les approuvaient et les recommandaient au gouvernement égyptien pour l'intérêt du pays. Mais en même temps les deux puissances ne pouvaient que déclarer que, dans le cas extrême où leurs recommandations seraient méprisées, elles auraient exigé leur exécution ne pouvant plus tolérer cet état de choses qui menaçait de finir par la suppression des traités et la ruine des intérêts d'Egypte et d'Europe, d'autant plus que leurs recommandations, ne touchant pas du tout à l'ordre légal, concernaient seulement la délivrance du pays des personnes dont les principes et le but étaient évidemment contre sa prospérité.

Le conseil des ministres, ou plutôt Arabi Pacha, ayant oublié ce qu'il avait dit audacieusement au Khédive, il y avait quelques jours, à propos de la question des officiers circassiens, pour l'arrangement de laquelle le Khédive avait demandé au Sultan des instructions, c'est-à-dire ses protestations contre la politique du Khédive qui tendait, d'après lui, à enlever à l'Egypte sa position privilégiée et à restituer la souveraineté du Sultan, reconnaissait maintenant dans sa réponse faite à l'Ultimatum des deux puissances cette souveraineté et renvoyait à lui les deux puissances, pour discuter des questions qui concernaient la politique générale, en y liant sa personne dont il s'agissait seulement. En même temps, pour compromettre les deux puissances vis-à-vis de l'Égypte et de la Turquie, Arabi Pacha osa mettre en doute l'initiative de Sultan Pacha, au sujet de ses recommandations faites dans leur Ultimatum, d'un côté, la niant, et de l'autre, ne donnant pas ce droit à cet homme d'État, plein de patriotisme et de prudence. Telle fut la politique d'Arabi Pacha à ce moment critique, où il s'agissait de son avenir et de celui de sa patrie.

Toutefois, le 28 mai, les deux puissances, dans leur tolérance, proposèrent au Sultan d'inviter les rebelles à se rendre à Constantinople et de désapprouver leurs manœuvres politiques faites par eux en Égypte, à son nom et à ses droits, d'après ce qu'ils prétendaient.

Il ne vous aura pas échappé, télégraphiait M. de Freycinet au marquis de Noailles, que dans la communication adressée le 26 mai au Khédive par M. le Président du Conseil des Ministres, ainsi que dans la note remise la veille aux Consuls généraux de France et d'Angleterre il a été fait mention du nom et des droits du Sultan, dans les conditions qui expliqueraient l'idée que Sa Majesté Impériale prend parti en faveur du Ministre contre le Khédive. Nos dépêches vous signalent que telle est l'interprétation qu'on donne en Égypte à ces déclarations, et que les difficultés actuelles en sont considérablement accrues.

Sa Majesté ne voudra certainement pas qu'il soit fait ainsi abus de son nom et de l'autorité qui s'y attache en vue de prolonger une agitation funeste.

Désireuse, comme nous, d'une prompte pacification,
Sa Hautesse jugera nécessaire, nous en sommes convaincus, de prévenir les effets d'une semblable manœuvre
en télégraphiant au Caire pour la blâmer publiquement,
désapprouver la conduite des Ministres démissionnaires,
affirmer l'autorité du Khédive et mander à Constantinople Mahmoud Pacha et les trois chefs militaires Arabi
Pacha, Fehmi et Abdelal Pacha, afin de les mettre en
demeure d'expliquer leur langage et leur attitude [1].

«Lord Dufferin reçoit des instructions dans le même
sens.»

À cette démarche de la France et de l'Angle-
terre s'associèrent les autres puissances [2].
M. de Giers écrivait le 17/29 mai 1882 au prince
Lobanow, ainsi qu'il suit :

M. de Freycinet, dans un télégramme qui m'a été lu
par l'amiral Jaurès, signale à l'Ambassadeur de France
à Constantinople l'attitude des Ministres Égyptiens démissionnaires, qui prétendent avoir l'appui du Sultan
contre le Khédive et l'action étrangère. Il espère que le
Sultan ne voudra pas qu'on se serve de son nom pour
un acte révolutionnaire et demande que le Sultan télé-
graphie au Caire pour blâmer cette manœuvre, affirmer
l'autorité du Khédive et faire venir à Constantinople
Mahmoud Pacha, Arabi et les autres, afin qu'ils expli-
quent leur conduite.

Lord Dufferin reçoit les mêmes instructions. L'amiral
Jaurès réclame notre appui à Constantinople. Je télégra-
phie à Onou de se concerter avec ses collègues et de
s'associer à leurs démarches s'ils sont autorisés à appuyer cet appel à l'intervention morale du Sultan.

(1) Livre bleu d'Angleterre, 1882. Nos 8, 115 et 8.
(2) *Idem.*

Le Sultan se conforma au désir des deux grandes puissances ; mais Arabi et ses collègues, ne voulant pas abandonner à leurs adversaires la carrière libre, évitèrent sous divers prétextes d'accomplir l'ordre de leur souverain.

VI

Pendant que ces faits importants avaient lieu au Caire, dans l'autre Égypte, et principalement à Alexandrie, l'ordre public, qui était garanti par le ministère, commença à se troubler. Des journalistes, amis fanatiques d'Arabi Pacha, comme El-Cheik-Mahomet-Abdou, le directeur du bureau de la presse, Moustapha-Sakel, le directeur du journal *El-Mouphid*, Hassan-el-Hamsi, le rédacteur du journal *El-Phostat*, et Abdalah-effendi-Nedim, le rédacteur du journal *El-Tankit-Ouel-Tabkit*, avaient commencé, depuis un mois, à publier dans les journaux arabes des articles qui excitaient le fanatisme et la haine des Égyptiens contre les chrétiens, et en même temps dénonçaient les grandes puissances comme ayant en vue l'occupation de l'Égypte. Ces journaux circulaient dans les principales villes d'Égypte et étant lus et expliqués par les missionnaires d'Arabi Pacha à la populace, dans les cafés et les mosquées, servaient comme proclamations d'un coup d'État médité par le peuple musulman contre l'Europe. En même temps, des Hotzas fanatiques proclamaient dans les mosquées la guerre sacrée contre les Européens et les poussaient à faire des massacres et des pillages.

Cet état de choses était dénoncé tous les jours par les journaux européens d'Alexandrie; mais le gouvernement d'Arabi ne fit qu'adresser seulement à la presse arabe le communiqué suivant :

Les organes de la presse arabe contiennent, depuis quelque temps, des articles remplis de parallèles entre les hommes et les choses du pays et les hommes et les choses des pays étrangers.

Ces articles sont empreints d'une sorte d'exaltation sans cause, comme sans but, et sont de nature à laisser croire que l'Égypte se trouve dans un état anormal, en dehors des conditions sociales et politiques ordinaires.

Rien dans la situation intérieure ou extérieure du pays ne justifie de semblables discussions, dont le seul effet est d'émouvoir ou de blesser inutilement le public.

D'une part, les Firmans et la Sublime-Porte définissent nettement les droits et les obligations de l'Égypte et, d'autre part, le Gouvernement n'a jamais cessé de rencontrer en toutes circonstances la preuve que son autonomie est essentielle à tous les intérêts, comme elle est définitivement consacrée par les actes internationaux.

C'est le devoir de tout Gouvernement de protéger

avec impartialité tous les intérêts. Le Gouvernement de Son Altesse le Khédive ne faillira pas à ce devoir.

La gravité des observations qui précèdent n'échappera pas à messieurs les directeurs des journaux arabes ; ils devront cesser immédiatement toute polémique, toute appréciation, toute discussion de la nature de celles dont il s'agit, sous peine d'être avertis, suspendus, et au besoin supprimés, conformément à la loi.

Comme l'histoire doit être impartiale, nous croyons qu'il est de notre devoir de dire qu'un journal européen publié au Caire, l'*Égypte*, tenait un langage qui n'était pas du tout permis dans les circonstances où l'Egypte se trouvait, et qui blessait les sentiments religieux du pays. Ce fut ainsi qu'il inséra dans une de ces feuilles la phrase « Il faut moins reprocher à Osman, fanatique héritier d'un faux prophète, etc. » A la suite de cette phrase, ledit journal fut supprimé et un communiqué fut aussi adressé à la presse européenne par le bureau de la presse, mais plus sévère que celui qui était communiqué à la presse arabe, parce qu'il prétendait que les journaux européens étaient empreints d'une sorte de surexcitation sans cause et sans but, et n'avaient d'autre effet que d'émouvoir l'opinion publique ou de blesser les sentiments nationaux.

D'un côté, ces publications faites dans les journaux arabes et les menaces lancées par les Egyptiens contre les Européens ; de l'autre, les préparatifs militaires et les fortifications des for-

teresses d'Alexandrie, qui étaient ordonnées par
Arabi et opérées activement par ses soldats devant les yeux des amiraux des deux puissances,
troublèrent et effrayèrent les Européens, surtout
ceux qui habitaient Alexandrie, tellement, que
les uns commencèrent à penser à partir, les
autres, qui ne pouvaient pas partir facilement,
à s'armer pour se défendre.

Dans ce cas, l'Agence diplomatique de Grèce
en Égypte, prévoyant qu'un jour se réaliseraient
les menaces des massacres que les Arabes n'a-
vaient pas cessé de lancer contre les Européens,
crut nécessaire de proposer au gouvernement
hellénique l'envoi à Alexandrie d'un ou deux
bateaux pour qu'ils protégeassent les Hellènes au
moment du danger, toujours dans les limites de
la neutralité. M. Tricoupi, qui était alors le
Président du conseil des ministres, s'empressa
d'ordonner l'envoi de deux navires de guerre, de
la frégate *Hellas*, sous le commandement de
M. Canaris, et du cuirassé *Georges*, sous le commandement de M. G. Stamatellos. Ces deux
bateaux entrèrent, le 23 mai, dans le port d'Alexandrie, où les Hellènes leur firent une réception
pleine d'enthousiasme.

Quelques jours après, des navires des autres
puissances y entrèrent dans le but de protéger
leurs compatriotes, en cas de danger.

Arabi Pacha chef de l'armée égyptienne. — Chérif Pacha de nouveau premier ministre. — Nouvelle émeute de l'armée à Alexandrie. — Intrigues contre le trône du Khédive. — Les Européens d'Alexandrie s'arment pour se défendre. — Attitude menaçante de la populace égyptienne et des Bédouins. — Arabi de nouveau ministre de la guerre. — Interrègne d'Arabi.

Quoique le ministère eût donné sa démission, Arabi Pacha, malgré sa démission comme ministre de la guerre, annonça à l'armée par un ordre du jour qu'il était son chef, et, accompagné d'une grande suite d'officiers, il traversait chaque jour les rues du Caire et donnait des ordres aux différents bataillons cantonnés dans la capitale.

Les Consuls généraux des grandes puissances s'étant réunis auprès du Khédive, obligèrent Chérif Pacha à former un ministère, encore qu'ils eussent prévu que sa durée ne serait pas longue.

Dans ces intervalles, les officiers de l'armée casernée à Alexandrie, étant intrigués par Arabi, se réunirent, la même nuit que le ministère donnait sa démission, et réclamèrent par télégraphe au Khédive qu'Arabi fût renommé dans les vingt-quatre heures ministre de la guerre, menaçant, dans le cas où leur demande ne serait pas acceptée, de troubler la paix et la tranquillité du pays.

En même temps les officiers de l'armée du Caire, étant aussi réunis sous le commandement de Tulba Pacha auprès du Khédive, demandèrent audacieusement que l'Ultimatum des deux grandes puissances fût repoussé.

Sultan Pacha intervint de nouveau pour faire éloigner, autant que possible, les grands malheurs qui menaçaient sa patrie, et ayant invité les notables et les chefs religionnaires, se rendit avec eux auprès du Khédive, qu'il supplia de ramener Arabi au ministère de la guerre. Le Khédive, se conformant au désir de Sultan Pacha et voulant éloigner les scènes sanglantes qui menaçaient l'Égypte, suivit son conseil.

Mais l'audace d'Arabi n'eut plus de limites : pendant que ces conseils et pourparlers entre le Khédive et les notables du Caire avaient lieu, Arabi et Tulba proclamèrent publiquement le détrônement du Khédive, et expédièrent des protestations contre lui à Constantinople ; au surplus l'armée, et principalement celle qui restait à Alexandrie, se mut tant qu'elle commença sérieusement à menacer les Européens. On assura même que la nuit, où le télégramme des officiers pour Arabi fut expédié au Khédive, toute l'armée était sur pied, dans les casernes, où des mots d'ordre étaient échangés à chaque moment et un projet de massacre des Européens était organisé, dans le cas où la demande des officiers serait repoussée par le Khédive. Nous avons vu de nos yeux des lettres que des Arabes prudents et honnêtes avaient écrites à quelques Grecs et par lesquelles ils leur recommandaient de prendre toutes les précautions, vu qu'un grand malheur les menaçait cette nuit-là.

Les Consuls généraux des grandes puissances rendirent Arabi responsable vis-à-vis de l'Europe de tout ce qu'il arriverait aux Européens ; mais Arabi déclara nettement qu'il n'en serait responsable qu'en cas qu'il serait renommé ministre, quoique sa puissance sur l'armée ne dépendît plus du titre qu'il réclamait.

Les Européens continuaient toujours à s'armer, tant qu'au bout de trois jours tous les magasins où on vendait des pistolets ou des revolvers, ne contenaient plus rien. En outre l'Agence diplomatique de Grèce proposa à quelques cercles officiels d'organiser un plan de défense des Européens, en cas d'une attaque des Arabes ; mais cette proposition fut repoussée, vu que le danger n'était pas considéré comme imminent ces jours-là.

A partir de ce moment, l'aspect pacifique d'Alexandrie devint de plus en plus belliqueux. La moindre rixe arrivée entre un Européen et un Arabe, qui autrefois n'avait aucune importance, était interprétée déjà mal et agrandie. La populace égyptienne, qui était très obéissante aux Européens, il y avait quelques mois, se comportait déjà audacieusement vis-à-vis d'eux et d'une manière insultante. Pour le moindre motif elle ne faisait que lancer des menaces que les Européens, ou plutôt les infidèles, comme elle les appelait, seraient expulsés d'Egypte, et les différentes conventions et obligations par lesquelles les Egyptiens étaient engagés étaient violées sous divers prétextes. En même temps, de fanatiques Hotzas et des orateurs du peuple enseignaient avec une grande activité des doctrines révoltantes et méchantes contre les Européens et le Khédive dans le sens ci-après :

En ce qui concerne les flottes ennemies, car elles ne peuvent pas, armées comme elles sont, avoir un autre caractère, il n'y en a qu'une qui soit réellement à craindre : c'est la flotte britannique. L'Anglais ne peut pas être notre ami. Il désire être notre maître. L'autre escadre ne nous fera pas de mal ; mais elle le laissera faire, ce qui revient au même. Jamais la France ne sera d'accord avec l'Angleterre au sujet de notre pays. Ne croyez pas à l'amitié des Européens. Ce sont eux qui ont amené les escadres en nous calomniant. Le parti national les effraie, parce qu'il veut mettre de l'ordre, et empêcher le vol par l'usure. Une voix : « Et la fameuse monnaie ! » Merci, un peu de patience. J'y viendrai. Dervish prétend qu'il obtiendra l'éloignement des vaisseaux. Il sait le contraire ; son pouvoir est nul, d'ailleurs . . . .

. . . .

Remarquez l'attitude des marins des flottes. On n'en voit que très peu à terre. Pourquoi? Vous l'aurez compris. Les amiraux savent que leur mission est injuste. Ils ont, comme nous, aussi une conscience qui le leur répète. Et quoiqu'ils nous prennent pour des chiens. Plusieurs voix : « Oui des chiens », ainsi que l'*Egyptian gazette*, le journal de Malet, a osé le faire, appelant Ahmet Arabi « chien », par ordre de ce Consul au Caire . . . .

Puisque l'un de vous a parlé de fausse monnaie, ce qui n'a rien à faire dans la question, je dirai un mot de cet autre honte européenne. Des messieurs (kawajate), de grands négociants riches, des banquiers, que nous connaissons tous, ont fait frapper des monnaies d'or et d'argent ayant cours légal. . . . .

...... Voilà ce que les Européens, les civilisateurs font en Égypte, où ils sont venus sans souliers aux pieds, pour nous voler nos chemises. Et c'est afin de pouvoir continuer ces friponneries et perpétuer leurs exactions, qu'ils ont amené ces flottes chez nous ! Protestons tous au nom de la patrie, contre le Khédive, qui est de leur côté, c'est-à-dire, qui est contre nous ! Restons unis, pour agir, lorsque le moment sera venu.

Les Bédouins aussi, qui avaient leurs tentes aux environs d'Alexandrie, commencèrent à prendre une attitude belliqueuse, se procurant des provisions de guerre et s'exerçant au tir. Il y avait deux mois qu'il était décidé que les priviléges de différentes tribus de Bédouins, lesquels leur avaient été accordés par le Khédive Méhémet **Ali** et sanctionnés par un Iradé, fussent restreints, et qu'ils fussent même soumis à la corvée de l'épurement des canaux du Nil ou à une certaine organisation militaire. Mais, leurs chefs ayant résisté contre ces mesures, un corps d'armée était envoyée à Zagazig et ailleurs pour calmer les esprits surexcités. Maintenant Arabi, comme

il était obligé de les bien traiter, ayant invité
le 2 mai, au Caire, tous leurs chefs, leur déclara
que le Gouvernement revenait sur sa décision;
mais il leur fit connaître en même temps, que
l'islamisme étant menacé par le christianisme,
il se voyait obligé de leur demander leur concours, ce qu'ils promirent ayant même prêté
serment sur le Coran.

Ce fut ainsi qu'Arabi, grâce à la force et à
l'armée, devint de nouveau ministre de la guerre.
Le ministre de l'intérieur annonça au pays par
une circulaire cette nomination, avec l'observation toujours, qu'elle provenait des menaces
de l'armée et de l'insistance des notables. Mais
Arabi osa démentir le Gouvernement, en déclarant par un communiqué adressé par lui à tous
les journaux arabes que lui, au contraire, ayant
cédé aux prières des notables et des chefs religionnaires qui comptaient sur lui, avait accepté
le poste de ministre.

Après cet incident, Chérif Pacha ne pouvant
plus s'entendre avec le dictateur, donna sa démission. Le Khédive invita à former le nouveau
ministère Moustapha Fehmi Pacha, qui fut autrefois, sous la présidence de Riaz Pacha, ministre
des affaires étrangères, en même temps qu'Arabi
Pacha ministre de la guerre, homme d'un caractère conciliant et inspiré de respect envers les
lois et le Khédive; mais il refusa de s'y conformer, pour la même raison que Chérif Pacha
avait donné sa démission, ou parce qu'il ne
voulait pas être en contradiction avec la démis-

sion qu'il avait donnée comme collègue d'Arabi.

Ainsi Arabi Pacha réalisa son rêve de gouverner tout seul sa patrie, quoique l'Ultimatum des deux grandes puissances eût demandé son éloignement d'Égypte, peu de jours auparavant. Les autres ministères restant sans ministres étaient dirigés par les sous-secrétaires d'État.

VIII

Les deux grandes puissances qui avaient
envoyé, avec l'assentiment des autres gouvernements européens, à Alexandrie leurs flottes,
n'ayant pas prévu le cas de la résistance d'Arabi
aux propositions qu'elles avaient faites, ne
s'étaient entendues que pour donner un appui
moral au Khédive. Si elles voulaient lui donner
ainsi qu'à leurs sujets une protection réelle,
elles auraient rencontré des difficultés militaires, vu qu'il n'y avait pas d'armée à bord de
leurs navires, et une complication diplomatique
serait survenue, parce que les autres puissances,
considérant la question égyptienne comme ayant
un caractère européen, n'auraient rien permis
sans leur coopération. Par conséquent, les deux
puissances, ayant compris, après la déclaration
faite à Constantinople par les quatre Ambassa-

deurs et mentionnée plus haut, qu'elles ne pouvaient pas agir seules, avaient procédé dès le 13 février, à des pourparlers avec les autres puissances sur la base du maintien des droits du Sultan et du Khédive, aussi bien que du respect dû aux traités et aux libertés égyptiennes [1].

Mais l'Allemagne, ayant déclaré, qu'elles devaient formuler ces principes dans une Conférence, n'importe où elle serait tenue [2], quoique d'abord les deux puissances l'eussent repoussée, ensuite proposèrent, le 2 juin, que cette Conférence eût lieu à Constantinople et que la Sublime-Porte y prît part [3].

Le Sultan qui, depuis le commencement de la question égyptienne, n'avait pas cessé de revendiquer par des notes adressées aux grandes puissances sa souveraineté sur l'Égypte, leur proposa aussi, à ce moment critique, d'abandonner l'idée de la Conférence, comme étant en désaccord avec sa souveraineté et de laisser confier la solution définitive de cette question difficile à Dervish Pacha, qui serait envoyé par Sa Majesté en Égypte, comme un Haut-Commissaire avec des instructions d'arranger la question à l'amiable [4].

Les puissances, d'un côté, ne voulant pas être

---

(1) Livre vert d'Italie, 1882. LXXXV et XCI.

(2) Livre vert d'Italie, 1882. CVII.

(3) Livre vert d'Italie, 1882. CLXXXV,

(4) Livre bleu d'Angleterre, 1882. N° 11, 45.

en contradiction avec les traités et donner raison au Sultan de se plaindre, acceptèrent ses propositions; mais, de l'autre, ayant pris en considération la grande excitation où se trouvaient Arabi et ses partisans et qui pourrait produire l'échec à la mission de Dervish Pacha, continuèrent leurs pourparlers au sujet de la Conférence.

Toutefois Arabi poursuivait les préparatifs militaires et l'armement des forts d'Alexandrie, qui étaient suivis avec attention par l'amiral anglais. A la suite de plaintes que l'amiral avait adressées à Londres, lord Dufferin ayant demandé des explications à Constantinople, le Sultan télégraphia au Khédive en demandant des renseignements. Arabi Pacha, à l'invitation du Khédive de se justifier, répondit que ces préparatifs n'avaient aucun but belliqueux et qu'ils n'étaient que des réparations nécessaires qui avaient commencé, il y avait longtemps; il osa même dénoncer la flotte anglaise comme sondant les eaux du port d'Alexandrie, ainsi que celles des environs des forts (1).

Tous ces bruits étant portés à la connaissance de la populace égyptienne, l'excitation des esprits grandissait de plus en plus.

Le 7 juin, le yacht turc *Izedin*, à bord duquel se trouvait le Haut-Commissaire du Sultan, entra dans le port d'Alexandrie, au milieu des coups de canons des forteresses et des bateaux. Dans

(1) Livre bleu d'Angleterre, 1882, Nᵒˢ 11, 125: 1 et 2.

cette mission avaient pris part le Président de la Cour de cassation Lebibe Effendi, le Lieutenant de la garde du tombeau du Prophète Essad Effendi et Kadri Effendi, avec une suite de plusieurs secrétaires et ving-cinq officiers de l'état-major. Arabi n'alla pas à Alexandrie pour recevoir le maréchal; mais il envoya, à cet effet, le sous-secrétaire d'État Yacoub Pacha Sami.

Dervish Pacha, ayant débarqué au palais de Ras-el-tin, n'y resta que deux heures, et après avoir reçu les visites des Consuls et des amiraux de France et d'Angleterre, qu'il rendit tout de suite, il partit pour le Caire.

L'arrivée du maréchal ottoman en Égypte fut saluée par les Européens, comme un présage d'arrangement de la question égyptienne, de sorte que le trouble qui régnait ces jours-là dans leur esprit diminua un peu. Le personnage religionnaire de l'Empire Ottoman qui l'accompagnait donnait beaucoup de garanties au sujet du mystère religionnaire, dont Arabi voulut s'envelopper, depuis qu'il avait apparu sur la scène politique, et auquel il devait le prestige exercé par lui sur l'armée et la populace, ainsi que l'excitation de leur fanatisme.

Dans la capitale aussi on fit une réception splendide au moussir; et la populace égyptienne n'évita pas dans son enthousiasme de crier : « Vive l'islamisme! vive le Prophète. » Les portes du palais de Ghézireh, où Dervish Pacha descendit, s'ouvrirent à toutes les personnes qui voudraient le visiter, et les ministres, tous les Consuls, tous les notables, tous les ulémas, tous les officiers supérieurs se pressèrent de saluer le Haut-Commissaire du Sultan. Trois ulémas, amis fanatiques d'Arabi, étant poussés par lui osèrent accuser le Khédive du crime de haute trahison et par conséquent comme digne d'être détrôné; mais deux chefs bédouins, présents là, protestèrent énergiquement contre cette accusation. D'ordre du maréchal, les deux ulémas furent mis à la porte, tandis que des décorations furent accordées aux deux Bédouins.

Le représentant du Sultan apportait au Khédive des lettres de Sa Majesté, par lesquelles elle lui annonçait que le moussir était autorisé à faire rétablir en Égypte son autorité ainsi que l'ordre public.

IX

Depuis les premiers jours de juin, le bruit du massacre dont la populace indigène menaçait les Européens, augmentait de plus en plus. Parmi les familles européennes, celles qui pouvaient partir quittèrent l'Égypte: d'autres, qui restaient dans les provinces, descendirent à Alexandrie pour être prêtes à partir, en cas de danger. Le prudent et actif gouverneur d'Alexandrie, Omer Pacha Loutfi, quoiqu'il ne crût pas le bruit relatif au massacre, pour toute éventualité, avait ordonné les mesures que les circonstances exigeaient, ne prévoyant pas que les employés de la police à qui elles étaient confiées, joueraient le premier rôle le jour du massacre.

L'Agence diplomatique de Grèce, qui, comme nous le venons d'écrire, avait proposé depuis quelques jours au Consul d'Angleterre, ainsi qu'aux autres représentants des grandes puissances, d'organiser un plan quelconque de défense des Européens, y insista. Alors les Consulats d'Angleterre, de Suède et des Pays-Bas, qui seuls commencèrent déjà à reconnaître que la sûreté publique était en danger, décidèrent que l'organisation de ce plan serait confiée à des officiers anglais et grecs de l'équipage des bateaux de guerre mouillés dans le port d'Alexandrie.

Ce plan fut fait très vite et en secret dans les bureaux de l'Agence diplomatique de Grèce, et, après avoir été approuvé par les amiraux de la France et de l'Angleterre, il fut soumis par le doyen du corps consulaire à Alexandrie, le Consul général de Suède et Norvège, M. Boeudker, à l'approbation des Agents diplomatiques de toutes les puissances au Caire. D'après ce plan, la grande place des Consuls servirait comme centre à la défense ; de toutes les maisons, situées autour de cette place, les derniers étages seraient occupés par les vieillards, les femmes et les enfants, et les premiers par ceux qui pourraient porter des armes. Toutes les rues et ruelles adjacentes seraient fermées à l'entrée par des barricades faites de dalles du pavé des rues, derrière lesquelles seraient placés de petits détachements d'hommes les plus braves parmi ceux qui porteraient des armes, pour repousser l'attaque. Quant à la communication avec les bateaux, l'éloignement de quelques familles et le transport des différentes choses, on choisirait la rue des Sœurs pour y servir, cette rue qui la première fut teinte de sang, le 11 juin. L'opinion de faire des débarquements de matelots pour maintenir la défense, proposée par l'Agence diplomatique de Grèce, fut rejetée. Ce plan de défense ayant été soumis aux Consuls généraux des grandes puissances au Caire, fut désapprouvé, parce que les Consuls, ayant pris en considération que la situation où se trouvait Alexandrie était devenue depuis quelques jours plus grave, craignirent que, si ce plan était porté à la connaissance de la populace indigène, il ne provoquât des scènes lamentables.

Ce fut ainsi que les Européens s'abandonnèrent à eux-mêmes, le 11 juin, cette sombre journée dont le souvenir est encore vivace dans toutes les mémoires. C'est le cœur serré que nous entreprenons d'en retracer les lugubres péripéties.

La journée du 10 juin avait été calme. Malgré toutes les versions, on ne pouvait pas s'imaginer ce qui aurait lieu le lendemain. Rien ne faisait prévoir le drame sanglant qui se préparait dans l'ombre.

Ce ne fut que le dimanche 11 juin, à une heure de l'après-midi, que divers groupes d'indigènes commencèrent à se réunir dans les quartiers arabes d'Alexandrie, dans la rue des Sœurs, dans la rue Franque et les voies adjacentes, en proférant des menaces et des cris de mort contre les chrétiens. A deux heures environ, une rixe eut lieu entre deux ou trois Européens et quelques fellahs dans un café situé rue des Sœurs, où les derniers attaquèrent les premiers par des cannes (nabouts ; ceux-ci se défendant avec leurs poignards : un Maltais y fut d'abord tué, puis un Arabe. Cet incident qui, dans d'autres circonstances, serait considéré comme un crime simple et ordinaire, servit pour le mot d'ordre du massacre. Ce fut alors que commencèrent des scènes épouvantables et d'une barbarie sauvage. En une demi-heure, plusieurs milliers d'indigènes, étant armés de nabouts, que s'était procurés le fanatique et riche Arabe Moussa-el-Akat, il y avait quelques jours, et qui provenaient des quartiers arabes, ils inondèrent la rue des Sœurs, la via Franque et toutes les voies adjacentes. La plupart, sans culottes ni souliers, appartenaient à la plus basse classe de la société, celles des hamals, des âniers, des portiers, des bateliers, etc. Ces cannibales, divisés en diverses bandes, inondèrent peu à peu toute la ville, vomissant contre les chrétiens les pires insultes et criant : « Mort aux chiens! » Ils avaient comme chefs quelques Arabes demi-nus tenant à la main un lambeau d'étoffe jaune, soi-disant drapeau, ou une canne de fer dont le bout formait un serpent. Ceux-ci étaient de ces saints Africains qui, n'ayant que la ceinture couverte par un chiffon, traversent toute l'Égypte, ne gagnant leur vie que par l'aumône. C'étaient eux qui donnaient le mot d'ordre de l'attaque contre les Européens qui traversaient les rues, ainsi que du pillage des magasins. Aussitôt qu'ils criaient : « Frappez les chiens! » les nabouts tombaient en masse sur les portes et les fenêtres des magasins, les bandes sauvages y entraient, et, après avoir cassé les têtes des Européens qui se trouvaient dedans et pillé les magasins, ils sortaient avec leur butin. Pour ceux qui ne parvenaient pas à en arracher des choses d'une certaine valeur, on les voyait tenir des verres ou des habits usés, ou de pareilles choses.

Avant que ce pillage eût commencé dans la rue des Sœurs, on voyait plusieurs personnes tombées, des gens inconnus; un vieillard grec, qui traversait la rue, fut assommé près de moi. Les vêtements européens guidaient les bâtons. Les Arabes affolés se jetaient en masse sur tous ceux qu'ils rencontraient; ils frappaient sans pitié, sans fatigue, poussés par leur instinct sauvage et leur haine grandissante. Mais la déesse de la vengeance, Némésis, ne laissa pas tranquilles et impunis ces brigands. Sur les balcons des maisons, qui étaient au-dessus des magasins, il y avait quelques Européens armés de fusils et de pistolets. Aussitôt que le mot d'ordre du massacre fut donné et que quelques Européens, qui traversaient la rue, furent tombés, on n'entendait plus que des cris terribles de femmes se tirant les cheveux et des détonations continuelles. On eût cru que c'était une vraie bataille. Plusieurs des meurtriers, qui n'eurent pas le temps de se sauver, tombèrent blessés ou morts, mêlant leur sang à celui de leurs victimes; mais la plupart prirent la fuite, tuant ou blessant çà et là les malheureux Européens qui, étant trouvés dehors, n'eurent pas le temps de s'enfermer dans les maisons. Grâce à cette défense, à laquelle les Grecs, qui principalement habitaient la rue des Sœurs, jouèrent le premier rôle, ils purent sauver toutes les personnes enfermées dans les maisons, dont les portes commencèrent déjà à s'ébranler, à cause des coups de bâtons continuels qui tombaient sur elles. Après la fuite que les fellahs avaient prise, les coups de fusils et de revolvers ayant cessé pour une préparation à une seconde attaque, on ne voyait dans la rue que des cadavres, des débris de portes, de fenêtres, de tables, de caisses, etc.

Au bout de deux heures, Alexandrie, la plus gaie, la plus pacifique ville d'Égypte, semblait en proie aux horreurs de la guerre. Partout du sang, en tous lieux des cadavres, dans chaque rue des blessés. On eût cru que c'était un champ de bataille.

Il était déjà quatre heures et l'émeute continuait encore; les Arabes, tantôt renouvelant l'attaque, tantôt se retirant, tant que les Européens continuaient à se défendre. Aucun sol-

dat ne paraissait nulle part. On ne voyait que
quelques employés de la police, Européens, qui,
restant à l'entrée de la rue des Sœurs, ne faisaient qu'arrêter les chrétiens qui voulaient
y entrer pour aller défendre leurs parents et
leurs amis qui étaient en danger.

Pendant que ces orgies avaient lieu dans la
rue des Sœurs et les ruelles voisines, des scènes
affreuses se passaient aussi dans la rue Franque, devant les yeux mêmes des sergents de
ville indigènes et des gendarmes. Des Européens, ceux qui, après trois heures, voulurent
traverser cette rue, ne prévoyant pas le danger
qu'ils allaient courir, la plupart furent massacrés ou mutilés impitoyablement. A l'entrée de
cette rue il y a une station de police caracol
dont les employés étaient prêts à prendre part au
massacre. Au centre et au coin de la même rue,
où elle est divisée en deux autres, dont l'une
conduit au palais de Ras-el-tin et l'autre au
bord de la mer, il y avait l'établissement de la
préfecture de police plein de sergents et gendarmes indigènes, des gens exaltés, fanatiques
et prêts à mettre tout à feu et à sang. Dans cette
rue et entre ces deux points, des milliers d'indigènes armés de nabouts, de couteaux et
de haches montaient et descendaient, attaquant
les chrétiens qui la traversaient. Ceux qui parvenaient à en échapper étaient condamnés à
subir une mort plus affreuse, lorsqu'ils approchaient de l'établissement de la police, ou s'ils y
entraient pour être sauvés. Ses gardes, y com-

pris cinquante matelots de la marine égyptienne armés tous de haches. aussitôt qu'ils voyaient approcher la victime. l'assaillaient avec un grand acharnement. et. après avoir volé tout ce qu'il y avait sur elle. on transportait le cadavre à un endroit près de la mer. où il y avait un bain arabe qui. ce jour-là, devint un bain de sang. La fourberie et la méchanceté de ces meurtriers n'avaient pas de limites. Quelques-uns d'entre eux. faisant semblant de s'offrir pour protéger le malheureux Européen qui. poursuivi par les indigènes. réclamait une protection. le conduisaient jusqu'à la porte de l'établissement de la police. et là. invitant leurs collègues. leur disaient : « Expédiez-le à ses frères ! » Sur-le-champ le malheureux tombait sous les coups des couteaux ou des haches. Au surplus. si quelque blessé n'était pas mort. les bourreaux accomplissaient leur œuvre. tirant contre sa tête ou sa poitrine.

La place des Consuls était relativement tranquille : on voyait çà et là quelques cadavres, des débris de tables. de chaises, etc., quelques Européens fuir devant la mort et quelques femmes, qui au commencement du massacre étaient trouvées dehors, criant terriblement et demandant protection. Mais sur le débarcadère de la douane où aboutissait la rue Franque. d'autres bandes, sous le commandement des bateliers. mettaient tout à feu et à sang. Ce jour-là, plusieurs Européens étaient allés en barque visiter les bateaux de guerre, mouillés dans le port d'Alexandrie. Ceux qui, n'ayant pas appris le massacre, voulurent rentrer dans la ville, furent tués sur la barque même, par les rames ou pendant le débarquement. Ce fut là, près de l'arsenal que les amiraux de la France et de l'Angleterre, descendant de la ville vers quatre heures, avec quelques officiers de leur équipage, coururent le danger d'être massacrés par une bande de fellahs qui les assiégea. Un officier Égyptien, qui se trouvait là par une heureuse coïncidence, employant son sabre et criant que c'étaient les amiraux de la France et de l'Angleterre, parvint à mettre à distance les assaillants, jusqu'à ce que la porte de l'arsenal fût ouverte pour les y faire entrer (1).

Aussitôt que le massacre eût commencé, tous les Consuls et Vice-consuls à Alexandrie se pressèrent de se rendre, les uns à la rue des Sœurs, les autres au gouvernorat et à la rue Franque, pour contenir, autant que possible, leurs administrés et prévenir des exagérations sur l'émeute arabe; mais la populace égyptienne ne les épargna pas du tout : le Consul d'Angleterre M. Cookson, ayant été blessé par des coups de pierres et de nabouts, tomba découlant de sang près de la station de police Labanno, rue des Sœurs, et il aurait été tué sans doute d'un coup de hache, si un Cheik Égyptien qui était présent ne l'eût pas protégé. Près de là, après

_____

(1) L'amiral français raconta devant nous que peu s'en fallut qu'il ne fût serré entre les deux battants de la porte qui se fermèrent vite.

quelques moments le Vice-consul d'Italie, le
comte de Rosvatovski, fut blessé à la tête. Plus
bas encore, deux moustaphasins (gendarmes
du bataillon qui entrait dans la rue des Sœurs
pour rétablir l'ordre, tirèrent contre le Vice-
consul de Grèce, M. N. Scotidis, deux coups de
fusil ; et il ne fut sauvé d'une autre attaque et
des nabouts qui tombaient sur sa voiture, que
grâce au revolver de son cawas et à l'intervention d'un brave Grec et d'un officier Égyptien,
qui le protégèrent jusqu'à la place des Consuls.
Dans la rue Franque, l'Agent diplomatique de
Grèce, M. Rangabé, qui allait en voiture avec
deux employés au gouvernorat, où il était appelé, fut assiégé par une bande de fellahs et
blessé à la tête par des coups de bâtons, tandis
que l'employé (1) était blessé grièvement à l'un
des yeux par un coup de baïonnette. Tous les
deux, couverts de sang, furent sauvés en prenant la fuite et en se réfugiant dans une maison
hellénique, située près de la. Le Consul d'Italie,
M. Machiaveli, fût aussi maltraité dans la même
rue.

Heureusement que les Bédouins qui étaient
campés aux environs d'Alexandrie, n'ayant pas
appris, à ce qu'il parait, l'heure du massacre,
n'entrèrent dans la ville que trop tard, lorsque
l'ordre avait déjà commencé à se rétablir ; et ils
ne firent que tirer quelques coups de fusil sans
aucun résultat.

(1) M. Michelepis.

Pendant que les orgies que nous venons de raconter avaient lieu à Alexandrie, orgies qui firent inscrire des pages noires dans l'histoire d'Égypte, des cœurs nobles, — nous devons dire cela à l'honneur du vrai peuple égyptien, — montrèrent tant de preuves de générosité et d'humanité, qu'ils sont dignes d'une grande reconnaissance. Plusieurs sauvèrent la vie et la fortune à un grand nombre de chrétiens. Nous-mêmes nous vîmes un vieillard égyptien lutter au milieu de 300 brigands pour sauver la vie à une femme et à son enfant et un autre pour protéger une maison de commerce contre le pillage.

Mais que faisaient le gouverneur d'Alexandrie, le préfet de police Saïd-Candil, l'armée, pendant trois heures que le massacre dura ?

Le gouverneur qui avait invité les Consuls d'abord au gouvernorat et ensuite à de différents endroits de la ville, puisqu'il était obligé de courir de ci de là, afin de se concerter avec eux sur les mesures à prendre pour le rétablissement de l'ordre, désespéra de tout, quand il eut appris que la plupart d'entre eux étaient blessés et que les employés indigènes de la police et de la gendarmerie (moustaphasins) faisaient cause commune avec les insurgés. Ce fut dans cet état de découragement qu'en sortant de la rue des Sœurs, nous trouvâmes le gouverneur d'Alexandrie devant l'Okelle neuve. Nous lui proposâmes, ainsi que d'autres Consuls avaient fait, de faire sortir l'armée qui était encore dans les casernes. Il y avait pensé lui-même : mais qui pouvait avoir confiance en elle, après la surexcitation dans laquelle elle se trouvait ces jours-là, et les menaces qu'elle avait proférées, il y avait quelques jours, contre les chrétiens? Malgré tout cela, le gouverneur fit aussitôt mander les troupes ; mais le commandant Soliman-Daout, ami intime d'Arabi, prétendit n'obéir que sur la présentation d'un ordre écrit ou d'un télégramme du Caire ; et ce fut à six heures de l'après-midi seulement que, par un ordre d'Arabi, les soldats se décidèrent à marcher.

Le préfet de police (Zabet), Saïd-Kandil Bey, colonel des moustaphasins et ami fanatique d'Arabi, était depuis la veille indisposé ou du moins fit semblant d'être malade, lorsqu'il fut invité par le gouverneur à se rendre sur les lieux.

Le monde européen d'Égypte est encore persuadé, d'après des présomptions et indices qui ont résulté de quelques circonstances, que ce fut lui qui organisa le massacre se conformant aux ordres de hauts personnages. Il est certain que Kandil Bey, ayant la connaissance de tous les conseils mystérieux où on méditait le massacre, s'entendant continuellement avec le perturbateur Nedim, dont nous avons parlé plus haut, et, d'ailleurs, ayant comme protégé d'Arabi une grande influence sur les deux compagnies des moustaphasins, dont il était le chef, aurait pu, s'il eût voulu, prévenir le massacre, ou du moins le restreindre, en se rendant sur les lieux avec les deux compagnies de moustaphasins. Comme il était de notoriété publique qu'il était aimé par Arabi, sa présence aurait suffi pour faire cesser l'émeute. Un mot de sa bouche aurait calmé les esprits surexcités des Arabes et leur acharnement contre les chrétiens.

L'innocence de Saïd-Kandil est d'autant plus douteuse, que les moustaphasins qui étaient sous son commandement furent les meurtriers qui jouèrent le premier rôle pendant le massacre. Ce fut par les coups de leurs fusils et de leurs baïonnettes que la plupart des chrétiens furent tués ou blessés, d'après la constatation faite sur les blessures des malheureuses victimes, la populace indigène n'ayant porté d'ailleurs que des nabouts.

Mais quel rôle joua Arabi Pacha au sujet du massacre ? Nous allons examiner cela dans le prochain chapitre.

X

Rétablissement de l'ordre à Alexandrie par l'armée. —
Ceux qui ordonnèrent le massacre. — Le cuirassé
anglais, *le Superbe*, dans l'ancien port. — Grand
conseil des Consuls et des colonels égyptiens tenu à
Alexandrie. — Proclamation des Consuls adressée
aux Européens. — Grand conseil tenu au Caire sous
la présidence du Khédive. — Proclamation d'Arabi.
— Fuite des Européens. — Envoi par le gouvernement hellénique à Alexandrie des navires de commerce pour les émigrés. — Les victimes du massacre.

Vers six heures de l'après-midi, Alexandrie
était en état de siége : 6,000 soldats environ,
sous le commandement de Soliman-Daout et de
Tulba, occupèrent la ville et principalement la
place des Consuls et toutes les voies qui conduisaient des quartiers arabes à ceux des européens. Les bandes de meurtriers et de voleurs
se retirèrent peu à peu et en silence, ivres de
sang et las de meurtres et de pillage; tandis-
que les Européens s'enfermèrent au plus pro-
fond de leur demeure, sous le coup d'une terreur bien justifiée. On ne voyait que des cadavres ou des blessés çà et là, des voitures ou des

litières pleines de malheureuses victimes du massacre, conduites aux hôpitaux sous l'escorte des cawas des Consulats, et ceux des Consuls et des Vice-consuls, qui étaient sortis sains et saufs du massacre, se rendaient cahin-caha pour raison de service.

Sous l'impression causée par le massacre, Alexandrie resta affolée et plongée dans la consternation. On ignorait encore le nombre des victimes, et la portée du soulèvement. On craignait qu'il ne fût général en Égypte, et la terreur augmentait. Elle était même devenue si vive, qu'il y eût deux cas de folies et un de suicide.

Il était pénible de voir cet état de choses déplorable causée par un petit nombre de personnes ambitieuses et fanatiques, dont la frénésie poussait leur patrie dans l'abîme.

On avait dit, pendant ces jours terribles, qu'Arabi, ainsi que lui-même le prétendit, n'avait reçu au Caire la nouvelle du massacre fait à Alexandrie que vers cinq heures (est-il possible de le croire? : qu'à cette funeste nouvelle il fut indigné et fâché contre les fauteurs de désordres, osant même prétendre qu'on voulait par ces excès compliquer et compromettre sa situation. On avait ajouté qu'il s'était pressé d'expédier par télégraphe aux colonels qui restaient à Alexandrie, les ordres les plus sévères pour que le calme fût rétabli. Ses amis, et parmi eux les deux ou trois Européens qui spéculaient sur lui, osaient assurer qu'il y avait eu réellement un complot instantané pour perdre Arabi et ses partisans, les soi-disant nationalistes, aux yeux de l'Europe. Il nous répugne encore d'examiner cette version diabolique. On avait dit aussi, ces jours-là, mais non des amis d'Arabi, — c'est entendu, — que le 8 ou 9 juin, c'est-à-dire deux ou trois jours avant le massacre, Arabi avait expédié au préfet de police d'Alexandrie, Candil Bey, un mystérieux télégramme par lequel il lui ordonnait de presser l'accomplissement d'un ordre sérieux expédié à lui antérieurement. Deux ou trois jours avant le massacre, Candil Bey était allé au Caire et il avait eu des pourparlers avec le dictateur. Cette visite du préfet de police faite au Caire n'avait aucune relation avec le mystérieux télégramme et la conduite de Candil Bey, qui feignit d'être malade le jour du massacre, où les moustaphasins dont il était le chef, jouèrent le premier rôle ?

Comme le juge ne peut pas condamner quelqu'un en vertu des présomptions seulement ou des indices vagues, de même l'histoire ne peut pas stigmatiser n'importe quelle personne sur la base seulement de différentes rumeurs, et de divers indices et présomptions, provoquant ainsi contre elle à jamais l'anathème de la postérité. Même si l'on examine cette question de la responsabilité d'Arabi, au point de vue politique, on ne peut pas admettre, d'après nous, qu'il ait eu une raison quelconque pour ordonner le massacre. On avait dit qu'il était fâché contre Dervish Pacha.

qu'il croyait être pour le Khédive, et qu'il ordonna le massacre pour compromettre la mission de ce personnage vis-à-vis du Sultan et des
grandes puissances; mais évidemment une telle
conduite de la part d'Arabi ne saurait être
admise, parce qu'elle aurait provoqué le cour-
roux du Sultan, sur la personne duquel serait
tombée l'offense faite à son représentant, qui lui
avait télégraphié la veille que les officiers de
l'armée d'Alexandrie lui avaient soumis leur
dévouement inébranlable envers le Sultan, en se
déclarant en même temps prêts à remplir strictement les ordres du Khédive (1). Cette indignation du Sultan lui serait funeste dans la position
critique dans laquelle il se trouvait vis-à-vis
des deux grandes puissances. Arabi Pacha, malgré son fanatisme, avait assez d'esprit pour comprendre qu'il devait tenir les promesses données
par lui au Khédive et à l'Europe pour la vie et
la fortune des Européens, et pour prouver que,
tant que lui-même gouvernait, il était maître du
pays, tenant beaucoup à l'ordre public et à la
prospérité de sa patrie. L'ébranlement de l'ordre
fait par lui-même, pour qu'il prouvât, en le ré-
tablissant, que lui seul pouvait le faire, comme
on aurait pu prétendre, serait une arme dirigée
contre lui-même. Son initiative et sa participation à des massacres et pillages seraient sa
condamnation. Ce fut ce qui arriva indirectement. Quoique, d'après ce que nous venons

(1) Livre bleu d'Angleterre, 1882. N° 17, 37.

9.

de dire, on n'eût pu lui attribuer le massacre, ce fut lui pourtant qui, par ses missionnaires et ses promesses données aux nationalistes, avait poussé les choses à un tel point que n'importe quelle personne, pourvu qu'elle eût une certaine importance, pouvait en profiter pour satisfaire sa vengeance ou une autre passion et lancer l'étincelle dans un milieu propre à l'incendie. Cette personne fut l'ex-premier ministre Mahmoud-Sami Pacha. Très fanatique et d'un caractère violent et tyrannique, Mahmoud Pacha, du moment qu'il fut obligé de donner sa démission à la suite de l'Ultimatum des deux grandes puissances, ne respirait que vengeance contre les Européens et ne pensait qu'au moyen d'avilir les amiraux et de leur faire quitter Alexandrie avec leurs flottes. Ce fut par le massacre, fait à Alexandrie devant les yeux des amiraux, que l'ex-premier ministre crut qu'il parviendrait. On ne peut que dire qu'un tel coup d'État ne saurait être produit que par une tête exaltée et par un cœur sanguinaire.

On voulut se justifier après par l'argument ordinaire que la surexcitation des Arabes contre les chrétiens, produite principalement par l'apparition à Alexandrie de la flotte des deux grandes puissances, fut la seule cause du massacre, provoqué par le meurtre d'un Arabe par un chrétien le 11 juin. Mais les Arabes aussi des provinces étaient surexcités. C'est pourquoi ils n'agirent pas de même qu'ils avaient fait après le bombardement d'Alexandrie?

Lorsque la nuit se fit à Alexandrie sombre et

lugubre, un silence mortel y régna. On n'entendait plus que le bruit des fusils et des sabres
des soldats qui occupaient la ville militairement
et, vers minuit, la voix touchante du Muezzin
inviter de la hauteur du Minaret les Arabes à
faire leur prière. Des porteurs d'eau lavaient les
endroits teints du sang des malheureuses victimes du massacre et particulièrement le trot-
toir qui était devant la préfecture de police et
qui venait d'être changé en une vraie bouche-
rie, il y avait quelques heures. Des témoins
oculaires, renfermés dans une maisonnette en
face du bain, où on jetait les cadavres durant le
massacre, assurèrent que cent cadavres presque
furent jetés de là dans les brancards pour être
enterrés.

Vers huit heures, le même soir, arrivèrent à
Alexandrie les délégués du Khédive et d'Arabi
Pacha avec Yacoub-Sami Pacha, sous-secrétaire
d'État au ministère de la guerre, autorisés à faire
rétablir l'ordre, à procéder à une enquête sur les
motifs qui avaient provoqué le massacre et à découvrir les coupables.

En présence de ces personnages se réunit,
vers neuf heures, dans l'établissement du Consulat d'Angleterre, un conseil du corps consulaire pour se prononcer sur les mesures à prendre pour la sûreté publique. On s'étonnait en
voyant parmi ses membres quelques Consuls
blessés et ayant des bandages à la tête et aux
mains. Le Consul d'Angleterre, M. Cookson, qui
souffrait sérieusement de ses blessures, était

suppléé, d'après un ordre de l'amiral, par le commandant du vaisseau amiral, M. Molyneux.

Dans ce conseil, où prit part aussi le gouverneur d'Alexandrie, on décida que les Européens seraient invités à rester tranquilles dans leurs maisons et que les bateaux anglais recevraient, sans aucune démonstration, toutes les personnes qui voudraient se réfugier à bord, quelle que fût leur nationalité, et surtout les enfants et les femmes.

Mais soudain un nouvel incident menaça d'empirer la situation. Aussitôt que la nuit était venue, l'amiral anglais avait ordonné au cuirassé, le *Superbe*, d'entrer dans le port ancien pour prendre par ses barques les femmes et les enfants qui, durant le massacre, s'étaient réfugiés au Consulat d'Angleterre. Ce qui fut approuvé après deux heures par le conseil des consuls et le gouverneur. Le *Superbe*, vers dix heures du soir, passait près d'un des caps de l'ancien port, celui du phare, où une lumière symbolique annonça cela au commandant de place. L'armée égyptienne, ayant cru qu'un débarquement devait avoir lieu, se mit en état de guerre : les clairons sonnèrent et la plupart des soldats coururent au bord de la mer pour repousser le débarquement. Il y eut une panique à ce moment-là. On crut qu'un nouveau massacre devait avoir lieu à Alexandrie, mais cette fois-ci dirigé par l'armée.

La séance du conseil continuait encore, lorsque le gouverneur, qui était sorti pour voir ce qui arrivait, étant entré précipitamment, annonça avec une certaine émotion que l'armée, contre qui il n'y avait pas eu de plaintes, était très surexcitée à la suite de l'apparition du *Superbe* dans l'ancien port, et il pria le conseil de le faire s'éloigner. On décida alors que le cuirassé anglais n'approcherait pas du rivage et qu'il resterait entre les deux caps. Mais, vers cinq heures du matin, le *Superbe* envoya au rivage quelques barques pour prendre les cadavres de son mécanicien et d'un serviteur de l'amiral qui avaient été tués pendant le massacre, ainsi que les familles qui s'étaient réfugiées au Consulat d'Angleterre.

Cela suffit pour troubler de nouveau les officiers égyptiens et provoquer un grand conseil qui se réunit, vers sept heures, le matin, 12 juin, au gouvernorat, et où prirent part tous les Consuls, tous les colonels et majors de l'armée égyptienne, ainsi que la commission qui était envoyée du Caire. Après de longues discussions faites principalement parmi quelques colonels et M. Molyneux, qui justifia avec un air fier l'envoi des barques par le retard qui était produit à la réception des ordres, à cause de la communication difficile avec le *Superbe*, on décida que le cuirassé précité rentrerait dans le nouveau port, et que l'embarquement des fugitifs aurait lieu dorénavant près de l'arsenal. Avant la clôture de la séance, d'un côté, les Consuls promirent de faire leur possible pour que leurs administrés ne donnassent ni au peuple ni à l'armée aucune cause de rixe; et, de l'autre, les colonels déclarèrent qu'ils protégeraient tous les Consuls et leurs administrés. Dans ce but, on décida que, d'une part, tous les Consuls publieraient une proclamation apaisante pour leurs administrés, et que, de l'autre, le gouverneur ferait la même chose envers les indigènes. De plus on résolut d'augmenter les patrouilles, auprès desquelles s'attacheraient des cawas des Consulats, avec l'ordre d'arrêter chaque Européen qui se servirait d'une arme ou qui tirerait des coups de fusil. En effet, aussitôt sortis du conseil, les Consuls affichèrent la proclamation suivante :

Aux Européens d'Alexandrie.

CHERS CONCITOYENS,

Des désordres graves ont éclaté hier à Alexandrie.

L'armée égyptienne a rétabli l'ordre, et ses chefs s'engagent à le faire respecter.

Nous avons confiance en elle.

Nous sommes d'ailleurs parfaitement d'accord avec les autorités civiles et militaires sur les mesures nécessaires pour assurer la tranquillité publique.

Nous faisons appel à votre sagesse pour nous aider dans l'accomplissement de cette tâche commune.

Ne portez pas d'armes à feu.

Restez autant que possible dans vos demeures.

Évitez toutes les occasions de rixe ou de querelle.

En vue du bien général il a été convenu entre les membres du corps consulaire, soussignés, que tous les cawas, sans distinction de nationalité, auraient les mêmes pouvoirs de police vis-à-vis des étrangers.

Nous vous invitons à respecter leur autorité.

Signé :

Pour le consulat d'Allemagne,   HENHOLT.
   —   d'Autriche-Hongrie,   SEZZARA.
   —   de la Belgique,   BARKER.
   —   du Brésil,   NACOUZ.
   —   du Danemark,   DE DUMREICKER.
   —   de l'Espagne,   DE UNCILIA.
   —   des Etats-Unis,   MENASCE.
   —   de France,   KLECZKOWSKI.
   —   de Grande Bretagne,   COOKSON.
   —   de la Grèce,   RANGABÉ.
   —   d'Italie,   MACHIAVELLI.
   —   des Pays-Bas,   ANSLYN.
   —   du Portugal,   Cte DE ZOGHEB.
   —   de Russie,   SVILARICH.
   —   de la Suède et Norvège,   BOEUDKER.

Alexandrie, le 12/24 juin 1882.

Pendant que ces conseils avaient lieu à Alexandrie, un grand conseil se réunissait au Caire, sous la présidence du Khédive, le matin du 12 juin, au palais d'Abdin, auquel prirent part tous les Agents diplomatiques des grandes puissances, tous les Ministres, plusieurs ex-Ministres, Chérif Pacha et Dervish Pacha avec ses collègues. Dans ce conseil, le Khédive, ainsi que Dervish Pacha, ayant acquiescé à la demande des représentants des grandes puissances, garantirent la vie et les biens des Européens sous leur propre responsabilité. Outre cela le Khédive, ayant appelé Arabi Pacha devant ce conseil, lui donna l'ordre verbal de prendre toutes les mesures pour prévenir tout ce qui pourrait porter atteinte à la sécurité générale et, pour être plus sûr, il lui adressa par écrit dans la même journée l'ordre suivant :

A la suite de graves événements qui sont survenus hier 11 juin à Alexandrie, événements sur lesquels une enquête est ouverte et qui ont profondément ému les populations, MM. les Consuls généraux sont venus aujourd'hui m'entretenir de la situation en présence de Son Excellence le Mouchir Dervish Pacha et me demander que la vie ainsi que les biens de leurs nationaux soient garantis sous ma propre responsabilité comme Khédive d'Égypte, et sous celle de Son Excellence Dervish Pacha, comme Commissaire de Sa Majesté le Sultan.

J'ai acquiescé à leur demande et garanti la vie ainsi que les biens de leurs administrés.

Je vous ai appelé alors, et en leur présence je vous ai donné l'ordre verbal de transmettre aux officiers commandant les troupes égyptiennes, tant au Caire qu'à Alexandrie et ailleurs, des injonctions formelles, afin que les mesures les plus efficaces soient prises pour prévenir tout ce qui pourrait porter atteinte à la sécurité générale. Dans cet état de choses, je vous réitère par écrit l'ordre déjà donné de pourvoir de la façon la plus stricte à ce que les troupes veillent à la sûreté et la tranquillité publique afin que partout l'ordre et la sécurité soient pleinement assurés et ne puissent être en rien compromis.

Faites bien comprendre, d'ailleurs, à vos subalternes, que vous êtes responsable envers moi de la rigoureuse exécution de cet ordre, et que de même chaque officier en est personnellement responsable.

En réponse à cet ordre, Arabi fit parvenir à

tous les commandants de l'armée égyptienne la circulaire suivante :

Aujourd'hui, un ordre supérieur m'est parvenu de Son Altesse le Khédive. Cet ordre porte que MM. les Consuls généraux s'étant rendus chez Son Altesse, l'ont entretenue de la situation en présence de Son Excellence le Mouchir Dervish Pacha et lui ont demandé que la vie ainsi que les biens de leurs nationaux habitants l'Égypte fussent garantis.

Son Altesse a acquiescé à cette demande et elle a garanti la vie et les biens des administrés étrangers, sachant que l'armée égyptienne remplit et remplira toujours ses devoirs, devoirs dans lesquels est compris le maintien de l'ordre et de la sécurité publique.

Le Khédive m'a donné ses ordres en présence de MM. les Consuls généraux et de Son Excellence Dervish Pacha, afin que j'aie à transmettre à l'armée égyptienne et à ses commandants, tant à Alexandrie qu'au Caire et dans les autres parties de l'Égypte, des injonctions formelles, pour que les mesures les plus efficaces soient prises dans le but de prévenir tout ce qui est de nature à menacer la sécurité publique.

L'ordre supérieur dit en outre que, de même que je suis personnellement tenu responsable envers Son Altesse, de même chaque officier sera tenu personnellement responsable envers moi.

Il est de votre devoir de prendre les mesures les plus efficaces pour apaiser la surexcitation et assurer la tranquillité.

Soyez bienveillants envers la population, soit indigène soit étrangère, et prenez pour base de votre conduite la morale civile et les devoirs que tout bon citoyen animé de l'amour de sa patrie et de sa prospérité doit suivre constamment.

Nous prions Dieu de nous aider à remplir cette tâche, dont les fruits reviendront au pays.

Tandis que, d'un côté, Arabi reconnaissait, par

sa circulaire adressée à l'armée, que la situation était devenue grave, de l'autre, il voulait faire croire aux malheureux Égyptiens qu'absolument rien n'était arrivé. Ce fut dans ce but qu'il eut l'audace de faire afficher pour le peuple la proclamation suivante :

Je conseille au peuple de reprendre ses travaux.

La plus parfaite tranquillité règne dans le pays.

Le peuple ne doit pas faire attention aux rumeurs qui circulent dans la ville, insinuées par des personnes intrigantes.

AHMED-ARABI.

Mais, en dépit de toutes les mesures et les proclamations, la confiance renaissait difficilement. On craignait que tout ne fût pas fini, et, qu'une fois engagés dans cette voie sanglante, les Arabes ne commissent de nouveaux crimes, déjà avec la coopération de l'armée. Les Européens qui habitaient Alexandrie, et dont un grand nombre s'était réfugié à bord des bateaux, commencèrent alors à émigrer, comprenant que les jours de deuil n'étaient pas finis pour l'Égypte.

Dans cette circonstance, les Européens d'Égypte furent critiqués par quelques personnes et considérés comme très peureux. Mais que pouvaient faire des gens, la plupart sans armes, ayant à défendre leurs femmes et leurs enfants, dont la panique augmentait de moment en moment, se trouvant dans un pays étranger et au milieu d'une populace fanatisée et d'une armée qui n'avait jamais cessé de les menacer ? Même, si l'on admet que 3,000 ou 4,000 Européens ou plus auraient pu s'armer, que pouvaient-ils faire devant une armée composée de 7,000 soldats, 5,000 Bédouins, campés aux environs d'Alexandrie, et plusieurs milliers d'Arabes, qui même auraient pu incendier Alexandrie, comme ils firent un mois après? Comment pourraient-ils rester à Alexandrie, lorsque les bateaux anglais et français, malgré les instructions que les amiraux avaient reçues de leurs gouvernements et que nous venons de mentionner plus haut, ne pouvaient pas faire des débarquements d'armée, vu qu'il n'y en avait pas assez à bord et que les deux puissances craignaient qu'une telle action ne fût mal interprétée par la Turquie et les autres puissances? D'ailleurs, chaque homme prudent comprenait facilement que la situation se trouvait alors au plus extrême point, et que des événements plus terribles menaçaient le pays. Tous les Consuls, prévoyant cette catastrophe, quoiqu'ils n'eussent exhorté personne à partir, n'en dissuadaient aucun et facilitaient le départ. Le Consul général de France au Caire écrivait, le 14 juin, au député français M. Katcher :

Je crois utile de résumer en quelques mots les entretiens que j'ai eus dernièrement avec vous.

Jusqu'à ces derniers jours j'ai cherché à rassurer les esprits et à dissiper les inquiétudes.

La situation a changé : il m'est désormais impossible de répondre de la tranquillité publique, et, tout en recommandant à nos compatriotes le calme et la pru-

dence, je les engage à prendre les précautions que
réclame leur sécurité : une absence momentanée est
la plus sûre des garanties. Je profite de cette occasion
pour vous informer que je me rendrai très prochainement à Alexandrie (1).

(*Signé*) : SIENKIEWICZ.

Dans le même sens, le Consul général de Grèce
télégraphia à son gouvernement d'envoyer trois
ou quatre bateaux de commerce pour transporter, en Grèce, les personnes qui auraient voulu
s'en aller : ce que le ministère Tricoupi s'empressa de faire en quatre jours.

Le 12 juin, tous les Consulats à Alexandrie firent instituer une Commission des médecins
autorisée à visiter tous les cadavres et blessés,
à certifier le nombre et l'espèce de blessures et
à aider ceux qui survivaient. Elle trouva dans
tous les hôpitaux 49 cadavres dont 35 chrétiens,
11 Arabes et 3 Turcs, et 71 blessés dont 36 chrétiens, 2 Turcs et 33 Arabes. Toutes les blessures
provenaient des nabouts, poignards, sabres et
baïonnettes.

Dans la même journée, une Commission d'enquête fut instituée, composée de dix-huit membres, sous la présidence du gouverneur d'Alexandrie, pour constater les motifs du massacre et
découvrir les coupables. Dans cette Commission
furent invités tous les Consuls à envoyer des délégués. Elle ne fit qu'arrêter une centaine de
fellahs demi-nus. Mais nous allons voir plus bas

(1) Livre bleu d'Angleterre, 1882. N° 1, 19.

le succès de sa mission dans le rapport adressé sur ce sujet par le représentant de l'Angleterre à son gouvernement. Il suffit d'insérer ici la lettre qu'Arabi Pacha adressa à Yacoub Pacha Sami, son représentant à la Commission d'enquête, par rapport à la ligne de conduite qu'il devait suivre au sein de la Commission.

Arabi Pacha à Yacoub-Sami.

Vous n'ignorez pas l'importance de la place que vous occupez actuellement par rapport à la Commission d'enquête; vous savez qu'il est connu ici de tout le monde que le promoteur de l'émeute est un Maltais relevant de la juridiction anglaise, lequel s'est porté à des voies de fait contre un indigène et lui a donné un coup de couteau. Vous n'ignorez pas non plus que plusieurs Grecs! se sont réunis pour défendre l'indigène, tandis que des Maltais sont accourus en grand nombre, ainsi que quelques autres Européens; qu'ils ont été reçus par des coups de feu tirés des fenêtres; que les malheurs arrivés n'ont été si grands que par suite des actes de violence des Européens contre eux-mêmes!

Faites tout ce que vous pourrez pour défendre la cause du Gouvernement et de la nation et pour *découvrir l'auteur principal de ce qui précède parmi les étrangers*; car il a été dit que le Maltais était auparavant attaché au Consulat d'Angleterre. Je vous fais ces observations pour que vous puissiez réfuter tout ce qui pourra être dit contre les indigènes et le Gouvernement. Ne comptez pas sur aucun des membres de la Commission, de peur qu'il ne vous trompe ou ne vous attire par une chose dont l'apparence est bonne et le fond mauvais. Sachez enfin que le sage se défie de son ami avant de se défier de son ennemi.

XI

Le Khédive à Alexandrie. — Dervish Pacha. — Dicta-
ture d'Arabi. — Autriche-Hongrie, Allemagne et Italie. — Formation d'un ministère sous la présidence
de Raghep Pacha et son programme. — Approbation
de ce ministère par Arabi Pacha. — Optimisme de
Dervisch Pacha. — Circulaire de la Sublime-Porte
adressée aux grandes puissances. — La politique
d'Arabi. — La situation en Égypte. — Arabi Pacha
de nouveau ministre de la guerre.

Pendant ces jours terribles qui ont laissé des sou-
venirs indélébiles dans la mémoire des Européens
d'Égypte, le Khédive se trouva dans une position
redoutable. Le système tyrannique et effrayant
qui dominait déjà l'Égypte et dont les travaux
furent décrits dans l'histoire du 11 juin, menaçait
de l'entraîner à sa ruine. D'un moment à l'autre,
sa position devenait pire, son trône s'ébranlait,
et sa vie ainsi que celle de sa famille était en
grand danger. Tous les Européens reconnaissants
de la protection et de l'intérêt que son Altesse

portait toujours à toutes les populations d'Égypte, et plusieurs Égyptiens notables qui, succombant sous le coup de la force et de la terreur, qui régnait partout, n'osaient pas parler, souhaitaient toujours pour lui l'éloignement du fléau qui sévissait en Égypte. Tous les Européens et Égyptiens qui l'entouraient lui étaient entièrement dévoués et ils avaient résolu de défendre sa vie, jusqu'à la dernière goutte de leur sang ; mais, malgré tous les dangers qu'il courait et tout le chagrin qu'il avait, de ce que les rues d'Alexandrie étaient teintes de sang de gens innocents, et que des événements plus graves menaçaient sa patrie, toutefois, le Khédive ne perdit pas du tout le sang-froid et le courage personnel et politique qu'exigeaient surtout de telles circonstances. Pendant que, d'un côté, ses amis prenaient toutes les mesures pour sauvegarder sa vie, de l'autre, Tewfik ne cessa pas de garder vis-à-vis du dictateur, qui voulait l'avilir, l'air fier qu'un roi doit avoir vis-à-vis de ses sujets, et appuyé par Dervish Pacha et les Consuls généraux, il lui imposait diverses mesures pour le rétablissement de l'ordre.

Après les événements du 11 juin, à la suite desquels les Européens d'Alexandrie avaient perdu toute confiance envers les Égyptiens, on considéra que la présence du Khédive dans cette grande ville serait nécessaire, pour faire naître la confiance et la tranquillité publique. Le matin du 13 juin, on télégraphia à Alexandrie son départ du Caire. Une nouvelle panique prit alors les Européens, lorsqu'après quatre heures, ils entendirent les coups de canon qu'on tira à l'honneur du Khédive à Alexandrie, vers deux heures de l'après-midi ; ils crurent à un nouveau soulèvement et à une manifestation de l'armée en faveur d'Arabi et contre le Khédive. On ne savait encore quel rôle il fallait lui assigner, ni la part de responsabilité qui lui incomberait dans les massacres.

Le Khédive, accompagné par Dervish Pacha et ayant l'air tranquille et impassible, traversa, au milieu de l'armée qui était en parade, toute la grande rue jusqu'au palais de Ras-el-Tin, sans que le moindre incident désagréable eût lieu. Aussitôt descendu au palais, le Khédive reçut tous les Consuls, à qui il exprima ses regrets des graves événements qui avaient eu lieu à Alexandrie, et fit les mêmes déclarations qu'il venait de faire au Caire la veille aux Agents diplomatiques au sujet de la sûreté publique.

Malgré tout cela, la panique qui avait pris les Européens continuait : aucune personne ne pouvait les tranquilliser. Toutes les maisons, tous les magasins étaient fermés, toutes les affaires de commerce avaient cessé, et plusieurs familles continuaient à émiger ou à se réfugier à bord de divers navires mouillés à Alexandrie.

La mission de Dervish Pacha avait manqué. Le Khédive n'évita pas de le dire au Contrôleur anglais sir Colvin, en lui faisant observer en même temps qu'un corps d'armée ottomane seul aurait pu mettre fin à la situation critique de l'Égypte, d'après ce que M. Cookson écrivait à sir Malet, le 16 juin (1).

Depuis vingt jours il n'y avait pas de ministère. C'était Arabi seul qui gouvernait le pays, étant en correspondance avec toutes les autorités et donnant des ordres et des instructions pour chaque affaire. Seulement, dans la correspondance échangée entre les autorités consulaires et le ministère des affaires étrangères, c'était son secrétaire général Tigran Bey qui mettait sa signature au nom du ministère.

Tant qu'Arabi se trouvait en Égypte, aucun de ses personnages politiques n'osait former un ministère. Toutefois, les Agents diplomatiques d'Autriche-Hongrie et d'Allemagne considérèrent que la formation d'un ministère quelconque, sous la présidence de n'importe quelle personne, aurait contribué à rétablir une certaine tranquillité en Égypte, et à prévenir la crise, jusqu'à ce que la Conférence, qui devait se réunir après quelques jours, eût pu arranger la question égyptienne : ils insistèrent alors auprès du Khédive, appuyés par l'Agent diplomatique d'Italie et par Dervish Pacha, pour faire former un ministère, sous la présidence du vieux Ragheb Pacha. Le Khédive, ayant accepté cette proposition, invita Ragheb Pacha à former le ministère et ordonna à Arabi Pacha de le reconnaître comme

(1) Livre bleu d'Angleterre, 1882. N° 17, 22. Khedive admitted to sir Colvin that mission of Dervish Pacha had failed, and said nothing but arrival of Turkish troops would terminate crisis.

premier ministre et de travailler avec lui: ce qu'Arabi voulut bien accepter, après avoir écrit au Khédive une lettre pleine de fierté et d'audace par laquelle il exprimait en son nom et au nom de l'armée son approbation relative au ministère, grâce aux avantages et à la capacité de Ragheb Pacha et à l'intérêt que le Khédive portait à son pays.

Le 20 juin, Ragheb Pacha forma le ministère comme il suit :

Ahmed Raschid Pacha, ministre de l'intérieur.

Ahmed Arabi Pacha est maintenu dans ses fonctions de ministre de la guerre et de la marine.

Abdel Rahman Ruchdi Bey, ministre des finances.

Ali Ibrahim Pacha, ministre de la justice.

Mahmoud Pacha El Falaky, ministre des travaux publics.

Soliman Pacha Abaza, ministre de l'instruction publique.

Hassan Cherei Pacha, ministre des wakfs.

Le lendemain, le ministère publia son programme, qui était approuvé par une lettre du Khédive du 22 juin (1). Les plus sérieux principes de ce programme étaient les suivants (2) :

a. — Toutes les obligations et engagements Découlant des Firmans Impériaux, des Décrets relatifs à l'or

(1) Livre bleu d'Angleterre, 1882, N° 17, 86.
(2) Livre bleu d'Angleterre, 1882, N° 17, 86.

ganisation financière et aux garanties données pour le service de la Dette consolidée, des dispositions prises pour le paiement de la Dette flottante, de l'institution du Contrôle dans les limites tracées par le Décret qui l'institue, de la Loi de liquidation, de l'institution de la Chambre des délégués avec ses lois organiques et électorales, ainsi que des engagements internationaux observés jusqu'à ce jour, seront fidèlement respectés.

b.—Une amnistie générale sera accordée à tous ceux qui se sont compromis dans les derniers événements, à l'exception des auteurs et complices des regrettables désordres d'Alexandrie.

c.—Nul ne pourra être puni qu'en vertu d'une sentence prononcée par un tribunal compétent et par application d'une disposition de la loi.

d.—Le Ministre des affaires étrangères pourra seul, et à l'exclusion de tout autre fonctionnaire, entretenir des rapports avec MM. les Agents diplomatiques.

La formation du nouveau ministère fut communiquée à tous les Consuls généraux par une circulaire de Ragheb Pacha, dans laquelle le premier ministre répétait encore une fois « le maintien et le respect, dans leur intégrité, de tous les engagements contractés par l'Égypte » et promettait d'en assurer la complète exécution (1).

Mais le vieux Ragheb Pacha, qui était très optimiste, d'après ce qu'il disait dans les cercles officiels, aurait-il pu avoir la force d'exécuter son programme, dans les circonstances où il avait accepté la mission qui lui était confiée ? Il y avait dans le nouveau ministère des personnes

______

(1) **Livre bleu d'Angleterre**, 1882. N° 17, 86.

respectables inspirées des meilleurs sentiments
envers leur patrie et les Européens, et exerçant
assez d'influence en Égypte; mais comment
toutes ces personnes qui voulaient représenter
l'ordre, la justice et l'harmonie entre l'élément
indigène et étranger, sur la base de l'amitié et
des conventions internationales, auraient-elles
pu se concerter avec leur collègue Arabi Pacha,
qui ne représentait que le désordre, l'injustice,
le mépris à l'égard du prince, de sa patrie et de
l'Europe et la confusion en tout? Il ne sera pas
difficile de le comprendre plus bas.

A l'occasion de la formation du nouveau ministère, Dervish Pacha expédia à Constantinople
le 11/23 juin, un long télégramme dont les parties les plus intéressantes pour notre histoire
sont les suivantes :

Il est évident que les quatre points précités (1 ne
constituent rien qui soit de nature à porter atteinte au
statu quo. Les demandes actuelles sont donc résolues
par les points qui précèdent et ont rencontré l'approbation générale. Il serait également utile que Sa Majesté
Impériale daigne savoir que les Agents étrangers en
Égypte, à l'exception d'abord de sir E. Malet, et en
second lieu du Consul général français, ainsi que Son
Altesse le Khédive; l'armée et toute la population sont
tous satisfaits du mode d'organisation administrative
dont il s'agit.

Ainsi que j'ai eu l'honneur de le dire déjà à plusieurs
reprises, le résultat favorable a été obtenu par l'application des mesures découlant des instructions Impé-

(1 Nous venons de les mentionner plus haut dans le programme du ministère.

riales, qui sont le seul guide de salut, constitue un succès éclatant pour Sa Majesté Impériale le Sultan (1).

Le maréchal, qui par son esprit fin et sa capacité incontestable avait offert à l'Empire Ottoman, dans plusieurs circonstances difficiles, des services importants, cette fois-ci fut trompé, comme l'avenir va nous le prouver. Il télégraphia au premier ministre du Sultan que les quatre bases du programme ministériel ne constituaient rien qui fût de nature à porter atteinte au *statu quo*. C'était vrai. Mais comment ce *statu quo*, qui fut touché tant de fois par Arabi, comme nous venons de le raconter, aurait-il pu être stable et respecté, tant que lui continuait à être le maître du pays, appuyé par une armée considérable et, en même temps, ministre de la guerre dans le même ministère ? Ce fut cela qui rendit sir Malet et M. Sienkiewicz ainsi que le Khédive si réservés au sujet du programme précité. On ne peut que reconnaître que le Haut-Commissaire du Sultan fit tout son possible pour le rétablissement de l'ordre en Égypte; mais il paraît qu'il estimait trop peu Arabi, pour croire à ses promesses et à ses déclarations qui plusieurs fois s'étaient trouvées fausses.

La Sublime-Porte, qui n'avait cessé d'éviter la proposition des deux grandes puissances relative à la réunion d'une Conférence, expédia à ses représentants auprès des cabinets des grandes

____

(1) Livre bleu d'Angleterre, 1882, N° 17, 37.

puissances la dépêche suivante avec le programme de Dervish Pacha :

De ce qui précède (1), Votre Excellence relèvera sans
doute le résultat heureux auquel a abouti la mission de
Dervish Pacha, résultat qui, se traduisant par le retour
de la concorde que des officiers de l'armée Impériale
Égyptienne avaient un instant menacée et par des témoi-
gnages éclatants de soumission et de dévouement des-
tinés à resserrer d'une manière indissoluble les liens
entre le Souverain et le Khédive, son représentant, ainsi
que ses loyaux sujets, écartent entièrement les difficultés qui avaient surgi dans cette province et satisfont
ainsi au vœu légitime de l'Europe.

Confiant en l'équité impartiale des Puissances, nous
nous plaisons à espérer quelles accorderont leur sérieuse
attention aux communications importantes et aux argu-
ments qui précèdent, et voudront bien y constater notre
désir sincère de mettre fin à la question, et la conviction où nous sommes d'avoir atteint le but poursuivi
sans que les mesures appliquées avec un si heureux
succès aient désormais besoin d'être renforcées par
d'autres dont nous avons peine à nous expliquer l'utilité
pratique.

Je compte donc sur votre zèle éprouvé et votre lumière pour faire prévaloir toutes ces raisons auprès de
M. le Ministre des affaires étrangères, en exprimant
notre certitude de le voir agréer nos vues et reconnaître, comme nous, que la réunion d'une Conférence, pour
les affaires égyptiennes, ne présentant plus aucune
nécessité, doit être définitivement abandonnée. Vous
êtes en même temps autorisé à laisser à Son Excellence
copie de la présente dépêche (2).

Constantinople, le 11/23 juin 1882.

(1) C'est le télégramme de Dervish Pacha.
(2) Livre bleu d'Angleterre, 1882. N° 17, 32.

En même temps, le ministre des affaires étrangères du Sultan ayant invité les premiers interprètes d'ambassades des grandes puissances, les pria d'exprimer à leurs gouvernements, par l'intermédiaire des Ambassadeurs, les remercîments de Sa Majesté du concours qu'ils lui avaient donné, pour l'arrangement des affaires égyptiennes et, en même temps, son désir que l'idée de la réunion d'une Conférence fût abandonnée comme inutile.

L'Ambassadeur d'Italie à Constantinople, le comte Corti, ayant télégraphié tout cela à M. de Mancini, celui-ci annonça cette difficulté à l'Ambassadeur d'Angleterre à Rome. M. Paget lui répondit que tout le monde était pour la réunion d'une Conférence avec la Turquie ou non, et que la communication du Sultan n'avait d'autre but que de porter un retard à la réunion de la Conférence (1). Le ministre d'Italie n'était pas au commencement pour la Conférence, dans le cas où la Turquie n'aurait pas voulu y prendre part ; mais une fois qu'elle fut décidée, il croyait mauvais de l'abdiquer. Ce fut pour cela, que la veille de la réunion de la Conférence, M. Mancini télégraphia à M. Corti d'y prendre part, si ses collègues y étaient aussi autorisés, et de faire communiquer ses décisions à la Sublime-Porte si elles étaient prises à l'unanimité (2).

(1) Livre bleu d'Angleterre, 1882. N° 17, 24. Traduction de l'anglais.

(2) Livre bleu d'Angleterre, 1882. N° 17, 23. Traduction de l'anglais.

Les trois autres puissances, quoique dans le temps où l'idée de la Conférence leur fût indiquée par les deux puissances occidentales, elles se fussent réservées, l'acceptèrent à la fin, considérant que la puissance du parti militaire devenait de jour en jour plus grande, malgré la formation du nouveau ministère, et que le déraillement de la machine gouvernementale continuait à s'empirer.

Au lieu de toute description de la situation critique où se trouvait l'Égypte, pendant ces derniers jours, nous n'avons qu'à insérer, ici, les observations faites par lord Dufferin à la seconde séance de la Conférence (1).

Je n'exagère point en disant que pendant les derniers mois l'anarchie la plus absolue a régné en Égypte. Nous avons vu une faction militaire, sans même alléguer ces prétextes de la légalité à l'aide desquels de semblables meneurs cachent d'habitude leurs desseins, passer d'une violence à une autre, jusqu'à ce que l'insubordination ait donné place à la rébellion, la rébellion à la révolte, et la révolte à l'usurpation du pouvoir suprême.

L'administration du pays se trouve ainsi jetée dans la confusion la plus complète ; les opérations commerciales sont arrêtées ; les fellahs ne trouvant plus de marché pour vendre leurs produits, il est impossible à ces derniers de payer l'impôt foncier, et les revenus de l'Égypte sont taris.

Cet état de choses a mis en grand péril les intérêts commerciaux qui touchent si directement les sujets de toutes les puissances. De plus, les engagements spé-

(1) Livre vert d'Italie, 1881-1882. CCLXXXVIII.

ciaux que les Gouvernements Anglais et Français ont
pris vis-à-vis de l'Égypte, ont été répudiés. Les officiers nommés pour exécuter ces engagements ont été
écartés du Contrôle qu'ils avaient mission d'exercer ; le
système qui avait commencé à fonctionner si avanta-
geusement pour les cultivateurs laborieux de l'Égypte
ainsi que pour la prospérité générale de la province, a
été complètement bouleversé et anéanti.

Ces résultats, cependant, ne constituent qu'une
partie de la situation déplorable qui a excité l'inquiétude de l'Europe.

En effet, ce ne sont pas seulement les créanciers du
Gouvernement Égyptien qui ont eu à souffrir de cet
état de choses, mais tout Européen dans le pays a vu
sa vie et son bien très menacés. L'existence de cette
insécurité nous est très tristement et irrévocablement
prouvée par l'odieux massacre, à Alexandrie, de plus
de cent personnes inoffensives, effectué par une plèbe
insolente ; par la sortie du Caire et des autres parties
de l'intérieur de l'Égypte d'un si grand nombre de nos
nationaux respectifs. Cette sortie se traduit, pour la
plupart, par des pertes matérielles considérables et par
la ruine pour plusieurs.

Les représentants du Gouvernement Ottoman nous
assurent que la crise est passée ; que le désordre a été
arrêté ; qu'un nouveau Ministère a été formé ; que
l'autorité du Khédive se rétablit ; et que la question
égyptienne a presque cessé d'exister.

Je ne saurais qualifier que de dérisoire . . . . . une
telle exposition des faits quand on voit ce qu'ils sont.

J'ai pris sur moi de communiquer mon opinion à
Saïd Pacha, dans des termes courtois du reste, mais
tout à fait explicites. Le prétendu Gouvernement qui a
été établi est celui d'Arabi Pacha et de ses compagnons
révoltés. Le Khédive est plus impuissant que jamais
entre leurs mains, et Dervish Pacha lui-même a
informé son Gouvernement, je le sais de source certaine, que le nouveau régime n'est qu'une autre forme
de la révolte couronnée ; qu'Arabi Pacha continue à

être le maître de l'Égypte et que ni Dervish Pacha, ni qui que ce soit, ne sera assez fort pour écraser l'usurpateur sans l'appui des troupes (1).

Les Puissances Européennes peuvent-elles tolérer un pareil état de choses dans une province avec laquelle elles ont des relations aussi importantes, où demeurent un si grand nombre de leurs sujets et où la tranquillité est si essentielle à la paix générale du monde entier ?

L'Angleterre et la France ne le peuvent certainement pas, et la présence de nos collègues ici aujourd'hui répond suffisamment à la question.

Cette exposition officielle et précise que l'Ambassadeur d'Angleterre fit au sein de la Conférence, relativement à la situation de l'Égypte, telle qu'elle était, fut complétée quelques jours après, par M. Cartwright, qui suppléait ces jours-là sir Malet, après son départ du Caire, dans une dépêche adressée par lui à lord Dufferin, le 26 juin (2), ainsi qu'il suit :

A cause de l'attitude du parti militaire, il n'y a que très peu de sûreté. L'influence exclusive d'Arabi Pacha se déclare chaque jour par ses prétentions insolentes ; et l'attitude de l'armée, qui est encouragée par le maintien d'Arabi Pacha dans le ministère, est devenue menaçante.

Cet état de choses est prouvé par les entraves qu'on fait à la Commission d'enquête, instituée sur les événe-

(1) Peut-être le maréchal a-t-il donné cette information après le télégramme qu'il avait envoyé, le 11/23 juin, et que nous avons inséré plus haut. De ce jour, jusqu'au 15 juin, où lord Dufferin fit cette observation, la situation avait empiré en Egypte.

(2) Livre bleu d'Angleterre, 1882. N° 17, 31. Traduction de l'anglais.

ments du 11 juin. Yacoub Pacha, sous-secrétaire d'Etat au ministère de la guerre et membre de la Commission, oppose des difficultés à une instruction régulière. Le délégué anglais a été obligé de se retirer, et il continue à être membre, pour compléter l'instruction de quelques personnes blessées dont la déposition est sérieuse. Boutros Pacha, Ministre de la justice et représentant civil du Gouvernement près de la Commission, a déclaré plusieurs fois que personne n'ose déposer des choses désagréables au parti militaire.

Depuis le 11 juin, plusieurs Européens sont emprisonnés. Yakoub Pacha refuse de les mettre en liberté, craignant de mécontenter les officiers ; et dans ce cas il n'ose pas garantir l'ordre public.

Pour les mêmes raisons, Ragheb Pacha ne fait rien qui puisse être désagréable aux officiers, et je peux assurer qu'il tient le même langage qu'eux.

Le préfet et le sous-préfet, qui appartiennent au parti militaire, n'ont été ni destitués ni punis pour la mauvaise conduite qu'ils ont montrée pendant le massacre.

Lorsque Arabi Pacha se présente au public, de grandes démonstrations ont lieu pour lui, et, parmi les Ministres, ce n'est que lui qui a toujours une escorte de cavaliers comme le Khédive.

Divers bruits et menaces circulent dans la ville. Les officiers font des dialogues exaltés qui effraient les Européens et qui ne sont pas désapprouvés par les autorités militaires.

Pour compléter encore la description de la situation déplorable où se trouvait l'Egypte, il suffit d'ajouter qu'un soulèvement social menaçait Alexandrie, soulèvement de la populace indigène, non seulement maintenant contre les Européens, mais contre le gouvernement. Après la sortie de plusieurs milliers d'Européens, toutes

les opérations commerciales avaient cessé et toutes
les grandes maisons de commerce et d'industrie
étaient fermées. Tous les milliers d'Égyptiens
qui gagnaient leur vie près de ces établissements,
des cochers, des hamals, des domestiques, des
bateliers, des portiers, etc., se trouvèrent soudain
sans rien avoir. Par conséquent, ils commencèrent à exiger leur vie auprès des autorités et du
gouvernement. Le ministère, ayant pris en considération sérieuse cette nouvelle péripétie, décida de faire créer divers travaux, pour que la
plupart de ceux qui étaient menacés par la fa-
mine, pussent vivre. Le grand esprit d'Arabi
n'avait pas prévu cette crise sociale; et il faisait
semblant de s'étonner, quand il voyait que
cent mille Européens à peu près, qui contri-
buaient par leurs mains et leur bourse à la conservation de ses victimes, émigraient de sa
patrie.

XII

Malgré tous les refus de la Turquie de prendre
part à la Conférence, une fois que les grandes
puissances, après de longues négociations engagées entre elles, furent tombées d'accord, elle se
réunit à Thérapia, le 23 juin 1882, sous la présidence du comte Corti, comme doyen du corps
diplomatique à Constantinople, sans qu'un représentant du Sultan y assistât.

La Conférence rédigea dans sa première séance
le Mémorandum ci-après, pour être communiqué
à la Sublime-Porte.

Les représentants de l'Allemagne, de l'Autriche-Hongrie, de la France, de la Grande-Bretagne, de l'Italie et de la Russie s'étant réunis aujourd'hui en Conférence, d'ordre de leurs Gouvernements, pour délibérer sur les mesures qu'il y aurait à proposer pour amener le règlement des affaires d'Égypte, ont été tous d'accord, pour regretter que leur première délibération n'ait pas eu lieu sous la présidence du Ministre des affaires étrangères de Sa Majesté le Sultan, et tiennent à établir qu'ils seraient toujours heureux de voir le Gouvernement Ottoman participer aux travaux d'une Conférence qui s'est réunie à Constantinople, en vue précisément de pouvoir rester dans les rapports les plus directs possibles avec la Sublime-Porte.

Dans sa seconde séance, la conférence signa le protocole de désintéressement qui suit :

Les Gouvernements représentés par les soussignés s'engagent, dans tout arrangement qui pourrait se faire, par suite de leur action concertée, pour le règlement des affaires d'Égypte, à ne rechercher aucun avantage territorial, ni la concession d'aucun avantage exclusif, ni aucun avantage commercial pour leurs sujets que ceux que toute autre nation peut également obtenir (1).

Signé : CORTI, HIRSCHFELD, CALICE,
Marquis de NOAILLES,
DUFFERIN, ONOU.

Le représentant de la France, d'après les instructions qu'il avait reçues de son gouvernement, fit la réserve que, dans le cas où la Conférence n'aboutirait pas à une entente, la France

(1) Livre bleu d'Angleterre, 1882 N° 17, 28.
(2) Livre bleu d'Angleterre, 1882. N° 17, 28.

prendrait toute sa liberté d'action. Après cela, lord Dufferin, ayant exposé la situation où se trouvait l'Égypte, comme nous venons de l'exposer plus haut, fit les observations suivantes (1) :

Notre tâche paraît se diviser en deux actions distinctes. L'une d'un caractère urgent et pratique aurait trait au moment actuel; l'autre pouvant être plus délibérée concernerait l'avenir.

La première consisterait dans le rétablissement immédiat et d'autorité d'un gouvernement normal et de bonne foi, qui reconnaîtrait sincèrement et consciencieusement la suprématie du Khédive, et qui aurait la volonté et le pouvoir de respecter les engagements internationaux, de maintenir l'ordre et d'assurer la vie et les biens des Européens.

La seconde consisterait à prendre des mesures préventives afin d'empêcher le retour des événements lamentables qui occasionnent notre présence ici.

Il est évident que, quant à la première de ces deux actions, nous ne pouvons tarder à prendre une détermination. Tout mouvement révolutionnaire tend à acquérir une consistance et un mouvement plus accentué si on lui permet de se développer. Actuellement, la faction militaire est plus formidable qu'elle ne l'était il y a une semaine; elle le sera encore davantage dans huit jours.

Indépendamment de cette considération, et quoique la plus grande partie des Européens ait déjà pris la fuite, il reste encore une population étrangère au Caire et dans l'intérieur, dont l'existence est complétement à la merci d'Arabi Pacha et de ses affiliés. Au fait, on peut dire que leur sécurité dépend en partie de la promptitude de notre décision et de la sagesse de nos conseils.

Au point où nous en sommes, il serait déplacé d'im-

(1) Livre vert d'Italie, 1882. CCLXXXVIII.

portuner nos collègues par l'exposé des détails du *modus operandi* qu'il sera désirable d'adopter pour replacer le Gouvernement Égyptien sur une base plus satisfaisante.

Le sentiment primordial qui s'impose pour le moment aux Ministres de Sa Majesté, sentiment déjà soumis à l'attention des Gouvernements respectifs et approuvé, je le crois, par les Puissances, et que Sa Majesté le Sultan, dont la qualité de souverain de l'Égypte est parfaitement reconnue, soit sollicité, sous certaines conditions bien définies, d'entreprendre la tâche du rétablissement de l'autorité de son représentant en Égypte par des moyens efficaces, entraînant la sujétion immédiate de la faction révoltée ayant usurpé le pouvoir suprême en Égypte.

Le Sultan a déjà envoyé en Égypte un Haut fonctionnaire militaire investi de pleins pouvoirs. Sa mission s'est accomplie, sinon à la suite des sollicitations des puissances, du moins avec leur approbation.

L'opportunité de l'intervention du Sultan, dans de certaines circonstances et dans les limites déterminées, étant ainsi reconnue, il ne nous reste qu'à considérer si le moment n'est pas venu d'avoir recours à cette intervention dans un sens plus énergique.

Le représentant de la France en fut d'accord avec lord Dufferin.

La Conférence, après avoir délibéré sur les observations faites par l'Ambassadeur d'Angleterre, décida de mettre pour bases de ses travaux les points suivants, conformément aux communications faites par la France et l'Angleterre aux quatre puissances, le 12 février et le 2 juin :

« (a) Le maintien du *statu quo*, c'est-à-dire le rétablissement de l'autorité du Khédive et celle du Sultan, avec tous leurs droits, sanctionnés par le droit européen ; (*b*) le respect de la liberté et de l'indépendance de l'Égypte, comme elle était reconnue par les Firmans organiques ; (*c*) le respect des traités et principalement ceux qui ont été contractés entre le Khédive, d'un côté, et de la France et de l'Angleterre, de l'autre » (1).

Depuis que la question égyptienne avait commencé à se trouver à un point très critique, la France et l'Angleterre, et principalement la dernière, avaient donné de l'intensité aux préparatifs militaires qu'elles faisaient. Le gouvernement italien, qui revendiquait la seconde place après l'Angleterre en Orient, prenant en considération les préparatifs militaires de l'Angleterre, commença à craindre une action isolée de sa part ; et surtout au sujet de la question de Suez, qui, comme intéressant tous les gouvernements européens, aurait dû, d'après lui, être arrangée par la Conférence. M. Mancini, pendant que la Conférence siégeait à Constantinople, s'empressa de sonder l'Ambassadeur d'Angleterre à Rome, sur cette question et sur les préparatifs militaires qu'elle faisait. « Quant à la première question, M. Paget déclara, d'après ce qu'il écrivait au comte de Granville, le 27 juin, que toutes les opérations de l'Angleterre ne tendaient qu'à la neutralisation du canal de Suez, pour l'intérêt de toutes les puissances navales, et que, si une entente avait eu lieu entre Musurus Pacha (2) et

(1 Livre bleu d'Angleterre, 1882. N° 17, 28.

2 Ambassadeur du Sultan à Londres.

le comte de Granville, comme M. Mancini venait
de lui indiquer, elle n'aurait aucun caractère
égoïste; et son seul but serait de protéger le canal contre un danger soudain et une opération
dangereuse. Quant aux préparatifs militaires,
M. Paget fit observer à M. Mancini que son gouvernement les faisait prenant en vue le cas où le
Sultan aurait refusé d'intervenir militairement
en Égypte; dans le cas qu'une intervention européenne serait devenue nécessaire, aucune puissance n'aurait contesté à l'Angleterre la prédo-
minance, d'autant plus qu'elle devait demander
compte aux Égyptiens du massacre des sujets
et des officiers de la Reine » (1). M. Mancini
indiqua au diplomate anglais « qu'une action
isolée de l'Angleterre le mettrait dans une position difficile; et il tomba d'accord avec lui sur
ce que le parti militaire devait être dissous, que
le ministère de Ragheb Pacha était provisoire,
institué seulement pour la sûreté des Européens
en Égypte, et qu'il fallait protéger le Khédive
Tewfik » (2).

En même temps, le 26 juin, M. Mancini chargea les Ambassadeurs d'Italie à Vienne, à Berlin et à Saint-Pétersbourg, de sonder les trois
cabinets, s'ils étaient disposés à soumettre à la
Conférence la question égyptienne, dans son entier, sans reconnaître les accords particuliers

(1) Livre bleu d'Angleterre, 1882. N° 17. 43. Traduction de
l'anglais.

(2) Livre bleu d'Angleterre, 1882. N° 17. 43. Traduction de
l'anglais.

qui seraient contractés entre la France et l'Angleterre, d'un côté, et l'Égypte, de l'autre (1). M. de Launay, l'Ambassadeur d'Italie à Berlin, répondit à M. Mancini « que le Gouvernement d'Allemagne est disposé à s'associer à tout ce qui contribuerait à fortifier le concert européen. Mais, pour sa part, il s'abstiendra de soulever des questions qui risqueraient de mettre en défiance la France et l'Angleterre. Il préférera que les deux puissances occidentales, si elles parviennent à formuler des propositions communes, se prononcent les premières. Viendrait alors le moment d'examiner, de se concerter, et au besoin de réagir, si ces propositions se trouvaient en opposition avec les intérêts généraux de l'Europe, avec les droits reconnus de la Turquie ou de l'Égypte » (2).

Pendant que ces pourparlers avaient lieu, la Conférence continuait ses travaux.

Dans la troisième séance, tenue le 27 juin, après la communication faite par les Ambassadeurs de France et d'Angleterre des informations qu'ils avaient reçues depuis la dernière séance, l'Ambassadeur d'Italie a proposé qu'il soit entendu « que, pendant la durée de la Conférence, les Puissances s'abstiendront de toute entreprise isolée en Égypte ». Cette proposition a été acceptée sous la réserve de force majeure,

(1) Livre vert d'Italie, 1882. CCLXXXV.
(2) Livre vert d'Italie, 1882. CCLXXXVI.

telle que la nécessité de protéger la vie de ses nationaux (1).

Dans la quatrième séance du 30 juin, la Conférence a continué la discussion de la proposition sur l'intervention de la Turquie en Égypte, dans un sens plus énergique, faite par l'Ambassadeur d'Angleterre dans la seconde séance, comme nous l'avons mentionné plus haut. Elle s'est livrée à un examen préalable de la forme dans laquelle, le cas échéant, cette intervention devrait se produire, et des conditions auxquelles elle devrait être soumise (2).

La Sublime-Porte étant inquiète de l'attitude des deux puissances, surtout des préparatifs militaires de l'Angleterre, commença à prendre en vue la proposition de cette puissance. Mais, considérant peut-être que cette mesure deviendrait dangereuse vis-à-vis du peuple musulman, avant de l'accepter, elle voulut épuiser toutes les mesures pacifiques. Pénétrée de cette idée, elle invita Dervish Pacha à faire publier une proclamation pour le peuple égyptien. En effet, elle fut publiée le 30 juin ; mais, dans la surexcitation où l'esprit du peuple se trouvait, elle ne produisit aucun résultat.

La Conférence, après de longues discussions, faites dans la cinquième et sixième séance du 5 et 6 juillet, sur le but et les conditions qui devaient être assignés à l'intervention armée de la

(1) Livre bleu d'Angleterre, 1882. N° 17, 45.

(2) Livre vert d'Italie, 1882. CCXCIX.

Turquie en Égypte, et le mode par lequel elle aurait à notifier au gouvernement ottoman ses resolutions (1), elle finit par rédiger, dans la septième séance du 6 juillet, la communication identique qui pourrait être adressée à la Porte, dans les termes suivants (2) :

Pénétrées de la nécessité d'apporter un prompt remède à l'état troublé de l'Égypte, et d'y faire renaître la confiance, les grandes Puissances réunies en Conférence ont décidé de faire appel à la souveraineté de Sa Majesté Impériale le Sultan, en l'invitant à intervenir en Égypte, et à assister le Khédive par l'envoi de forces suffisantes pour rétablir l'ordre, abattre la faction usurpatrice, mettre fin à la situation grave qui désole ce pays et a amené l'effusion du sang, la ruine et la fuite de milliers de familles européennes et musulmanes, et compromis les intérêts nationaux étrangers, en assurant par leur présence le respect des droits de l'Empire et du rétablissement de l'autorité Vice-royale.

Les forces Impériales permettront en même temps, suivant un mode à déterminer ultérieurement d'un commun accord, de procéder à une sage réforme dans l'organisation militaire de l'Égypte, sans que leur intervention puisse nuire au prudent développement des institutions égyptiennes, dans l'ordre civil, administratif et judiciaire, qui ne seraient pas contraires aux Firmans Impériaux.

En s'adressant à Sa Majesté Impériale, les grandes Puissances de l'Europe ont la ferme confiance que, pendant le séjour des troupes Ottomanes en Égypte, le

(1) Livre vert d'Italie, 1882. CCCI et CCCXVI. — Livre bleu d'Angleterre, 1882. N° 17, 64.

(2) Livre vert d'Italie, 1882. CCCXXIII. — Livre bleu d'Angleterre, 1882. N°° 17, 64; 17, 90; 17, 434 et 17, 152.

statu quo normal sera maintenu, et qu'aucune atteinte ne sera portée aux immunités et privilèges de l'Égypte, garantis par les Firmans antérieurs, ni au fonctionnement régulier de l'administration, non plus qu'aux engagements qui en résultent.

Le séjour en Égypte des troupes Impériales, dont les commandants devront agir de concert avec le Vice-roi, sera limité à une période de trois mois, à moins que le Vice-roi n'en demande la prolongation pour un terme qui devrait être fixé, d'accord avec la Turquie et les grandes Puissances. Les frais d'occupation demeureront à la charge de l'Égypte. Le montant de ces frais sera déterminé par un accord entre les cinq Puissances, la Turquie et l'Égypte.

Si, comme elles l'espèrent, Sa Majesté Impériale le Sultan répond à l'appel que lui adressent les grandes Puissances, l'application des clauses et des conditions ci-dessus énoncées formera l'objet d'un accord particulier entre les Puissances et la Turquie.

Mais la Sublime-Porte, qui ne voulait pas intervenir dans un pays vassal d'elle-même par un mandat de l'Europe, n'adhéra à la communication faite par la Conférence européenne, que le 22 juillet, lorsqu'elle fut pressée par les événements, que nous allons exposer plus bas.

Les décisions prises par la Conférence troublèrent fort Arabi; mais il ne désespéra pas. Malgré toutes les déclarations pacifiques faites chaque jour par le gouvernement égyptien, il donna tant d'intensité aux préparatifs militaires, que l'amiral anglais sir Seymour crut qu'il oserait résister même à l'intervention de la Turquie.

Au Caire, tous les dépôts de bleu étaient entièrement remplis : tous les fours militaires produisaient chaque jour 5,000 ocques de biscuits qu'on déposait aussi dans les dépôts ; et un grand nombre de bœufs, de moutons et de chevaux étaient transportés pendant les derniers jours à l'acropole du Caire. L'armée, qui dans l'état de paix n'avait que 12,000 hommes, augmentait de jour en jour par les réservistes de tout âge et les conscrits, de sorte que, vers le commencement de juillet, elle avait monté au nombre de 25,000 hommes environ ; dont 8,000 étaient à Alexandrie, 3,000 au Caire, 5,000 à Damiette, 2,500 à Rosette, 3,500 à Aboukir et les autres à Port-Saïd, Ismaïlia et Suez. De ces soldats, 12,000 seulement étaient en état de combattre, les autres n'étant que des vieillards ou des gens incapables de prendre part aux manœuvres militaires, comme la bataille, qui eut lieu à Tel-el-Kibir, le prouva. Il y avait aussi, en Égypte, 530 pièces d'artillerie ; dont 12 avec 500 balles chacun étaient sur l'acropole du Caire depuis l'époque de Mehemet-Ali. Au Caire et à Alexandrie se trouvaient 486 canons de campagne du système Krupp de 7 à 8 centimètres, avec 500 balles chacun. De ces canons, 5 ou 6 batteries seulement pourraient servir, les tirailleurs des autres n'étant pas encore bien exercés. Dans l'Abassie, il y avait deux grands canons ; dont l'un était du système Krupp de 14 doigts et l'autre du système Armstrong de 25 tons. En plus, les dépôts militaires contenaient 130,000 fusils du système Remington, 20,000 du système Enfield et 27,000,000 de cartouches. C'était l'ex-Khédive Ismaïl Pacha qui s'était procuré toutes ces munitions de guerre, lorsqu'il comptait déclarer l'indépendance de l'Égypte.

L'Angleterre, de l'autre côté, pour toute éventualité donnait une grande intensité à ses préparatifs militaires. La politique, à ce point de vue, était conçue dans la dépêche suivante que son Ambassadeur à Paris sir Lyons envoyait, le 7 juillet, au comte de Granville :

C'est précisément parce que nous suivons une ligne de conduite prudente, parce que nous sommes décidés à ne pas engager la France d'une manière téméraire, que nous avons le devoir d'être forts ; c'est le plus sûr moyen d'être respectés et d'être écoutés.

Un grand peuple n'a réellement sa liberté d'action que, lorsqu'il est en état de déterminer lui-même sa conduite, sans subir passivement la pression des événements. Et c'est afin de pouvoir la déterminer, selon qu'il convient à nos intérêts et à notre honneur, que nous tenons à être prêts pour toutes les éventualités (1).

M. Malet avait déjà quitté l'Égypte depuis le 27 juin ; trois jours après, le Consul d'Angleterre à Alexandrie, M. Cookson, ainsi que le Vice-Consul M. Calwert, le suivirent.

Il y avait dix jours qu'Arabi Pacha se trouvait à Alexandrie, demeurant dans l'arsenal. Chaque jour presque, des milliers d'indigènes, dont un grand nombre étaient descendus des

(1) Livre bleu d'Angleterre, 1882. N° 17, 165.

villages pour le voir et lui offrir leurs respects, lui faisaient des démonstrations pleines d'enthousiasme. Le dictateur, enflé et encouragé par toutes ces marques de sympathies de pauvres fellahs à son égard, s'excitait de plus en plus à ordonner des manœuvres belliqueuses et provocantes sur les forts d'Alexandrie.

Le 4 juillet, le bruit courut en ville qu'un ordre avait été donné de transporter quelques canons sur différents points stratégiques des forts et d'obstruer les passes du port d'Alexandrie. L'amiral anglais étant inquiété par ce bruit, ordonna qu'un petit bateau gardât l'entrée du port. En même temps il écrivit la lettre suivante à Tulba Pacha, commandant militaire d'Alexandrie :

J'ai l'honneur d'informer Votre Excellence que le bruit m'est parvenu de votre intention d'obstruer les passes de la rade d'Alexandrie.

Il est par conséquent de mon devoir de notifier à Votre Excellence que je considérerai comme un acte d'hostilité, et traiterai comme tel, toute tentative de fermer le chenal de la rade précitée.

Évidemment, Arabi était devenu fou, pour croire qu'il aurait pu enfermer la flotte anglaise et l'incendier dans la rade d'Alexandrie.

Le commandant de la place transmit quelques explications à ce sujet à l'amiral qui pour le moment se déclara un peu satisfait (1). Le pre-

____

(1) Livre bleu d'Angleterre, 1882. N° 17, 287.

mier ministre aussi, à qui les Consuls d'Angleterre et de France demandèrent des explications, ayant démenti cette nouvelle, autorisa
les commandants de navires anglais à arrêter
tout bâtiment quelconque qui transporterait des
canons (1). Mais, vingt-quatre heures ne s'étaient
pas écoulées, qu'un nouvel accès de folie repre-
nait à Arabi.

Le matin du 6 juillet, deux nouveaux canons
avaient été montés dans les batteries défendant
la mer. L'amiral s'empressa d'expédier à Tulba
Pacha la lettre suivante :

Invincible.

MONSIEUR,

J'ai l'honneur d'informer Votre Excellence qu'il m'a
été officiellement rapporté ce matin que deux nouveaux
canons avaient été montés dans les batteries défendant
la mer (sea *defenses*), et que d'autres préparatifs du
même genre, menaçant l'escadre sous mes ordres,
avaient lieu du côté nord d'Alexandrie. Dans ces circonstances, je me vois forcé de notifier à Votre Excellence que, si ces travaux ne sont pas sur-le-champs dis-
continués ou que si, ayant cessé, on les renouvelle, il
sera de mon devoir d'ouvrir le feu sur les œuvres en
cours de construction.

L'autorité militaire répondit que l'amiral
avait été induit en erreur! qu'aucun préparatif
de nature à justifier ses plaintes et ses menaces
n'avait eu lieu, que les batteries qu'il désignait
étaient, comme les autres, destinées à défendre

1) Livre bleu d'Angleterre, 1882. N° 17, 287.

la ville contre l'ennemi en cas de guerre, et non
à attaquer des amis en temps de paix. Le premier ministre aussi donna des explications pareilles aux représentants de la Grande-Bretagne
et de la France à Alexandrie.

Nonobstant, la tempête grondait en Égypte.

XIII

A la suite d'une communication notifiée
par le Consulat général d'Angleterre aux autres Consulats, tous leurs administrés furent
invités à quitter le plus tôt possible l'Égypte, ou
à se réfugier à bord de navires que quelques
gouvernements avaient mis gratis à la disposition des émigrants.

En même temps, les Consuls généraux des
grandes puissances, désirant beaucoup prévenir

le bombardement, qui d'un moment à l'autre
menaçait Alexandrie et protéger les intérêts de
leurs administrés, tombèrent d'accord, excepté
le représentant de l'Angleterre, qui refusa d'assister à leur conseil, pour faire à l'amiral la
communication suivante :

Alexandrie, 7 juillet 1882.

Monsieur l'amiral,

Les grands intérêts qu'ont à Alexandrie nos nationaux, qui y sont encore nombreux et qui y ont des
propriétés très considérables, nous obligent à nous informer auprès de vous si vous vous considérez comme
satisfait par la réponse du Gouvernement Égyptien au
sujet des travaux de fortifications.

Nous nous croyons en état, au cas où cette réponse
vous paraîtrait incomplète, d'obtenir des assurances
pleinement satisfaisantes.

Nous vous serions donc très obligés de nous dire si
vous considérez cette question comme réglée, et dans
le cas où il en serait autrement, sur quel délai nous
pourrions compter pour le départ de nos nationaux. De
toute manière, le bombardement d'Alexandrie ne
pourra s'opérer sans entraîner de grands périls pour la
population chrétienne, même indigène, et sans la destruction d'un nombre incalculable de propriétés européennes. Nous apprendrions avec grand plaisir qu'avant
de donner suite aux ordres de votre Gouvernement à
cet égard, vous voulussiez bien lui soumettre cette observation (1).

Signé : E. DE VORGES.

Baron SAURMA.

DE MARTINO.

J. DE LEX.

Baron KOSJEK.

(1) Livre bleu d'Angleterre, 1882, N° 17, 166, annexe.

A cette communication l'amiral anglais se
pressa de répondre dans la même journée ainsi
qu'il suit 1) :

Alexandrie (*Invincible*), 7 juillet 1882.

MESSIEURS LES AGENTS ET CONSULS GÉNÉRAUX,

J'ai reçu la communication collective que vous m'avez
fait l'honneur de m'adresser aujourd'hui.

Vous me demandez si je me considère comme satisfait par la réponse du commandant militaire à la lettre
que je lui ai envoyée hier. Vous avez bien voulu offrir
vos bons services en vue d'obtenir du commandant militaire une réponse satisfaisante au cas que je désirerais
avoir des réponses plus complètes.

Je m'empresse de vous remercier de l'offre bienveillante que vous avez eu la bonté de me faire.

Si votre influence auprès du commandant militaire a
pour effet de l'amener à agir sincèrement, en prohibant
la continuation des travaux de fortification, le but que
vous avez en vue sera atteint.

De simples assurances écrites, quels qu'en soient les
termes, ont peu de valeur en raison des intérêts considérables qui me sont confiés.

Permettez-moi, messieurs les Agents et Consuls généraux, de vous faire observer que je ne me propose nullement et que je n'ai jamais exprimé l'intention de bombarder la ville d'Alexandrie.

Ces opérations, si elles devenaient nécessaires, seraient dirigées contre les fortifications, et je ne vois, par
conséquent, aucune raison de craindre la destruction de
propriétés, que vous appréhendez.

Je ne manquerai pas de soumettre au Gouvernement
de Sa Majesté l'observation contenue dans le dernier

2) Livre bleu d'Angleterre, 1882, N° 17, 166. — Livre vert
d'Italie, 1882, CCCXXIII, annexe.

paragraphe de votre lettre. Je dois, toutefois, adhérer strictement aux termes de ma communication au commandant militaire en cas de la moindre tentative de recommencer les travaux de défense.

Il sera, en tout cas, accordé un délai de vingt-quatre heures.

Veuillez agréer, etc.

Signé : BEAUCHAMP-SEYMOUR.

La lettre qui était envoyée au commandant militaire d'Alexandrie par l'amiral anglais troubla beaucoup la Sublime-Porte. Elle se pressa d'expédier à Londres, le 8 et le 9 juillet, les dépêches suivantes :

Saïd Pacha à Musurus Pacha.

Constantinople, 8 juillet 1882.
Télégraphique).

Comme suite à mon télégramme-circulaire du 6, je m'empresse de vous prévenir que, d'après les informations télégraphiques que Son Altesse le Khédive vient de nous transmettre, la Cour spéciale instituée pour les poursuites à exercer contre les auteurs de l'incident d'Alexandrie aura à remplir son mandat avec toute la célérité possible et la plus scrupuleuse impartialité.

Pour ne point différer le cours de la justice et en attendant que les grandes Puissances veuillent bien désigner leurs délégués à cette Cour, celle-ci a déjà commencé à fonctionner et devra citer, en conformité de la loi, tous ceux des étrangers dont le témoignage ou l'interrogatoire seront reconnus nécessaires.

A défaut de comparution pour cause d'émigration des personnes ainsi mandées à sa barre, le tribunal agira également d'après les prescriptions de la loi.

Le Khédive nous déclare en même temps que les bruits de l'armement des forts d'Alexandrie sont entièrement dénués de fondement et qu'on n'y a point fait de travaux de construction, de terrassement, de réparation et autres depuis qu'ils furent suspendus à la suite de l'ordre de Sa Majesté le Sultan.

Le Président du Conseil des Ministres égyptiens a fait cette déclaration aux Consuls de France et d'Angleterre, qui s'étaient rendus auprès de lui pour l'interpeller à ce sujet, en ajoutant que les commandants de leurs escadres étaient même parfaitement autorisés à arrêter tout bâtiment chargé de canons pour être débarqués à Alexandrie. De même le commandant de la garnison de cette ville a informé, en réponse et par écrit, l'amiral Seymour que la nouvelle répandue sur le soi-disant projet des autorités locales d'obstruer le port était fausse.

De son côté, le Ministre de la marine a donné en personne les mêmes assurances à l'amiral, qui a été satisfait, à l'instar des Consuls Anglais et Français, et a promis d'écrire à son Gouvernement.

Veuillez communiquer ce qui précède à Son Excellence le Ministre des affaires étrangères (1).

Said Pacha à Musurus Pacha.

Constantinople, le 9 juillet 1882.
Télégraphique.

Mon télégramme-circulaire du 8 a fait savoir à Votre Excellence le peu de fondement des suppositions des Consuls de France et d'Angleterre en Egypte ainsi que de M. l'amiral Seymour, sur l'armement des batteries d'Alexandrie. La même dépêche a énoncé les détails du démenti donné à ce sujet par les autorités locales, démenti dont MM. les Consuls et l'amiral s'étaient contentés.

On était donc fondé à croire que les autres déclara-

(1) Livre Bleu d'Angleterre, 1882. N° 17, 190.

tions précises faites à ces Messieurs avaient mis fin à l'incident, lorsqu'avant-hier jeudi l'amiral anglais, d'après les informations que nous transmet télégraphiquement Son Altesse le Khédive, revenant sur ses impressions, s'est adressé une seconde fois par écrit au commandant de la garnison d'Alexandrie pour lui dire qu'on plaçait de nouveaux canons dans les forts de la ville et qu'on procédait à divers préparatifs militaires, et que si ces armements ne cessaient pas dans un délai de douze heures, la flotte commencerait le bombardement.

Dans sa réponse, le commandant égyptien a repoussé énergiquement l'imputation.

Le lendemain, quelques-uns des Agents des Puissances sont allés informer Ragheb Pacha que l'amiral Seymour, croyant toujours aux armements, les Consuls avaient décidé de lui demander des explications par écrit.

Toutefois, ces Messieurs se sont désistés plus tard de cette prétention, et Ragheb Pacha leur a déclaré que les forts étant situés près du rivage, il était facile de compter le nombre des canons; que l'amiral et les Consuls étaient autorisés à charger si bon leur semble, de faire exécuter une pareille vérification, et que ce n'est que dans le cas où l'on constaterait une augmentation dans le nombre des canons que l'amiral pourrait être reconnu comme fondé dans ses prétentions; qu'enfin il ne s'agissait dans tout ceci que du nettoyage, de temps à autre, de l'artillerie des forts et d'exercice sans feu.

Toutes ces suppositions répétées du commandant de la flotte Britannique, suivies de démarches comminatoires, ne laissent pas que de produire une pénible impression sur les esprits en Égypte et sont de nature à entraver les efforts faits pour aboutir au but désiré par tous.

Nous sommes persuadés que le Gouvernement de Sa Majesté Britannique, en pesant dans la balance de sa sagesse et de son équité, les actes de cet officier supérieur, trouvera comme nous qu'ils sont peu en harmonie avec l'amitié et les bonnes relations qui existent entre les deux États.

Je vous prie donc de signaler ce qui précède à l'attention sérieuse de lord Granville et d'engager Sa Seigneurie à faire transmettre à M. l'amiral Seymour des instructions lui dictant une ligne de conduite plus conforme aux sentiments de paix et de conciliation qui animent le Gouvernement Impérial et le Cabinet de Saint-James (1).

Malheureusement Arabi marchait précipitamment vers sa ruine et celle de sa patrie.

Le 9 juillet, on informa l'amiral que deux canons avaient été transportés sur le fort de Ras-el-tin et que d'autres préparatifs hostiles avaient eu lieu dans les forts Izalé et Pharos. Ce nouveau mépris de la part des Égyptiens envers la flotte anglaise indigna tellement l'amiral anglais qu'il envoya au commandant militaire d'Alexandrie la lettre suivante :

Invincible, le 10 juillet 1882.

MONSIEUR,

J'ai l'honneur d'informer Votre Excellence que des préparatifs hostiles, évidemment dirigés contre l'escadre qui est sous mes ordres, ayant été continués durant la journée d'hier dans les forts Izalé, Pharos et Silsili, je mettrai à exécution les intentions exprimées dans ma lettre du 6 courant, au lever du soleil, demain 11 du même mois, à moins qu'avant ce terme vous ne m'ayez temporairement livré *sirendered*), pour les désarmer, les batteries élevées sur l'isthme de Ras-el-tin (*cap*) et au côté sud de la rade d'Alexandrie.

J'ai, etc.

Signé : BEAUCHAMP-SEYMOUR.

(1) Livre bleu d'Angleterre, 1882. N° 17, 191.

Cet Ultimatum de l'amiral anglais fut lu au conseil des ministres tenu en présence du Khédive, de Dervish Pacha et de plusieurs anciens ministres et notables convoqués pour la circonstance, entre autres : Latif Pacha, ancien ministre de la marine; Hafuz Pacha, ancien ministre des finances; Ismaïl Pacha Chebel, Kassim Pacha, Toulba, Ali Fehmi, Mohamed Kiamil, etc.

Après de longues discussions sur la réponse que le gouvernement aurait dû donner à l'Ultimatum de l'amiral, pendant lesquelles, Latif Pacha, Hafuz Pacha et Ismaïl Pacha étaient d'avis de satisfaire aux exigences de l'amiral, les membres du grand conseil tombèrent d'accord sur celle-ci, d'après l'avis du parti militaire et sous sa pression :

L'Égypte n'a rien fait qui ait pu justifier l'envoi des flottes combinées. L'autorité civile et militaire n'a à se reprocher aucun acte autorisant les réclamations de l'amiral. Sauf quelques réparations urgentes aux anciennes constructions, les forts sont, à cette heure, dans l'état où ils se trouvaient à l'arrivée des flottes. Nous sommes ici chez nous et nous avons le droit et le devoir de nous y prémunir contre tout ennemi qui prendrait l'initiative d'une rupture de l'état de paix, lequel, selon le Gouvernement Anglais, n'a pas cessé d'exister.

L'Égypte, gardienne de ses droits et de son honneur, ne peut rendre aucun fort ni aucun canon, sans y être contrainte par le sort des armes.

Elle proteste contre votre déclaration de ce jour, et tiendra responsable de toutes les conséquences, directes et indirectes, qui pourront résulter d'une attaque des

flottes ou d'un bombardement, la nation qui, en pleine
paix, aura lancé le premier boulet sur la paisible ville
d'Alexandrie, au mépris du droit des gens et des lois
de la guerre.

En même temps l'amiral anglais adressa à
tous les commandants des bateaux de guerre
ancrés dans le port d'Alexandrie une lettre, par
laquelle leur communiquant que le bombardement des forts d'Alexandrie commencerait dans
vingt-quatre heures, il les priait de faire éloigner,
dans ce délai, leurs bateaux hors de la portée du
canon. Aussi notifia-t-il à tous les Consuls généraux une autre lettre par laquelle il les priait
d'inviter tous leurs administrés, qui n'étaient
pas encore partis, à quitter Alexandrie dans
vingt-quatre heures.

Ce fut, dès lors, un sauve-qui-peut général. La
panique entra dans toutes les maisons, dans
tous les quartiers: on n'entendait plus que des
cris et des lamentations des femmes fellahs
dans les quartiers arabes, on ne voyait que des
milliers d'Arabes, hommes, femmes, enfants
courir avec leurs bagages vers le chemin de fer
du Caire, et quelques centaines d'Européens
prendre précipitamment la direction de la douane
pour se réfugier à bord des bateaux.

Tous les Consuls généraux et tous les employés
consulaires, qui avaient fait transporter à bord
des bateaux de guerre les archives des Consulats,
furent obligés eux-mêmes de s'y réfugier.

La paisible ville d'Alexandrie était abandonnée à sa destinée et à la merci des rebelles

égyptiens et des terribles canons de la flotte
anglaise.

Tous les gouvernements, tous les Consulats,
avaient rempli, jusqu'au dernier moment, leur
devoir.

Le gouvernement hellénique, outre dix-huit
bateaux de commerce envoyés par lui pour
transporter gratis en Grèce plus de 40.000
fuyards, chargea aussi une commission [1] spéciale qui fut envoyée exprès à Alexandrie, pour
distribuer, avec l'aide du Consulat général, beaucoup d'argent à tous les Grecs qui, se trouvant
dans plusieurs villes d'Égypte en état d'indi-
gence, ne pouvaient partir.

Pendant que la tempête grondait à Alexandrie, le Khédive ne perdit pas du tout courage.
Le 7 juillet, ayant invité près de lui le Contrôleur Anglais, sir Colvin, il lui fit part de sa résolution de rester en Égypte, ne croyant pas bon
de l'abandonner dans la situation critique où
elle se trouvait, ainsi que les amis qui lui
étaient restés fidèles. Pendant le bombardement,
Son Altesse serait allée au palais de Ramleh,
accompagnée par sa famille et Dervish Pacha,
pour être hors de la portée du canon, le palais
de Ras-el-tin étant tout près du fort qui portait
le même nom [2]. Dans le cas, où une occupa-

---

1) Cette commission était instituée par M. Valeta, député;
M. Cazazis, chef de section au ministère de l'intérieur, et M. Es-
guastiriaris, officier de la marine royale.

(2) Livre bleu d'Angleterre, 1882, N° 17, 332. Traduction de
l'anglais.

tion turque serait décidée, elle s'embarquerait avec Dervish Pacha à bord du yacht du maréchal. Évidemment l'impassibilité et le courage du Khédive qui, pendant ces derniers jours, courut les plus grands dangers, doivent être admirés même par ses ennemis.

Le 9 juillet, M. Cartwright, gérant de l'Agence diplomatique d'Angleterre, étant allé au palais de Ras-el-tin, pria le Khédive de se retirer au palais de Ramleh. Il chercha aussi Dervish Pacha pour le rendre responsable de la vie du Khédive, et ne l'ayant pas trouvé, il lui envoya une lettre écrite dans ce sens, par la même personne qui était autorisée à communiquer au commandant militaire d'Alexandrie l'Ultimatum de l'amiral, ainsi que la communication par laquelle on annonçait à Ragheb Pacha et à Dervish Pacha, que la Légation de l'Angleterre en Égypte se voyait obligée de s'en aller (1).

Le maréchal répondit au représentant de l'Angleterre ainsi qu'il suit :

Alexandrie, le 10 juillet 1882.

Monsieur le Gérant.

J'ai reçu la lettre que vous m'avez fait l'honneur de m'adresser, en date du 10 de ce mois courant, et je puis vous donner l'assurance que j'ai fait tout ce qui dépendait de moi pour accomplir la mission que Sa Majesté Impériale a daigné me confier.

(1) Livre bleu d'Angleterre, 1882. N° 17, 192.

Il m'a été difficile de comprendre pourquoi la flotte Anglaise qui était restée depuis longtemps déjà mouillée dans le port d'Alexandrie, et qui n'avait manifesté que des intentions pacifiques, a été subitement amenée à montrer depuis hier des intentions hostiles.

Les rapports d'amitié entre l'Empire Ottoman et la Grande-Bretagne n'ayant pas cessé d'exister, et l'Égypte étant une province de l'Empire, M. l'amiral aurait pu d'abord exposer d'une façon amicale les griefs qui ont motivé les mesures qu'il a prises ; il eût été possible de les vérifier et d'aviser ensuite au moyen d'y remédier. Alors, et dans le cas où l'on aurait reconnu quels étaient les auteurs des actes dont on avait à se plaindre, on aurait pu prendre à leur égard des mesures de répression.

Il me semble que, si l'on avait adopté cette manière d'agir, on aurait été conduit à raffermir les relations amicales qui existent entre les deux puissances au lieu d'en venir à des mesures d'hostilités.

Son Excellence Ragheb Pacha et Son Excellence le sous-secrétaire d'État à la marine ont eu occasion de vous donner, tant à vous qu'à Son Excellence l'amiral, l'assurance qu'il n'est jamais entré dans la pensée du Gouvernement Égyptien de faire quoi que ce soit qui puissent troubler ces bons rapports.

Il importe de rechercher à qui incombe la responsabilité, lorsqu'aux déclarations d'un Gouvernement animé de bonnes intentions, et qui donne toutes les assurances nécessaires, il est répondu par des actes d'hostilités sans qu'on se soit appuyé au préalable sur les principes qui régissent les rapports entre deux Gouvernements amis.

Quant à l'invitation que vous m'adressez d'assurer par tous les moyens en votre pouvoir la sûreté de Son Altesse le Khédive, je dois vous faire observer qu'il n'est pas logique d'établir une distinction entre l'illustre personne de Son Altesse le Khédive Tewfik Pacha et son Gouvernement, et qu'il est tout à fait naturel que Son Altesse le Khédive se préoccupe encore plus de la

sécurité et du bonheur du pays qu'il gouverne que de
ce qui le concerne personnellement (1).

Veuillez, etc.

Le Commissaire de Sa Majesté Impériale le Sultan.

(L. S.) DERVISH.

(1) Livre bleu d'Angleterre, 1882. N° 17, 334.

XIV

Note verbale par laquelle lord Dufferin annonce le bombardement à la Sublime-Porte. — Réponse de la Sublime-Porte. — Entrevue entre S. M. le Sultan et lord Dufferin. — Télégramme envoyé par M. Dufferin à l'amiral anglais. — Dépêche expédiée par le gouvernement anglais aux grandes puissances. — Le Khédive au palais de Ramleh. — La veille du bombardement. — Les préparatifs faits par la flotte anglaise et les forts égyptiens. — Sortie de tous les bateaux hors du port d'Alexandrie. — La conduite de l'armée égyptienne depuis le massacre jusqu'au bombardement.

Le matin du 10 juillet, lord Dufferin adressa à la Sublime-Porte la note verbale ci-après :

L'Ambassade de Sa Majesté la Reine de la Grande-Bretagne a l'honneur de communiquer à la Sublime-Porte que les autorités militaires d'Alexandrie continuant toujours les préparatifs militaires sur les forts, l'amiral anglais annoncera, ce matin, le commencement des hostilités dans vingt-quatre heures, à moins qu'avant ce terme on ne lui ait livré les forts pour les désarmer.

14

La Sublime-Porte s'empressa de répondre ainsi qu'il suit :

Le Gouvernement Égyptien a déclaré à l'amiral que les autorités militaires n'opposeront aucune résistance, dans le cas où l'amiral procéderait au bombardement. Il est évident qu'un acte de cette nature, s'il venait à se produire, porterait la plus grave atteinte aux droits de souveraineté de Sa Majesté le Sultan et aux intérêts du pays.

Le Gouvernement s'attend à ce que le Cabinet de Sa Majesté Britannique prenant en sérieuse considération ce qui précède, veuille bien faire en sorte que l'amiral s'abstienne de tout acte de nature à provoquer une telle éventualité et lui transmettre des instructions dans ce sens.

Le Gouvernement Impérial aura en tout cas l'honneur d'informer l'Ambassade de la décision qu'il aura prise dans la nuit de demain, mardi, sur la communication précitée de l'Ambassade, aussi bien que sur celles télégraphiques du Khédive et du maréchal.

La Sublime-Porte prie le Cabinet de Saint-James de vouloir bien accélérer l'envoi à l'amiral des instructions demandées ci-dessus (1).

Sublime-Porte, le 10 juillet 1882.

Lord Dufferin, après la note verbale qu'il communiqua à la Sublime-Porte, s'empressa de voir Sa Majesté le Sultan, pour lui annoncer également la décision que l'amiral avait prise sur le bombardement.

Je lui dis, écrivait lord Dufferin à M. Granville, que la satisfaction que le Gouvernement Anglais avait

(1) Livre bleu d'Angleterre, 1882, N° 17, 218.

consentie après ses dernières déclarations, cessait à la suite de sa dernière attitude. Sa Majesté me répondit qu'elle m'enverrait une réponse catégorique, le lendemain à cinq heures, et exigea que le bombardement fût remis. Je fis observer à Sa Majesté que je transmettrais sa demande à Votre Excellence; mais en même temps j'ajoutai que je ne croyais pas que, dans le cas où les conditions formulées par l'amiral seraient rejetées, un changement à son action fût possible (1).

Après cette entrevue que l'Ambassadeur Anglais eut avec le Sultan, il expédia à l'amiral la dépêche suivante, après qu'elle eût été communiquée à M. Granville :

Je ne sais pas les instructions que vous avez reçues et si vous avez une liberté d'action. Dans le cas où vous auriez une certaine liberté, vous feriez bien d'ajourner pendant trois ou quatre heures les opérations, pour que le comte de Granville ait le temps de se prononcer sur la communication que la Sublime-Porte va nous faire, si elle est telle qu'on pût changer la décision déjà prise. Nous ne recevrons pas assez vite cette communication pour vous la transmettre avant l'heure où d'après votre déclaration le bombardement aurait commencé (2).

Mais l'action diplomatique de l'Angleterre, qui pendant des mois entiers n'était pas parvenue à fléchir l'insolence et l'audace d'Arabi, fut à peu près épuisée.

(1) Livre bleu d'Angleterre, 1882. N° 17. 216. Traduction de l'anglais.

(2) Livre bleu d'Angleterre, 1882. N° 17. 217. Traduction de l'anglais.

Les terribles canons des Léviathans anglais devaient troubler sa tranquillité et ses rêves.

Mais avant cela, l'Angleterre devait justifier sa conduite vis-à-vis de toutes les grandes puissances. Ce fut dans ce but que le comte de Granville expédia, le 10 juillet, a tous les cabinets Européens la dépêche suivante :

L'action de l'amiral qui est devenue malheureusement nécessaire, sera restreinte dans les limites proprement dites de la défense légitime sans aucune arrière-pensée.

D'après le dernier rapport de l'amiral, les autorités d'Alexandrie continuent *de facto* les préparatifs militaires, malgré les ordres du Sultan, la volonté du Khédive et les assurances décisives qu'elles nous ont données de les faire cesser [1].

De plus, le comte de Granville télegraphia a lord Dufferin, le même jour, que le gouvernement anglais croyait agir d'après l'intérêt du Sultan, dont l'autorité était méprisée en Egypte [2].

Dans l'après-midi du 11 juillet, le Khédive accompagné par sa famille, Dervish Pacha et sa suite quitta le Palais de Ras-el-tin pour aller a celui de Ramleh. Ce fut la que le brave prince était prédestiné a être spectateur du terrible bombardement et passer des heures d'anxiété et

1) Livre bleu d'Angleterre, 1882. N° 17, 190. Traduction de l'anglais.

2) Livre bleu d'Angleterre, 1882. N° 17, 198. Traduction de l'anglais.

de dangers que peu de rois subirent pendant notre siècle.

Ce jour-là, le port d'Alexandrie représentait un spectacle extraordinaire : tous les navires à vapeur et à voiles de différents pavillons, y compris le yacht du maréchal Dervish Pacha, se hâtaient, d'après l'invitation de l'amiral, de quitter le port. Les bateaux égyptiens *Mahroussa* et *Méhémet Ali* furent remorqués et mis dans l'arsenal. Les bateaux anglais et français faisaient des préparatifs, qu'on fait la veille d'un combat naval : leurs équipages travaillaient jour et nuit, ils nettoyaient les canons, ils transportaient près d'eux des balles et des boulets, ils calaient les mâts de perroquet et ils mettaient des mitrailleuses dans les hunes et des cuirasses autour d'elles. Outre cela, on mit sur les côtés des canonnières en bois des chaînes.

Ces préparatifs communs, faits en même temps par les flottes anglaise et française, faisaient croire que les opérations militaires seraient aussi communes le lendemain.

Vers le coucher du soleil, la grande rade d'Alexandrie était vide. La ville d'Alexandrie était aussi abandonnée par les Européens : il y resta seulement ceux qui ne voulaient pas croire que le bombardement aurait lieu ou, que dans le cas contraire il serait vite terminé et qu'un débarquement se passerait : il y resta aussi quelques braves gens pour protéger leur fortune ou celle d'autres personnes.

L'armée égyptienne était dans la ville ainsi

14.

que sur les forts, en état de guerre. L'histoire doit lui rendre justice pour la conduite qu'elle montra jusqu'à ce moment-là. Après le massacre, du moment qu'elle avait pris sur elle l'ordre, elle ne manqua pas du tout à son devoir, ayant respecté l'honneur et les biens des Européens. Si l'on peut se plaindre contre elle, c'est que dans l'état de colère et de fanatisme où elle se trouvait ces jours-là, elle proférait contre les chrétiens des menaces qui, faisant disparaître la confiance des habitants de l'Égypte envers elle, contribuèrent beaucoup à l'émigration générale; mais la conduite vandalique que l'armée montra après le bombardement, sera pour elle un stigmate perpétuel.

XV

Bombardement des forts d'Alexandrie. — Départ de la
flotte française. — Fermeté des soldats égyptiens
pendant le bombardement. — Catastrophe des forts.
— Communications de Saïd Pacha à lord Dufferin. —
Débarquement des marins anglais à Alexandrie. —
Communication de la Sublime-Porte à ce sujet. — La
politique des quatre puissances.

Après minuit, tous les bateaux, qui, dans la
journée, étaient sortis du port d'Alexandrie,
s'éloignèrent à une distance de deux milles à
peu près de la côte africaine, toujours sous vapeur, pour être hors de la portée du canon.

La flotte anglaise, qui était également sortie
de la rade, faisait différents mouvements, employant toujours la lumière électrique pour distinguer les opérations militaires faites par les
Égyptiens sur les forts.

Tout faisait pressentir qu'ils opposeraient une
vive résistance à la flotte anglaise.

La nuit était splendide.

De l'une des fenêtres du bateau de guerre
« Hellas » à bord duquel je me trouvais avec l'A-

gent diplomatique de Grèce M. Bangabé et le personnel de notre Consulat, je plongeais mes regards dans la sombre immensité de la rade, où quelques rares lumières apparaissaient çà et là. J'étais émotionné par la mortelle tranquillité de la nuit que les cris seuls des sentinelles anglaises troublaient très souvent.

Je me demandais pourquoi je me trouvais dans cette position? Pourquoi cette admirable tranquillité de la nuit, qui devenait majestueuse par les rayons de la lumière électrique que les colosses anglais répandaient d'ici et de là, serait-elle réellement troublée le lendemain par le canon homicide? Pourquoi cette guerre, ces désastres, ces ruines, ces morts qui menaçaient l'Égypte florissante encore jusqu'à cette heure suprême?

La prosperité, la liberté de l'Égypte n'étaient pas du tout menacées. Au contraire, on faisait tout pour la mettre au même niveau que les nations les plus civilisées. On voulait la débarrasser de l'homme qui la conduisait dans l'abîme; et elle, ou plutôt quelques victimes de l'ignorance et du fanatisme répondaient: Non: « Nous allons vivre ou mourir avec lui! nous résisterons jusqu'au dernier moment! ce sera à vous désormais qu'appartiendra la honte et l'agression. »

Telles sont toujours et partout les tristes suites de la faiblesse et de l'imprudence des nations qui ont le malheur de se laisser tomber dans les mains des démagogues.

Mais si l'Égypte voulait être malheureuse,

l'Europe, la Turquie, l'Angleterre ne pouvaient pas l'abandonner. Sa prospérité, sa grandeur étaient liées avec la leur. Elles devaient faire tous les sacrifices pour la protéger.

Les autres puissances, la France, la Turquie, ne pouvaient pas, pour plusieurs raisons, agir directement, afin d'obtenir ce résultat. Mais l'Angleterre, la grande puissance, qui avait pour mission de continuer les traditions de Palmerston et de Nelson, de garder le prestige qu'elle avait acquis en Égypte, après de grands sacrifices qu'elle avait subis, et de protéger ses grands intérêts politiques et commerciaux, devait rechercher et obtenir ce résultat. Nous en étions sûrs; mais nous souhaitions que cela arrivât avec les moindres sacrifices des deux côtes.

Aussitôt que les dernières étoiles de la nuit eurent disparu et que l'aube rose commença à paraître sur l'horizon, nous montâmes tous sur le pont de notre bateau.

La journée du 11 juillet était des plus belles qu'on voit en Égypte : l'horizon était clair et gai. L'immense mer Libyenne calme et sereine; seulement une brise légère, provenant de la terre, la ridait çà et là.

Nous distinguions bien, par le télescope, Alexandrie, ses belles et magnifiques maisons, ses églises et mosquées.

Nous voyions aussi clairement les drapeaux hellénique, autrichien et hollandais, qui flottaient sur les Consulats de Grèce, d'Autriche-Hongrie et des Pays-Bas, et le pavillon de la croix rouge qui couvrait les hôpitaux et les clochers des églises.

En face de nous, sur le bord de la mer, étaient les forts de Marabout, de Mex, de Napoléon, de Ras-el-Tin, d'Adah, de Pharos et d'Aboukir, et au fond de la ville celui de Com-el-dig.

Ces forts faisant une ligne qui dominait la ville et la rade d'Alexandrie commençaient au sud par celui de Marabout et finissaient au nord par celui d'Aboukir [1]. La distance qui séparait chacun de ces forts de l'autre n'était que de dix à quinze minutes environ, excepté le dernier, qui était à une distance de plus d'une heure des autres.

Les cuirassés anglais, après avoir fait différents mouvements, prirent les positions suivantes : l'*Alexandra*, le *Sultan* et le *Superbe* étaient dirigés du nord-est de la mer vers l'est et à une distance de 1,500-1.900 yards du fort de Pharos. L'*Inflexible* se remuait vers le nord-est du fort Mex et à une distance de celui-ci de 3.700 yards. Le *Téméraire* se dirigeait vers le sud-ouest du même fort et à une distance de 3.500 yards. L'*Invincible*, la *Pénélope* et le *Monarque* étaient arrêtés entre l'ouest et le nord du même fort et à une distance de 1.000-1.300 yards [1].

[1] Cette forteresse, qui était la plus importante, ne fut pas bombardée. La flotte anglaise se fût réservé de la bombarder un autre jour; mais, quelques jours après le bombardement, elle se rendit seule.

[1] Livre bleu d'Angleterre, 1882, N° 17, 214, traduction de l'anglais.

Les canonnières le *Condor*, le *Cygne*, le *Decoi*, le *Bitern* et le *Vican* étaient restées derrière les cuirasses. Le yacht seulement de l'amiral, l'*Hélicon*, prenant ses ordres qu'il donnait de l'*Invincible*, où flottait son pavillon, les transportait aux autres cuirasses par des signaux.

La flotte française avait quitté l'Égypte la nuit de la veille du bombardement, ayant laissé seulement deux canonnières le *Bison* et l'*Hirondelle* hors de la portée du canon. La retraite de la grande nation de la carrière de la gloire, après tant de traditions brillantes et tant de batailles glorieuses qui avaient eu lieu dans les plaines de l'Égypte, étonna tout le monde. Cette abstention, au moment de l'action, s'imposa à la France pour des raisons que nous allons examiner plus loin.

Le soleil se leva à l'horizon. Tout était prêt : tous les matelots, tous les artilleurs, tous les officiers se trouvaient chacun à leur place.

Nous attendions, le cœur serré, le commencement du bombardement. Le délai que l'amiral avait donné au commandant militaire d'Alexandrie était déjà expiré.

A sept heures précises, le matin du 11 juillet, l'amiral anglais sir Seymour ouvrit le feu contre les forts maritimes dominant le port et la mer.

Des fracas terribles l'un sur l'autre retentirent dans l'immense mer Libyenne. L'horizon, Alexandrie, les forts, les cuirasses se couvrirent de nuages de fumée.

A chaque moment, un éclair fendait l'horizon

obscurci par la fumée et, par sa clarté rapide, à peine parvenions-nous à voir faiblement le bout d'un mât, le plus extrême point de la proue ou de la poupe d'un cuirassé ou le mantelet d'un fort ; et, en un clin d'œil, tout se plongeait dans l'obscurité.

C'est pendant une nuit obscure de novembre, lorsque des éclairs et des tonnerres fendent l'horizon, à travers des nuages sombres et pleins d'électrisation qui le couvrent, et que leurs fracas terribles retentissent dans les montagnes et les plaines, moment suprême où l'homme étonné et effrayé admire et loue la grandeur et l'omnipotence de la nature, c'est dans une telle nuit qu'on peut concevoir le spectacle magnifique et en même temps terrible du bombardement. C'est ainsi qu'on peut saisir la grandeur et la force des cuirasses de l'Angleterre et le moyen par lequel elle est parvenue à devenir la maîtresse des mers.

Au cinquième coup de canon (1), les batteries de terre répondirent avec un entrain et une rectitude qui surprirent les Anglais.

Les cuirassés anglais, ces colosses automates, s'avançaient lentement et prenaient position devant les forts sur lesquels ils faisaient converger le feu de leur artillerie. Leurs énormes projectiles y faisaient supposer la destruction à peu près complète ; ils cassaient des canons gigan-

---

(1) Arabi avait décidé que les forts ne répondraient à l'ennemi qu'au cinquième coup de canon de la flotte anglaise.

lesques, renversaient leurs bases, faisaient sauter les poudrières et ouvraient des gouffres, où
tombaient les malheureux Egyptiens mutilés.
Alors, se rapprochant peu à peu, ils accablaient,
en rasant les forts démantelés, les Egyptiens
sous un déluge de balles vomies par des mitrailleuses placées dans les mâts.

Des projectiles des pièces égyptiennes, quelques-uns tombaient à mi-chemin dans la mer,
dont l'eau sautait comme un petit syphon, quelques autres heurtaient aux grosses cuirasses des
bateaux anglais, et étant repoussés de la comme
des corps élastiques, se plongeaient dans la mer.
Et cependant on devait admirer la bravoure et
la fermeté des artilleurs égyptiens et en même
temps plaindre ces victimes d'Arabi pour l'imprudence et l'audace qu'ils montraient en vain.
La plupart des forts étaient sans parapets, les
canons les plus importants renversés et entourés
de centaines de cadavres. A travers l'épaisse
fumée qu'un vent léger chassait quelques moments, ces braves soldats, qui pourraient servir
leur patrie en d'autres circonstances, apparaissaient comme des héros se défendant contre une
attaque de géants.

Le maréchal Arabi, pour qui ces malheureux
versaient leur sang, se trouvait, au commencement du bombardement, sur le fort de Napoléon
contre lequel n'était pas dirigé le feu, vu qu'il n'y
avait pas de canons importants, et que les Egyptiens ne tiraient pas de là ; mais du moment que
le feu fut général, il crut prudent de se retirer

dans la ville, en bas du bureau télégraphique,
où il pourrait être en sûreté. Son existence était
directement liée avec celle de sa patrie ! Ce fut
de là que, sans courir aucun danger, il donnait
les ordres qui envoyaient dans les enfers des
centaines d'innocents Égyptiens.

Après une heure, le bruit des canons diminua
un peu. Les nuages de fumée qui couvraient
l'horizon commencèrent peu à peu à se resou-
dre. Nous parvînmes alors à voir la flotte anglaise enveloppée de toute sa splendeur et les
forts d'Alexandrie affreux et presque effondrés.
C'était chose terrible de voir l'*Inflexible*, l'un
des plus grands cuirassés d'Angleterre qui, à
demi plongé dans la mer, au milieu de deux
autres cuirassés devant le fort de Ras-el-tin,
apparaissait comme un monstre marin. Il était
affreux d'entendre le bruit qui, provenant de la
détonation de ses gigantesques canons, retentis-
sait pendant deux minutes aux côtes d'Alexandrie, comme le fracas de la foudre ; et surtout
au moment, où, par une étincelle électrique,
tous les trois cuirassés vomirent en même
temps leurs projectiles contre le fort de Ras-el-
tin.

Vers huit heures, la poudrière de Marsa-el-
Kanat, qui était une batterie du Mex, fit une
explosion terrible.

Vers neuf heures, un grand combat avait lieu
entre le fort de Pharos, d'un côté, et les cuirassés, le *Superbe*, l'*Alexandra* et le *Sultan*, de
l'autre. Les Égyptiens continuaient à résister

la avec une fermeté et une capacité admirables : quelques-uns de leurs boulets attaquèrent les cuirasses ; et un obus dirigé adroitement contre l'*Alexandra* éclata sur elle, fit sauter la chambre du commandant et tua un officier et dix matelots.

Jusqu'à dix heures, le fort de Marabout restait tranquille ; quelques balles seulement de l'*Invincible* étaient lancées de loin contre lui ; mais ce fort ne répondait pas. Vers dix heures, la canonnière, le *Condor*, reçut de l'amiral l'ordre de l'attaquer ; aussitôt qu'il s'approcha du fort, il ouvrit le feu contre lui. On répondit sur-le-champ : les balles de la canonnière réussissaient toujours, tandis que celles du fort tombaient dans la mer, soit près de la canonnière, soit loin. Étant assez près du fort, nous voyions bien cela. Le combat dura une heure à peu près sans aucun résultat. Le bateau de l'amiral ordonna par un signal au *Condor* de se retirer. Mais, à ce moment-là, son commandant lord Beresford avait pris une telle position devant le fort et si près de lui, qu'il pourrait tirer contre lui, sans courir aucun danger, les canons du fort étant immobiles. L'amiral ayant compris cela, approuva par un signal la conduite de lord Beresford. Mais la petite canonnière n'ayant pas de grands canons ne pouvait pas faire la destruction complète du fort. Ce résultat survint, lorsque, vers midi, les autres canonnières, le *Cygne*, le *Decoi*, le *Bitern* et le *Vicon*, sur l'ordre de l'amiral, lui donnèrent des secours. A une heure, le silence régnait dans le fort. Alors quelques matelots du *Condor* débarquèrent, en nageant, sur le fort, et clouèrent ses canons.

De vives acclamations reçurent la petite canonnière, lorsque, en retournant, elle passa près des bateaux neutres.

Ce combat, qui eut lieu entre le *Condor* et le fort de Marabout, fut le plus héroïque incident du bombardement. Dès lors, le nom de lord Beresford fut inscrit dans l'histoire des héros de l'Angleterre.

Dans l'après-midi, vers une heure, une poudrière située à Ras-el-tin, aux approches du fort Silsili, fit explosion.

Dès ce moment, le feu diminua sensiblement. On n'entendait plus que quelques coups de canons de dix en dix minutes et de demi-heure en demi-heure; mais les plus importants canons étaient réduits au silence. C'était seulement le fort Pharos qui résistait encore; mais du moment que le *Téméraire* donna du secours contre lui, il se tut.

Vers six heures, le bombardement cessa entièrement. Toutes les fortifications étaient anéanties, 400 canons égyptiens détruits et la plupart des artilleurs tués [1].

Ce fut ainsi que finit un des faits navals les plus sérieux qui soient inscrits dans l'histoire de notre siècle. Ce fut dès lors que l'influence de la Grande-Bretagne fut sanctionnée en

[1] Proclamation du Khédive au peuple égyptien.

Égypte par la perte, jusqu'ici, de neuf morts et de vingt-huit blessés seulement.

Ce fut à ce résultat qu'aboutit l'imprudente politique d'Arabi. Mille Égyptiens, qui étaient enterrés ce jour-là sous les ruines des forts et leurs enfants maudiront pour toujours l'homme qui les sacrifia pour son ambition et sa vengeance.

On critiqua beaucoup le bombardement au point de vue politique et militaire. Nous venons de dire plus haut notre opinion sur ce sujet au point de vue politique. Au point de vue militaire, nous ne sommes pas assez compétents pour nous prononcer là-dessus. Tout ce que nous pouvons dire est que la flotte anglaise prouva, encore une fois, qu'elle sait bien son affaire; et qu'une fois qu'elle fut obligée de bombarder les forts seuls d'Alexandrie, ce ne furent que ceux-ci sur qui elle dirigea ses canons avec une grande capacité et un sérieux résultat. Une dizaine de balles seulement, qui étaient lancées contre le fort de Com-el-dig, situé à l'est d'Alexandrie, firent des brèches insignifiantes sur quelques maisons. Par conséquent on ne peut pas admettre, comme quelques-uns prétendirent, que ce fut le bombardement qui causa directement les ruines et l'incendie d'Alexandrie. Cette catastrophe fut le résultat indirect du bombardement, et, dans ce sens, on peut donner tort à la grande puissance qui aurait pu la prévoir et l'empêcher si, aussitôt le bombardement terminé, on eût fait des débarquements différents. Si l'Angleterre ne pouvait pas les faire, n'ayant pas assez d'armée à bord de sa flotte, ou parce qu'elle craignit qu'une telle opération ne fût considérée par l'Europe et la Turquie comme une action isolée de sa part et comme une occupation militaire de l'Égypte, elle devait ou ne pas employer cette mesure extrême ou l'ajourner à une meilleure occasion, quoiqu'elle fût provoquée par l'insolence d'Arabi et de ses partisans. C'est un raisonnement politique dont peut-être l'amiral ne fit pas cas, une fois que son honneur militaire était devenu problématique par les menaces et les insultes que les Égyptiens lui faisaient chaque jour; et le raisonnement militaire du brave amiral domina peut-être le cabinet anglais.

La nuit vint sombre et sinistre, comme si elle voulait envelopper d'un voile noir et funeste les ruines et les tombeaux, où s'agitaient encore les cadavres ensanglantés des malheureux Égyptiens. Tout était plongé dans les ténèbres : Alexandrie, les forts, le port. Quelques lumières lugubres apparaissaient à peine sur les bateaux anglais et les steamers, à bord desquels s'étaient réfugiés les non émigrants. Mais, peu à peu, la lumière électrique provenant de la flotte anglaise commença à projeter, à travers les ténèbres, ses rayons bleus et magnifiques. La flotte anglaise faisait par cette lumière des reconnaissances nocturnes sur les forts et divers points stratégiques. Grâce à cette lumière, dont nous suivions la direction, nous distinguions assez bien maintenant Alexandrie et ses environs.

C'était un spectacle curieux et imposant. Les cuirassés anglais, ces masses énormes, qui le jour vomissaient la mort et la catastrophe, répandaient pendant toute la nuit, comme des corps célestes lumineux, une lumière vive et gaie sur la mer, sur Alexandrie, sur les forts, où figurait l'affreuse mort.

On croyait voir l'enfer de Dante au milieu d'un feu abondant et fantastique ; et sous cette splendeur les énormes colosses de l'Angleterre, comme les démons infernaux.

Aussitôt que le bombardement fut annoncé à la Sublime-Porte, Saïd Pacha adressa à lord Dufferin la note suivante :

Yildiz Kiosk, le 11 juillet 1882.

J'ai le regret d'informer Votre Excellence que, d'après les nouvelles qui nous parviennent à l'instant même, l'amiral Seymour a commencé aujourd'hui, à sept heures du matin, le bombardement d'Alexandrie. Par ma note verbale d'hier, en réponse, j'annonçais à Votre Excellence que dans la nuit d'aujourd'hui, mardi, le Gouvernement devait prendre une décision, et je l'avais prié en conséquence d'en informer le Gouvernement de Sa Majesté Britannique, pour que le projet de bombardement fût écarté, dans l'attente de ma notification de la décision en question.

Pendant notre entrevue hier au soir, vous avez bien voulu prendre ma demande en considération et télégraphier à Londres et à l'amiral pour obtenir le résultat désiré.

La nouvelle que nous recevons se heurte malheureusement au bon vouloir que vous m'aviez ainsi témoigné et qui s'était traduit en fait. Toutefois, pour prévenir de plus grands malheurs sur les lieux, je viens prier Votre Excellence d'avoir la bonté de télégraphier d'urgence au Foreing-Office et à l'amiral de faire cesser immédiatement le feu (1).

Dans la même journée Saïd Pacha communiqua à lord Dufferin une autre note ainsi qu'il suit :

J'ai déjà eu l'honneur de faire savoir à Votre Excellence que la décision qui devait être prise jusqu'à cette nuit, à la suite de la note verbale qu'elle a bien voulu m'adresser le 10 de ce mois, serait immédiatement portée à sa connaissance.

Depuis, la nécessité de n'adopter une décision qu'après avoir demandé de nouveaux éclaircissements à Son Altesse le Khédive et le maréchal Dervish Pacha s'étant fait sentir, je m'empresse d'informer Votre Excellence que j'aurai l'honneur de lui communiquer avant la nuit de demain mercredi la résolution qui sera arrêtée après le résultat de la correspondance engagée en ce moment (2).

Cependant le bombardement continua et le jeudi 13 juillet, à trois heures de l'après-midi deux cents marins anglais ayant débarqué à Alexandrie, occupèrent la porte de Moharem-Bey sous le commandement du capitaine Cambel, tandis que cent autres se dirigeaient vers le canal Mahmoudié, après avoir occupé la porte

(1) Livre bleu d'Angleterre, 1882, N° 17, 219.
(2) Livre bleu d'Angleterre, 1882, N° 17, 234.

de Rosette. Ce débarquement n'avait aucun autre
but, d'après la déclaration faite par l'amiral au
Khédive [1], que de sauver de l'incendie et du
pillage ce qui restait de la ville. L'amiral avait
déclaré aussi au Khédive que si le gouvernement
égyptien avait des soldats fidèles, il était prêt
à leur en laisser la garde; que, même dans le
cas où des troupes ottomanes arriveraient, il ne
s'opposerait pas à leur débarquement [2].

Toutefois, le 15 juillet, Saïd Pacha télégraphia
à Musurus Pacha, ainsi qu'il suit :

Pendant que tous les efforts étaient déployés en
Égypte pour y ramener le calme, le bombardement
ordonné par M. l'amiral a non seulement détruit les
forts et ravagé la ville d'Alexandrie, mais encore a produit une vive agitation et une profonde anxiété dans les
esprits.

À la suite de ce regrettable événement, il nous revient
qu'un certain nombre de marins anglais auraient débarqué à Alexandrie.

Ce fait, s'il y a lieu, ne laisserait pas que de rendre
encore plus intense l'agitation qui, comme je viens de le
dire, y existe déjà.

Je vous prie, en conséquence, de vous rendre immédiatement auprès de lord Granville et d'engager ins-
tamment Sa Seigneurie à vouloir bien faire en sorte que
les troupes susmentionnées soient retirées de cette ville,
d'autant plus qu'à l'heure qu'il est Son Altesse le Khédive, qui reste à Alexandrie, fait prendre, de concert
avec le maréchal Dervish Pacha, les mesures pour y
assurer l'ordre [3].

[1] Proclamation du Khédive au peuple égyptien.
[2] Proclamation du Khédive au peuple égyptien. — Livre bleu
d'Angleterre, 1882, N° 17, 534.
[3] Livre bleu d'Angleterre, 1882, N° 17, 294.

Les marins anglais continuaient toujours à débarquer à Alexandrie.

Le 14 juillet, c'est-à-dire trois jours après le bombardement, le gouvernement d'Italie télégraphia à son Ambassadeur à Londres : « que quoiqu'il n'eût pas connaissance de tous les faits relatifs au bombardement des forts d'Alexandrie, il croyait, d'après les déclarations faites par le Gouvernement Anglais, que cette opération militaire n'avait aucun autre but que le désarmement des forts d'Alexandrie et que l'arrangement de la question égyptienne serait laissé à la Conférence (1). »

Le gouvernement autrichien, d'après ce que l'Ambassadeur d'Italie à Vienne écrivait, le 16 juillet, à son gouvernement (2) : « ne se proposait de donner à aucune Puissance un mandat d'intervention en Égypte. Si la Sublime-Porte refusait d'intervenir, chaque Puissance serait libre de le faire, à la condition que les intérêts autrichiens seraient sauvegardés dans leur intégrité. »

Le cabinet allemand aussi déclara, d'après ce que l'Ambassadeur d'Italie à Berlin écrivait, le 20 juillet à son gouvernement (3) : « que, si le Sultan déclinait l'envoi de ses troupes, sous des conditions qu'il jugerait inacceptables et que la Conférence fût saisie d'un projet de faire

(1) Livre vert d'Italie, 1882, CCCLVII.
(2) Livre vert d'Italie, 1882, CCLXIII.
(1) Livre vert d'Italie, 1882, CCCLXXXVIII.

intervenir d'autres États. L'Allemagne, moins intéressée dans les affaires d'Égypte que les autres grandes Puissances, serait parfaitement résolue à ne donner ni un navire, ni un soldat, ni un pfennig, et même elle inclinerait à ne pas voter pour un mandat, en faveur d'une Puissance quelconque : ce serait endosser une responsabilité, sans contrôle sérieux. Mais chaque Gouvernement restera libre d'intervenir, si bon lui semble à ses risques et périls. »

L'Empereur de Russie seul fut indigné de l'action isolée de l'Angleterre en Égypte et invita M. Onou par un télégramme du 27 juillet à s'abstenir de paraître à la Conférence (1).

(1) Livre vert d'Italie, 1882, CDXXX, (Communication confidentielle de M. Sebevitch, chargé d'affaires de Russie à Rome, à M. Mancini, datée du 27 juillet 1882.

XVI

Alexandrie pendant le bombardement. — Arabi et Tulba.
— Le Khédive. — Les Bédouins. — Entrevue du Khédive, de Dervish Pacha et d'Arabi. — Suite du bombardement, le 12 juillet. — Le signal blanc. — Seymour et Tulba. — Le conseil réuni au palais de
Ramleh. — Mauvaise foi au sujet du signal blanc. —
Le Khédive en état de siège dans son palais. —Ordre
de le tuer. — Dervish Pacha. — Le Khédive se sauve
au palais de Ras-el-tin. — Incendie et pillage d'A-
lexandrie. — Soliman-Daout et Arabi au canal de Mahmoudié. — Proclamation d'Arabi aux Égyptiens. —
Retraite de l'armée à Cafr-Dawar sous le commandement d'Arabi. — Fuite des Égyptiens d'Alexandrie.

Qu'arrivait-il à Alexandrie pendant le bombardement ?

Tandis que les obus gigantesques des Levia-
thans anglais serpentaient dans l'air en tous
sens, la ville d'Alexandrie était plongée dans un
sommeil infernal : maisons, boutiques, portes,
fenêtres, tout était clos; à peine voyait-on de
rares sentinelles ça et là. Pas un seul Européen
dans ces longues rues, naguère si bruyantes et
si gaies, et maintenant vides et silencieuses.

Vers dix heures du matin, commença le transport des cadavres, à travers la ville; il dura jusqu'au soir. C'était un triste spectacle que ces files de chars qui portaient les **corps** sanglants et défigurés des malheureux Égyptiens et la grande foule de femmes qui couraient derrière poussant des hurlements frénétiques!

Que devenait-il le Khédive dans son palais de Ramleh, pendant ces scènes terribles?

Aussitôt le bombardement commencé, Ragheb Pacha s'étant rendu au palais de Ramleh, annonça avec enthousiasme au Khédive que les forts opposaient une forte résistance contre la flotte anglaise et que même ils lui avaient fait beaucoup de dégâts. Peut-être le vieux Ragheb Pacha annonçait-il sincèrement ces nouvelles au Khédive.

Arabi et Tulba qui, dans la durée du bombardement, faisaient des tours en voiture dans la ville, avaient répandu le bruit que quatre ou cinq cuirassés anglais avaient été détruits, grâce à une machine qui avait été inventée par l'esprit diabolique d'Arabi; et à l'occasion de cette victoire imaginaire, la population des fellahs fit des ovations pleines d'enthousiasme; mais, dans l'après-midi, le Khédive apprit la vérité : c'est-à-dire la destruction de tous les forts.

Ce fut alors qu'il invita Arabi à lui rendre compte de tout ce qui s'était passé dans la journée.

— Mais comment, lui faisait observer Arabi

avec un certain étonnement, Votre Altesse n'en
sait-elle rien?

— Comment, répondit fièrement le Khédive,
pourrais-je savoir quelque chose, à moins que
vous, qui êtes ministre de la guerre, vous ne
m'en ayez soumis un rapport (1)?

Alors Arabi annonça au Khédive (il était déjà
sept heures de l'après-midi) que les forts étaient
entièrement détruits et que la résistance n'était
plus possible. Maintenant il ne restait qu'à
prendre d'autres mesures ou à proposer à l'amiral un arrangement quelconque. Le Khédive
ordonna à Arabi de lui soumettre un compte
rendu détaillé de tout ce qui s'était passé dans
la journée; mais le dictateur refusa. Dervish
Pacha, qui était présent à cette entrevue, exprima son étonnement et réprimanda Arabi,
qui, quoiqu'il eût promis sa soumission au
Khédive, refusait maintenant de lui obéir. Arabi
ne répondit absolument rien. Alors le maréchal
commença à parler sévèrement et à faire des
reproches à Arabi de ce qu'il n'avait pas voulu
se conformer à ses conseils de désarmer les
forts et de céder à l'amiral (2). Enfin, après une
longue et vive discussion, il fut décidé d'envoyer,
le lendemain, à l'amiral, Tulba Pacha, pour se
concerter avec lui sur les conditions d'un arrangement.

À huit heures, le lendemain, la canonnade

(1) Tout cela est traduit mot à mot des textes anglais.
(2) Traduction d'un texte anglais.

recommença contre le fort de Ras-el-tin, faiblement, et ne cessa que vers onze heures.

Ce fut sur ces entrefaites, que Tulba Pacha, commandant de la place, après avoir hissé un signal blanc sur le ministère de la marine, dans l'arsenal, s'embarqua à bord du yacht Khédival, la *Mahroussa*, pour aller voir l'amiral, d'après l'entente faite entre le Khédive, Dervish Pacha et Arabi. L'officier Lampton, autorisé à cet effet par l'amiral, fut envoyé par la canonnière le *Bittern*, qui avait hissé le drapeau blanc, à la rencontre de Tulba Pacha. Les deux délégués s'étant rencontrés à bord de *Mahroussa*, l'officier anglais exigea de la part de l'amiral la reddition immédiate des forts d'El-Adjemi, de Dekhilé et de Mex pour les faire occuper par ses troupes (1), à défaut de quoi, si ces propositions n'étaient pas acceptées, avant deux heures, la flotte recommencerait le bombardement. Tulba Pacha ne pouvant pas prendre sur lui la responsabilité, se retira en disant à l'officier anglais qu'il allait conférer sur les exigences de l'amiral avec le conseil des ministres.

Le conseil, à qui Tulba Pacha soumit la proposition de l'amiral, décida de télégraphier immédiatement à Constantinople et de répondre à l'amiral que l'Egypte n'avait pas le droit, sans le consentement du Sultan, de rendre les forts demandés et de permettre des débarquements à des forces militaires étrangères, ce que Tulba

____

(1) Proclamation du Khédive au peuple égyptien.

Pacha, Tigran Bey et Abdoul-Rahman Bey furent chargés de communiquer à l'amiral. En même temps le conseil décida de pourvoir à la défense des forts, en renforçant les garnisons, pour s'opposer à un débarquement des Anglais; mais Arabi Pacha, qui s'était rendu à la porte de Rosette, sans prendre aucune mesure, répondit au Khédive, qui l'avait fait suivre par un de ses aides de camp, pour lui rappeler qu'il devait envoyer des renforts aux positions convenues, qu'il n'y enverrait pas un seul soldat (1).

Les envoyés étant arrivés à l'arsenal, Tulba Pacha, étonné de la désertion des soldats et de la désolation de la ville, eut peur et refusa d'avancer. Alors la commission fut obligée de se retirer et de retourner auprès du Khédive (2).

Nonobstant, le drapeau blanc resta arboré au mât du pavillon du ministère de la marine. C'était sous la protection de ce signal international que devait s'accomplir la catastrophe vandalique d'Alexandrie.

Pendant que ces événements se passaient, une réunion des officiers égyptiens avait lieu dans les chambres de la caserne de Rosette, pour se concerter sur la retraite de l'armée. Ce fut là qu'Omer-Rahmi Bey, en présence d'Arabi Pacha et de Mahmoud-Sami Pacha, ordonna à Soliman Daout de se rendre à Ramleh avec son régiment

(1) Proclamation du Khédive au peuple égyptien.

(2) Traduction des textes anglais.

et de tuer le Khédive (1). Celui-ci ayant refusé,
accepta seulement d'ordonner à ses soldats d'obéir
à l'ordre que lui donneraient Omer-Rahmi Bey
et Mahmoud-Sami Pacha.

En effet, vers midi, du 12, juillet, 1,500 soldats,
qui avaient reçu l'ordre de tuer le Khédive, l'as-
siégèrent à Ramleh. Dans ce moment critique le
Khédive parut digne de son trône. N'ayant pas
perdu du tout son impassibilité et sa dignité
princière, après avoir quitté ses pantoufles et mis
ses souliers, il demanda un fusil (2). Dervish Pacha suivit l'exemple du prince et, ému et
les larmes aux yeux, lui exprima le désir de
mourir près de Son Altesse (3). En attendant, on
envoya trois des aides de camp demander au chef
des assiégeants ce qu'ils voulaient et les inviter
à s'en aller. Ceux-ci répondirent qu'ils avaient
l'ordre de garder le palais et qu'ils ne pouvaient
s'en aller, qu'après un nouvel ordre de qui de
droit.

La nouvelle de ce coup d'État, étant portée à
la connaissance de Sultan Pacha et de Ragheb
Pacha, ceux-ci se hâtèrent de se rendre près
d'Arabi pour lui persuader d'ordonner aux soldats de se retirer de Ramleh; mais Arabi ne
voulut rien écouter (4). Ce fut moyennant de l'argent et des décorations, ou parce que les soldats

(1) Déposition de Soliman-Daout pendant le procès d'Arabi
Pacha.
(2) Traduction d'un texte anglais.
(3) Traduction des textes anglais.
(4) Déposition de Soliman-Daout pendant le procès contre
Arabi.

ne voulurent pas prendre sur eux la responsabilité d'un tel crime, qu'ils se retirèrent seuls; et,
lorsque Tulba Pacha se présenta au palais pour
assurer au Khédive qu'un malentendu avait eu
lieu et que l'insolent officier, qui commandait la
troupe, serait puni, il n'y avait aux environs du
palais que deux cent cinquante soldats, avec
l'officier Munip-Effendi qui avaient fait au Khédive leur soumission.

Après un conseil, qui eut lieu sur ce que le
Khédive devait faire pour être à l'abri d'un nouveau danger, et après qu'on eut délibéré sur la
proposition que Dervish Pacha avait faite, que le
Khédive allât à Benha et de là à Suez ou qu'il se
réfugiât à bord de *Mahroussa*, on décida de demander là-dessus l'opinion de l'amiral. Celui-ci
répondit que le Khédive aurait pu être en sûreté
à Ras-el-tin, où un débarquement de marins
anglais devait avoir lieu.

Le lendemain, jeudi, le Khédive accompagné
de Dervish Pacha, de Ston Pacha, de Frederico Pacha, de Tonino Bey, de Martino Bey et de Tigran
Bey, qui avaient participé avec une grande ab-
négation et fermeté aux péripéties souffertes par
leur prince, et, ayant une escorte composée
de soixante cavaliers, rentra, vers quatre heures de l'après-midi, dans la ville, par la porte
de Moharem Bey, et au travers des flammes et
des ruines qui couvraient les rues centrales, il
se rendit au palais de Ras-el-tin, où l'amiral,
M. Colvin et M. Cartwright l'attendaient (1).

(1) Traduction des rapports anglais.

Du moment que l'entente entre l'amiral et Tulba Pacha avait échoué et que cette nouvelle s'était répandue dans la ville, l'évacuation de la garnison commença au son des clairons. Ce fut alors un sauve-qui-peut général ; 150.000 Égyptiens au moins prirent la fuite, les uns par la porte de Rosette, les autres par celle de Moharem-Bey, presque tous chargés de butin qu'ils venaient de prendre à Alexandrie et qu'ils se hâtaient d'aller mettre en sûreté, ne s'arrêtant que pour chercher à se voler entre eux. Ce défilé des hommes, des femmes, des enfants, du bétail, des hardes, des voitures, des chevaux, dura jusqu'à la nuit tombante du mercredi.

Mais tous ces soldats, tout ce peuple qui fuyait devant le canon, étaient pénétrés d'une haine farouche et de l'esprit de vengeance contre les chrétiens : ils ne pouvaient laisser derrière eux que des traces de Vandales.

Vers midi, le mercredi, plusieurs masses de fellahs, armés de nabouts et de fusils, et un grand nombre de soldats et de sous-officiers traversaient les rues d'Alexandrie criant au peuple : « Hâtez-vous d'abandonner la ville, dans deux heures elle deviendra la proie des flammes ! » Le colonel Soliman-Daout, ami intime d'Arabi Pacha, qui, à cette heure, stationnait avec son régiment sur la place des Consuls, avait donné l'ordre (1) d'incendier Alexandrie par le pétrole avant le débarquement des An-

____

(1) Déposition de Hassan Bey pendant le procès contre Arabi.

glais. Un autre ordre encore avait été donné le matin, vers neuf heures, par Mahmoud-Sami Pacha à Soliman-Daout de ne pas permettre le pillage aux soldats avant qu'on mît le feu à Alexandrie (1).

Une maisonnette et une boutique étaient déjà en flammes; mais le grand ravage fait par le feu commença vers quatre heures de l'après-midi, lorsqu'un sous-lieutenant, Ibrahim-Phazi, descendant du côté de la porte Rosette, commença à crier : « Incendiez, incendiez la ville! » Alors tous les soldats, qui campaient dans la place des Consuls, et tous les brigands qui avaient joué le premier rôle pendant le massacre du 11 juin, et qui maintenant étaient en liberté, après avoir brisé les portes de tous les dépôts de pétrole, en transportèrent des centaines de caisses près de plusieurs maisons auxquelles ils mirent le feu. Peu à peu les bandes de pétroleurs augmentèrent par l'arrivée des Bédouins, qui venaient de rentrer dans la ville par la porte Pap-Sidra. La catastrophe maintenant avait lieu devant les braves colonels Tulba Pacha et Soliman-Daout.

On dit alors qu'Arabi, voyant de loin les tourbillons de fumée rougeâtre qui couvraient Alexandrie, avait dit : « Nous aurions pu faire comme les Russes à Moscou, mais nous n'avons pas voulu y toucher! Je ne l'ai pas permis! Quant au pillage, il était infaillible. On ne

____

(1) Déposition de Soliman-Daout pendant le procès contre Arabi.

chasse pas de chez eux impunément plus de 250,000 individus vivant au jour le jour de l'activité commerciale, sans qu'ils s'en vengent sur les auteurs de leurs maux! (1. » Mais cette apologie du dictateur, qui se défendit avec une grande finesse par-devant la Cour martiale qui le jugea quelque temps après, ne sera jamais prise en sérieuse considération par l'histoire, à qui la clémence n'est pas permise.

Pendant que la catastrophe d'Alexandrie se passait devant les yeux d'Arabi Pacha et de tous les chefs des rebelles, le dictateur, entouré d'Omer Bey Bahmi, de Mahmoud-Fehmi Pacha, de Soliman Bey Daout, de Mahmoud-Sami Pacha et d'autres personnages, rédigea, dans la caserne de Rosette, la proclamation suivante, qu'il expédia à tous les gouverneurs de l'Égypte :

Avant l'évacuation d'Alexandrie, le Khédive étant rentré à Ras-el-Tin, a demandé aux Anglais une garde. Sur son conseil, ces soldats anglais étant dispersés dans la ville, tuent nos soldats, qui ont l'ordre de défendre la patrie.

Le Khédive, dont la vie a été épargnée jusqu'ici, s'unit aujourd'hui avec l'ennemi pour que les Egyptiens musulmans soient attaqués et que tous ceux qui tomberaient en leurs mains soient massacrés et volés.

Apprenez que votre patrie est en état de guerre. Vous ne devez exécuter que mes ordres. Encouragez les soldats et continuez les préparatifs militaires. Une guerre terrible a éclaté entre nous et les Anglais.

(1 Ximé.

Après cela l'armée égyptienne, ayant en tête Arabi Pacha, abandonna, vers six heures, Alexandrie et campa, pendant la nuit, le long du canal Mahmoudié, sur la rive gauche et dans la direction de Kafr-Dawar. Le dictateur passa la nuit à bord d'une mousse du canal.

Le lendemain 13 juillet, Arabi se rendit avec toute l'armée à Kafr-Dawar, où il rétablit son quartier général.

XVII

La rentrée de tous les vaisseaux dans le port d'Alexandrie. — Débarquement des marins anglais. — Débarquement des marins américains. — Débarquement des marins hellènes et leur coopération avec les Anglais à la police d'Alexandrie. — Description de l'incendie et du pillage d'Alexandrie. — La proclamation de l'amiral anglais. — La Cour martiale anglaise près du palais des tribunaux mixtes. — Débarquement des marins russes et allemands.

Nous venons de décrire, autant que possible, dans les deux chapitres précédents, le tableau du bombardement des forts d'Alexandrie et celui de l'incendie et du pillage; mais il reste maintenant à compléter ce tableau de la catastrophe et de la désolation de cette grande ville d'Égypte, d'après tout ce que nous avons pu en saisir nous-mêmes.

Le drame égyptien, qui se développa en deux années avec une rapidité étonnante dans toutes ses scènes politiques et sociales, était prémédité et devait aboutir, selon l'espoir de ses promoteurs, à un événement dans lequel on verrait les plus affreuses et les plus sauvages des orgies qui aient été mentionnées dans l'histoire générale.

Il y en a quelques-uns qui ont voulu justifier cet état de choses barbare par des incidents lamentables que présente plus ou moins l'histoire des nations européennes aux différentes époques des haines religieuses, des querelles sociales et des troubles politiques; mais comme le crime, quoiqu'il s'atténue par quelques circonstances atténuantes, stigmatise néanmoins le criminel pour toute sa vie; ainsi les crimes sociaux, quoiqu'ils se justifient un peu par ceux qui ont été commis ailleurs dans des circonstances pareilles, stigmatisent toujours l'histoire des nations qui s'en sont rendues coupables.

Vers cinq heures de l'après-midi du 12 juillet, nous vîmes de la frégate *Hellas* des tourbillons de fumée qui couvraient plusieurs points d'Alexandrie. Nous supposâmes que quelques maisons brûlaient à cause de quelques balles de la flotte anglaise qui auraient fait explosion sur elles; mais quand la nuit vint, une lueur rougeâtre éclaira l'horizon. Le feu n'était pas isolé; il dévorait tout Alexandrie et principalement les quartiers européens. Ce fut ainsi que se réalisa ce qu'un homme d'État égyptien nous avait dit, il y avait quelques jours : « On ne verra plus après quelques jours que du feu, du sang et des ruines. »

Le lendemain matin, Alexandrie était toute

enveloppée par des nuages de fumée. Nous ne distinguions plus rien, et notre anxiété augmentait de plus en plus. Enfin, vers onze heures avant midi, une barque (1), qui était sortie du port, nous donna la nouvelle de l'évacuation d'Alexandrie et du débarquement des Anglais à Ras-el-tin et à Gabarry. Vers midi, les trois bateaux de guerre américains, qui étaient hors du port avec les autres, y entrèrent les premiers. Bientôt les autres navires les suivirent, ainsi que les nôtres, et à trois heures l'*Hellas* et le *Roi-Georges* jetèrent l'ancre dans la rade d'Alexandrie. Nous distinguions déjà bien la catastrophe que les cuirassés anglais avaient produite sur tous les forts et les proportions que le feu avait prises. Quelques-uns des cuirassés anglais et des canonnières étaient entourés de barques qui, après avoir pris deux ou trois centaines d'hommes de l'infanterie de marine, quelques mitrailleuses et quelques petits canons, se diri-

(1) Il y avait à bord M. Goussio, directeur de la Banque anglo-égyptienne, avec sa femme. M. Goussio eut le courage de rester, pendant le bombardement, dans la Banque avec d'autres personnes, ainsi que sa femme, pour la protéger contre le pillage ; mais étant assiégés par le feu qui dévorait toutes les maisons voisines, ils furent obligés de prendre la fuite et de se réfugier à bord des bateaux anglais. D'autres personnes encore restèrent à Alexandrie pendant la catastrophe. M. Monge, Contrôleur de la Caisse de la Dette publique, s'était réfugié dans l'établissement du Crédit lyonnais. M. Dumreicher, Agent diplomatique du Danemark, resta dans sa maison, après avoir pris toutes les mesures nécessaires à sa défense. M. Schweinfurth, touriste allemand, était enfermé dans la maison Ambet, ainsi que M. Violetti, rédacteur du journal le *Phare d'Alexandrie*, qui fut massacré le lendemain à Kafr-Dawar, resta dans sa maison.

geaient sur différents points d'Alexandrie. Déjà les environs de Ras-el-tin en étaient pleins.

Les bateaux américains faisaient également des débarquements de marins, de soldats de l'infanterie de marine et de petits canons, dans le but de protéger leur Consulat ainsi que les maisons américaines.

Cet exemple devait être imité par les navires de guerre hellènes.

Leur mission était de défendre contre le pillage et l'incendie le Consulat grec, les maisons appartenant à la communauté grecque, les Églises et le Patriarcat. Cette entreprise qui, dans les circonstances présentes, offrait de sérieux dangers, fut proposée par le Consul général de Grèce, M. Rangabé, au commodore grec, M. Canaris, qui l'accepta.

M. Rangabé se rendit alors, le jeudi 13, dans l'après-midi, à bord du vaisseau amiral anglais, et sollicita de sir Seymour l'autorisation de débarquer des matelots.

Sir Seymour s'empressa d'accepter la proposition du Consul général de la Grèce. Il fit cependant observer à M. Rangabé que la situation à Alexandrie était des plus dangereuses et lui recommanda de remettre au lendemain le débarquement des marins grecs, parce que la nuit commençait à approcher.

Dans la nuit du jeudi au vendredi, le feu ravageait Alexandrie, et ses flammes rougeâtres éclairaient le ciel d'une lueur sinistre. Les flammes se propageaient d'un quartier à l'autre et de

temps en temps des bruits d'explosions se faisaient entendre. C'étaient des maisons qui renfer-
maient des matières inflammables qui sau-
taient.

Un patron de barque vint prévenir, à bord de
la frégate *Hellas* que le feu était au Consulat hellénique et que tout le quartier européen était
brûlé.

Le vendredi, à l'aube, M. Rangabé se rendit de
nouveau à bord du vaisseau amiral. Sir Seymour autorisa la descente des marins grecs. Il
fit pourtant remarquer encore que ces matelots
couraient de grands dangers. Il annonça auss
à M. Rangabé qu'il était décidé à organiser d'urgence une police internationale à Alexandrie,
et qu'il avait l'intention d'inviter les commandants des autres navires à participer à cette combinaison; il le pria aussi de prendre à Alexandrie
les avis de lord Beresford, qui venait d'être désigné comme préfet de police, sur la conduite que
devraient tenir les matelots.

Après quelques préparatifs, 120 matelots
armés, de l'équipage de l'*Hellas* et du *Roi-Georges*,
débarquèrent avec deux pompes, sous le commandement des lieutenants, MM. Alexandre Sactou-
ris et Staïkos, au quai de Gabarry. Ce détachement, suivi du personnel du Consulat de Grèce,
M. le Consul général Rangabé, M. le Vice-consul Scotidis et le secrétaire du Consulat, M. Metaxas, fut aussitôt divisé par son chef en deux
fractions, dont l'une formait l'avant-garde et
l'autre l'arrière-garde. Au milieu on fit placer

les pompes et tout le matériel nécessaire pour éteindre l'incendie.

Un Hellène, qui se trouvait là par hasard, nous prévint qu'il nous serait impossible d'avancer par la rue de la Douane (via Franque), où l'incendie continuait dans toute son intensité et où à chaque moment tombaient des débris enflammés.

Nous fûmes obligés de prendre une autre direction et de traverser le côté sud de la ville par le fort Napoléon et la rue des Sœurs.

A peine avions-nous franchi le fort Napoléon, que nous rencontrâmes une vingtaine de fellahs assis sur des chaises à la porte d'un café indigène fermé. En nous apercevant, ils se levèrent, semblant très effrayés de notre présence ; ils nous saluèrent avec beaucoup de déférence nous montrant à leurs bras, les uns une serviette, les autres un morceau de papier blanc comme symbole de la paix. C'était sous cette égide qu'ils avaient ravagé tout Alexandrie.

La rue Sakieh et la rue des Sœurs offraient un aspect lamentable. Ces rues, autrefois pleines d'animation, étaient devenues complètement désertes ; toutes les boutiques étaient forcées et saccagées et les rues emplies de boîtes et de caisses vides que les pillards avaient abandonnées en partant.

Cinq à six maisons de cette rue étaient trouées par les boulets de l'escadre anglaise. Deux ou trois boulets énormes et des morceaux d'obus jonchaient les rues.

Les hurlements des chiens, les miaulements désespérés des chats, qui depuis huit jours n'avaient pas mangé, nous assourdissaient; et ce vacarme rendait la situation plus sinistre.

Après une marche d'une demi-heure, nous arrivâmes à la petite place de la Paille, près de laquelle se trouvent le Consulat hellénique et les bâtiments de la communauté grecque. Là, nous restâmes stupéfiés du terrible spectacle qui s'offrit à nos yeux.

Le quartier européen tout entier était brûlé et encore en flamme, la place des Consuls était complètement dévastée et l'incendie continuait ses derniers ravages. Toutes les rues étaient obstruées par des ruines amoncelées, à tel point qu'on ne pouvait retrouver son chemin ou reconnaître l'emplacement des maisons. La marche était des plus pénibles. A chaque pas, on foulait des poutres embrasées, des fers rougis, débris de l'incendie; et, à chaque pas, on courait le danger d'être enseveli sous les ruines des maisons incendiées, qui s'écroulaient dans les rues, avec grand fracas. Des explosions envoyaient en l'air des débris de fer rouge, qui, tombant sur les passants, ne leur laissaient que la chance de mourir asphyxiés, brûlés ou écrasés.

L'équipage grec, passant par la place de la Paille, encore praticable, arriva un peu plus bas que le Consulat de Grèce, qui commençait à prendre feu.

A deux heures de l'après-midi, on put conjurer le feu et sauver ainsi toute l'aile droite des maisons de la communauté et la grande Église.

Le Patriarcat était hors de danger, se trouvant loin du foyer de l'incendie.

A deux heures et demie, le détachement grec fut invité à prêter main-forte au Crédit Lyonnais et à la maison située vis-à-vis et appartenant au riche banquier grec, M. Antoniadis. Toutes deux étaient en danger.

Pendant que nos matelots s'occupaient à combattre le feu, par de petites rues, nous pûmes gagner, avec d'autres personnes, à force de précautions, la rue Rosette. Nous étions anxieux de voir ce qui s'était passé dans ce quartier de la ville. L'incendie, dans ces parages et du côté de l'Attarine, était limité. De distance en distance, nous trouvions des corps morts, en état de putréfaction, et qu'à leurs vêtements nous crûmes reconnaître pour des cadavres européens.

. . . .

Le lendemain, les matelots grecs sortirent avec des pompes, sous le commandement des lieutenants MM. Saktouri et Tombazi, et l'on put se rendre maître d'un deuxième incendie qui avait pris naissance dans la nuit près du Consulat. Ce même jour, les matelots anglais furent d'un grand secours en détruisant avec la dynamite le foyer de l'incendie [1].

D'après l'entente qui eut lieu entre M. Ran-

____

[1] Extrait d'un rapport adressé à Athènes.

gabe et lord Beresford, les matelots hellènes furent chargés de prendre sur eux la garde du quartier, qui était près du Consulat hellénique, et de la place de la Paille, jusqu'à la rue des Sœurs, avec le droit, que leur donnait la proclamation de l'amiral anglais, d'arrêter les voleurs et de fusiller les incendiaires ; mais soudain, vers le coucher du soleil, un officier anglais s'étant rendu près de M. Canaris, le remercia de la part de l'amiral de l'aide que lui avaient donnée les marins hellènes pour le rétablissement de l'ordre public, et le pria en même temps d'ordonner leur retraite à bord de leurs navires, vu que la flotte anglaise pouvait disposer maintenant d'un plus grand nombre de marins qui auraient pu assurer la sûreté publique à Alexandrie.

Les marins russes, qui étaient occupés à éteindre par leurs pompes le feu, qui avait éclaté dans une maison près du boulevard de Ramleh, furent aussi priés de se retirer à bord, pour la raison qu'Arabi allait entrer dans la ville. Ce fut alors que les marins hellènes et russes se retirèrent à bord [1].

Il ne resta à Alexandrie que les marins amé-

[1] Relativement au débarquement des marins hellènes, le correspondant militaire du journal anglais, le *Standard*, M. Cameron, s'appuyant sur des renseignements faux, télégraphia à Londres et ce télégramme fut publié dans tous les journaux européens, que les matelots hellènes furent rappelés, parce qu'ils avaient procédé à des voies de fait. Tout cela n'était qu'une invention méchante d'un espion de la police, un faiseur d'embarras qui, ayant voulu flatter les Égyptiens, calomnia les marins hellènes auprès des autorités locales. Cet être misérable

ricains, qui gardaient leur Consulat, à l'entrée duquel ils avaient mis deux mitrailleuses; et une quinzaine de marins allemands, qui gardaient aussi leur Consulat ainsi que leur hôpital.

Les marins français et italiens n'avaient pas débarqué, parce que leurs commandants n'avaient pas reçu des instructions à ce sujet.

Aussitôt que les Anglais occupèrent Alexandrie, l'amiral fit afficher la proclamation suivante:

L'Amiral et Commandant en chef de la flotte Anglaise dans la Méditerranée étant chargé provisoirement, avec la permission de Son Altesse le Khédive, du maintien de l'ordre dans la ville d'Alexandrie, publie l'avis suivant pour l'information générale:

« Des ordres ont été donnés aux officiers commandant les patrouilles de fusiller tout individu pris en flagrant délit d'incendier les maisons.

« Tout individu, Européen ou indigène, pris en flagrant délit de pillage, sera emprisonné tout de suite, et renvoyé au Zaptieh pour être jugé et puni.

« Tout individu qui sera pris une seconde fois en pareil délit sera fusillé.

« Il est défendu à toute personne de quitter la ville ou d'y entrer, après le coucher du soleil, jusqu'à nouvel ordre.

« Toute personne qui aurait sujet de se plaindre est

fut condamné, quelques jours après, par la Cour martiale, à l'exil perpétuel, loin de l'Égypte, parce qu'il avait participé au pillage d'Alexandrie et cassé avec d'autres personnes les fils télégraphiques. Si l'honorable correspondant du *Standard* avait mieux connu cet individu, il n'aurait pas compromis les matelots hellènes, qui remplirent bien leur devoir pendant ces jours-là; ce que le gouvernement anglais, ayant reconnu, exprima ses remerciments au gouvernement hellénique quelque temps après.

priée de porter sa plainte au Zaptieh, où elle sera immédiatement examinée.

« L'Amiral invite tous les résidents bien disposés, Européens et indigènes, à lui prêter concours, et il espère que chacun reprendra son commerce et continuera à vaquer à ses affaires comme de coutume (1). »

Le samedi, 15 juillet, à deux heures de l'après-midi, le bruit se répandit dans la ville qu'Arabi allait revenir, à la tête de forces importantes, attaquer Alexandrie.

Vers neuf heures du soir, le Consul général d'Allemagne, M. le baron de Saurma, invita toutes les diaconesses de l'hôpital allemand à se rendre à bord de la canonnière l'*Habitch*, ac-

(1) L'exécution de cette proclamation se faisait d'une manière sommaire : il y avait devant le palais des Tribunaux mixtes une table, près de laquelle étaient assis en plein air trois officiers anglais. On y amenait l'incendiaire ou le voleur qui, pour la seconde fois, était pris en flagrant délit de vol. Dans quelques minutes, on entendait, par l'intermédiaire d'un interprète, les témoins et l'accusé, on le condamnait à mort, on l'amenait à la place des Consuls, située en bas des Tribunaux, on le liait à un arbre, on le fusillait et on l'enterrait dans le même endroit. Comme la proclamation était Draconienne, même les vrais propriétaires des maisons, qui descendaient des navires à bord desquels ils s'étaient réfugiés, craignaient d'y entrer. Pour faciliter la prise de possession de leurs habitations et empêcher de nombreux inconvénients de se produire, le doyen du corps consulaire à Alexandrie le Consul général de Suède M. Boendker et M. Scotidis, Vice-consul de Grèce avec M. Metaxas, ayant pris la permission des autorités anglaises, mirent une table près du palais des Tribunaux et, au milieu des flammes et de la dévastation, écrivaient et donnaient aux Européens des billets les autorisant à rentrer dans leurs maisons. Ces billets étaient visés par les autorités anglaises.

compagnées par les marins allemands, qui gardaient l'hôpital.

Le lieutenant Schoenfelder envoya quelques matelots à la porte Moharem-Bey pour s'informer des dispositions adoptées par les troupes anglaises.

Le capitaine commandant le poste de Moharem-Bey déclara n'avoir pas eu d'avant-poste qui pût le prévenir d'une attaque possible et que dans ce cas il serait obligé, par ordre supérieur, de se retirer sur le fort de Com-el-dig.

Après ces renseignements, le lieutenant allemand évacua l'hôpital à une heure après minuit.

Au moment du départ, on vit le signal de la retraite. L'amiral anglais avait dit, en effet, au Consul d'Allemagne, que les forces anglaises débarquées dans la ville n'étant pas suffisantes pour soutenir une attaque, il se verrait forcé, si cette attaque se produisait, de rembarquer ses troupes. Dans ce cas, il avertirait tout le monde du danger, en faisant tirer une fusée [1] en guise de signal. Ce fut cette fusée que les Allemands aperçurent et qui les força de partir aussitôt.

Lorsque la caravane traversait le défilé qui conduit au chemin de fer, des Arabes ou des Bédouins, qui s'étaient cachés dans l'obscurité, se mirent à tirer sur les marins allemands, dont le pantalon blanc se voyait dans la nuit. Les mi-

---

[1] Cette fusée fut jetée, parce que, vers minuit, plusieurs soldats égyptiens et un grand nombre de Bédouins apparurent par la lumière électrique près du Mex et du Gabarry.

trailleuses des forts firent feu dans cette direction ; mais la caravane passa sans accident (1).

Puisque les forces anglaises débarquées n'é-
taient pas suffisantes, pour repousser une attaque, d'après la déclaration de l'amiral faite à
M. Saurma (et, en effet, il n'y avait pas à Alexandrie, jusqu'au dimanche, 16 juillet, plus de
800 matelots anglais et quelques pièces d'artillerie sur les portes d'Alexandrie, on peut demander pourquoi Arabi Pacha, qui ne campait avec
son armée qu'une demi-heure loin d'Alexandrie,
n'osa pas revenir, tandis que, depuis que son armée avait évacué Alexandrie, il ne faisait que la
menacer chaque jour d'une attaque? D'après ce
qu'il paraît, Arabi Pacha n'avait pas de renseignements précis sur le nombre des forces anglaises débarquées, d'autant plus que les débarquements continuaient toujours : ou bien il
craignit un nouveau bombardement, non maintenant contre les forts, mais contre Alexandrie;
et, dans ce cas, il ne voulait pas mettre encore
une fois sous le tir de la flotte anglaise son armée ainsi que lui-même.

(1) Extrait des notes du touriste M. Schweinfurth, qui se trouvait pendant le bombardement dans l'Okelle Abet et qui fut sauvé
par Zulficar Pacha, le grand maître des cérémonies du palais du
khédive.

XVIII

Kafr-Dawar. — Tel-el-Kibir. — Ordre du Khédive
adressé à Arabi Pacha de se rendre à Alexandrie. —
Réponse d'Arabi Pacha. — Lettre d'Arabi Pacha à
Yacoub-Sami. — Grand conseil tenu au Caire. —
Dégradation d'Arabi Pacha comme ministre de la
guerre. — Appel du Khédive au peuple égyptien. —
Reprise des relations diplomatiques entre l'Angle-
terre et le gouvernement égyptien. — Départ de
Dervish Pacha. — Grand conseil réuni au Caire. —
Massacre des chrétiens à Kafr-Dawar. — Mensaouï
Bey et d'autres braves Égyptiens.

Kafr-Dawar, où campa l'armée égyptienne
sous le commandement d'Arabi Pacha, est un
petit village égyptien situé à une demi-heure
d'Alexandrie et très près de la station du chemin
de fer qui porte le même nom. Il y a, entre ce
village et Alexandrie, le lac Maréotis, dont les
eaux inondent toute la plaine qui est à l'est.
C'est par une langue de terre faite dans ce

lac pour le passage des trains du chemin de fer d'Alexandrie et du Caire qu'on peut s'approcher du village.

Un corps d'armée qui traverserait cette langue de terre, sans être protégé, du côté du lac, par quelques canonnières fortes, serait exposé à l'attaque de l'armée qui aurait occupé la plaine environnante Kafr-Dawar, sans pouvoir développer ses ailes dans toute la largeur, pour repousser une attaque, ou pour entreprendre une attaque décisive. Même du nord, c'est-à-dire du côté de Ramleh, l'avancement d'un corps d'armée est très difficile, parce qu'il y a, de ce côté-là, le lac et les forts d'Aboukir ainsi que le lac d'Edkou. Ce fut pour ces avantages qu'Arabi Pacha choisit Kafr-Dawar pour installer son quartier général.

Du moment qu'il occupa ce point stratégique, il fit élever des redoutes et plusieurs batteries autour desquelles il fit creuser des fossés, d'après le plan du colonel Ali Fehmi; et en peu de jours il parvint à rendre cet endroit plat très fort et à y concentrer un corps d'armée de 15.000 hommes environ, avec 80 canons Krupp, et 5.000 Bédouins irréguliers.

Dans le plan stratégique d'Arabi Pacha il y avait encore le soin de barrer par un rempart l'eau qui se transportait du Nil au canal d'Alexandrie « Mahmoudie » pour en priver les Anglais, et d'inonder par l'eau, qui aurait débordé, la plaine entre Kafr-Dawar et Aboukir.

Mais quoique, d'un côté, Arabi fît principalement attention à Kafr-Dawar, de l'autre, il ne négligea pas la défense de l'Égypte, du côté du canal de Suez, prenant en considération le cas où les Anglais auraient pensé à avancer par là, et par Ismaïlia et Tel-el-Kibir vers le Caire. Il fit élever alors quelques redoutes et plusieurs batteries et y concentra un corps d'armée de 8,000 hommes environ auxquels, dans le cas d'une attaque par le canal de Suez, seraient joints : 3,500 hommes d'Aboukir, 2,500 de Rosette et 5,000 de Damiette.

Outre cela, il décida de détruire partiellement le canal de Suez : 10,000 Bédouins étaient prêts dans ce but; mais M. de Lesseps, qui exerçait une grande influence sur Arabi Pacha et les tribus des Bédouins campant toujours près du canal, parce que plusieurs fois il leur avait paru utile, les avait gagnés à l'idée que, le canal étant la grande route ouverte à tous les pavillons, si on y touchait, toute l'Europe, le monde entier serait contre eux. Arabi, qui manquait toujours de décision [1], fut persuadé, surtout, lorsque vers la fin de juillet M. de Lesseps lui télégraphia que « jamais les Anglais n'y pénétreraient, jamais; et qu'il répondait qu'un seul soldat anglais ne débarquerait pas ». C'est ainsi que fut sauvée la grande œuvre de M. de Lesseps et que fut rendue facile la campagne anglaise, qui, dans le cas où le canal aurait été détruit, aurait continué très longtemps.

[1] Même son ami Niné l'avait avoué.

La question du canal de Suez était un objet de pourparlers entre les grandes puissances, surtout, dès les premiers jours de juin. Le gouvernement italien avait exprimé, le 28 juin, au gouvernement anglais l'avis qu'une protection commune du canal ne serait pas contraire à ses intérêts; ce que ne repoussait pas l'Angleterre, si ses communications maritimes étaient assurées. Ce fut à ce point que la question en était quelques jours avant le bombardement.

Le premier jour qu'Arabi Pacha se retira avec son armée à Kafr-Dawar, c'est-à-dire, le 14 juillet, le Khédive lui adressa la lettre suivante :

Le Khédive à Son Excellence Arabi Pacha,
Ministre de la guerre.

Vous savez que le bombardement d'Alexandrie et les calamités qui l'ont suivi sont la conséquence du refus de satisfaire aux demandes de l'Amiral Anglais. Il s'agissait des travaux aux forteresses dont la continuation avait été défendue.

Le chef de l'escadre Anglaise, néanmoins, promit de ne tirer que sur les batteries, ce qu'il fit en démontrant qu'il n'avait point l'intention de se mettre en état de guerre avec l'Égypte. Aussi nous a-t-il informé qu'il était désireux de renouer des relations amicales avec notre pays en nous assurant qu'il est prêt à consigner la ville à une armée régulière, disciplinée et obéissante, ou, à son défaut, à des troupes Ottomanes.

D'un autre côté, la Conférence de Constantinople ayant décidé que la Porte seule a le droit d'intervenir dans les affaires égyptiennes, je vous prescris d'avoir à vous rendre, aussitôt que possible, au palais de Ras-el-Tin à Alexandrie, pour y négocier avec vos collègues l'arrangement si nécessaire proposé par l'Amiral Anglais. Vous êtes invité à suspendre des préparatifs inutiles désormais.

À cette lettre Arabi Pacha répondit comme il suit :

MONSEIGNEUR,

J'ai reçu la lettre que Votre Altesse m'a fait l'honneur de m'adresser à la date d'hier, et qui m'enjoint de venir au palais de Ras-el-Tin, pour y négocier l'arrangement proposé par l'Amiral Anglais.

Vous me dites, Monseigneur, que le bombardement d'Alexandrie est la conséquence du refus de faire droit aux demandes du chef de l'escadre Britannique. Cette assertion n'est pas correcte, parce qu'elle n'est pas complète. Votre Altesse omet de joindre les motifs de la déclinatoire ministérielle, opposée avant l'action, et qui répond au fait matériel lui-même. Les prétentions de l'Amiral ayant été trouvées non seulement excessives, mais insoutenables, tant par vous, Monseigneur, que par votre Ministère unanime, et Son Excellence Dervish Pacha, assisté du corps des notables du pays, furent repoussées. J'ajouterai que, tous, nous les considérâmes comme contraires aux droits des gens, aux usages de la guerre, et offensantes pour la dignité de l'Égypte.

L'Égypte n'était alors en guerre avec personne. Ouvertement menacée par les flottes ancrées dans le port d'Alexandrie, il lui était imposé de prendre les mesures de précaution dictées par la plus étrange des positions, en dépit des déclarations amicales des Puissances représentées en Égypte par des centaines de formidables canons.

Votre Altesse n'ignore pas que l'opinion du pays tout entier a adhéré aux opinions contenues dans la note remise à l'Amiral Anglais et qu'après le bombardement la guerre existe réellement entre l'Angleterre et l'Égypte.

Dans cet état de choses, aucune négociation sérieuse, basée sur la sécurité et l'indépendance des délibérations, ne saurait avoir lieu, aussi longtemps que la flotte étrangère restera stationnaire dans le port d'Alexandrie, d'où elle devrait préalablement s'éloigner. Cela fait, je serai prêt à me rendre à l'invitation de Votre Altesse. Jusque-là la prudence conseille de ne cesser aucun préparatif et aucune précaution. Les mesures auxquelles vous faites allusion, Monseigneur, et qui impliquent la formation d'un corps d'armée de 25,000 hommes, ont été approuvées par Votre Altesse, dont je ne fais qu'exécuter les ordres.

J'ai l'honneur, etc.

ARABI PACHA.

En même temps qu'Arabi Pacha écrivait au Khédive la lettre précitée, il adressait à Yacoub-Sami Pacha au Caire une autre lettre par laquelle il calomniait le Khédive, disant qu'il s'était entendu avec les Anglais pour massacrer les soldats égyptiens et ravager Alexandrie, comme il venait d'écrire dans la proclamation adressée par lui au peuple égyptien.

A la suite de cette lettre, un grand conseil se réunit au Caire, auquel prirent part toutes les notabilités de la capitale, et qui décida de continuer les préparatifs militaires et d'envoyer à Alexandrie une commission composée de dix

18.

membres, parmi lesquels Reouf Pacha et Ali Pacha Mobarrek [1], pour constater la situation d'Alexandrie, ainsi que l'attitude du Khédive et des ministres et engager les derniers à rentrer au Caire.

Mais, malgré toute l'énergie des partisans d'Arabi, la formation de l'armée de défense n'avançait pas beaucoup, excepté la réserve, qui renfermait beaucoup d'invalides et n'inspirait aucune confiance, et quelques bandes de Bédouins, qui n'étaient capables que de vol et de pillage.

La conduite révolutionnaire d'Arabi Pacha envers le Khédive et la dernière lettre qu'il lui avait adressée obligèrent ce dernier à lui expédier, le 20 juillet, l'ordre supérieur ci-après :

Votre départ pour Kafr-Dawar avec les troupes et l'abandon de la ville d'Alexandrie, sans que vous en ayez reçu l'ordre, l'interruption des communications par le chemin de fer, les postes et les télégraphes, l'empêchement que vous apportez au retour des fugitifs d'Alexandrie dans leurs foyers, la continuation de vos préparatifs militaires et le refus de vous rendre auprès de moi, lorsque je vous ai fait appeler ; telles sont les causes qui motivent votre destitution.

En conséquence, je vous adresse cet ordre pour vous informer que je vous destitue de vos fonctions de Ministre de la guerre et de la marine [2].

(1) Ces personnages passaient pour nationalistes ; mais lorsqu'ils se rendirent à Alexandrie, ils se déclarèrent pour le Khédive.

(2) Livre bleu d'Angleterre, 1882, N° 17, 534.

En même temps le Khédive fit publier la proclamation suivante (1) :

Que ceux qui lisent mon ordre sachent les causes de la destitution d'Arabi Pacha, et pour l'édification de tous, voici la vérité :

« Après deux heures de bombardement nos fortifications étaient anéanties ; quatre cents de nos canons détruits et la plupart de nos artilleurs tués ou mis hors de combat, tandis que la flotte Anglaise ne perdait que cinq hommes et que ses vaisseaux n'éprouvaient aucune avarie sérieuse. »

De son côté, l'Amiral Anglais me demandait de faire évacuer les forts d'El-Adjemi, de Dekhilé et du Mex, pour les faire occuper par ses troupes. Le Conseil des Ministres, assisté de Dervish Pacha, s'étant aussitôt réuni, il fut décidé que les forts ne pouvaient pas être rendus, sans l'ordre exprès de Sa Majesté le Sultan, et qu'il importait au contraire de pourvoir à leur défense en renforçant les garnisons pour s'opposer à un débarquement des troupes étrangères. En même temps une dépêche télégraphique était adressée à la Sublime-Porte. Arabi Pacha se rendit ensuite à la porte Rosette à Alexandrie, sans prendre aucune mesure militaire. Je le fis suivre par un de mes aides de camp pour lui rappeler qu'il devait envoyer des renforts aux positions convenues. Arabi Pacha répondit qu'il n'y enverrait pas un seul soldat ; il donna l'ordre aux troupes de se retirer avec lui et se dirigea sur Kafr-Dewar, laissant ainsi la ville dépourvue de défenseurs !

Le lendemain, les troupes Anglaises débarquèrent à Alexandrie et s'emparèrent de la ville, sans qu'un seul coup de fusil ait été tiré, fait qui déshonorerait l'armée Égyptienne, si la honte ineffaçable n'en retombait pas tout entière sur celui qui en avait le commandement, sur Arabi Pacha.

(1) Livre bleu d'Angleterre, 1882. N° 17, 534.

Des pourparlers furent ouverts avec l'Amiral Anglais ; il me fit observer qu'Alexandrie était livrée au pillage et à l'incendie et qu'il était dans la nécessité de pourvoir aux moyens de sauver ce qui restait de la ville ; il me déclara que, si le Gouvernement Égyptien avait des soldats fidèles et obéissants, il était prêt à leur en laisser la garde, que même dans le cas où des troupes Ottomanes arriveraient, il ne s'opposerait pas aux soldats de la Sublime-Porte. Il n'avait, ajouta-t-il, ouvert le feu et détruit les fortifications qu'à la suite des menaces et des préparatifs hostiles dont la flotte était l'objet.

Mais Arabi Pacha avait déjà pris la fuite avec toute l'armée dans la direction de Kafr-Dawar ; les troupes Anglaises entrèrent donc dans la ville et prirent les mesures nécessaires pour éteindre les incendies et assurer la sécurité publique.

Ainsi, de ces faits mêmes, résulte la reconnaissance des déclarations des Puissances et des décisions de la Conférence de Constantinople, aux termes desquelles non seulement il ne sera permis à aucune Puissance de prendre possession d'une partie quelconque du territoire de l'Egypte, mais encore notre pays restera dans le *statu quo*, sans qu'aucune atteinte soit portée aux droits de la Sublime-Porte ni aux privilèges accordés à l'Égypte en vertu des Firmans Impériaux.

Les escadres Anglaise et Française n'étaient d'ailleurs venues dans les eaux d'Alexandrie qu'en présence de l'état d'anarchie où se trouvait l'Egypte. Une faction militaire, triomphant par la force et l'arbitraire, ayant pour chef Arabi Pacha, avait enlevé le pouvoir effectif des mains du Khédive, nommé par Sa Majesté le Sultan, Kalife des musulmans.

Le bon ordre ne peut exister alors que des chefs militaires se sont emparés du Gouvernement au détriment des Ministres et des Administrations Publiques, c'est-à-dire du Gouvernement légal.

Cependant toutes les Puissances et particulièrement la France et la Grande-Bretagne ont des intérêts importants en Égypte ; ces deux Puissances, qui sont déjà intervenues au moment de l'abdication du Khédive Ismaïl Pacha et dans les affaires financières, aujourd'hui réglées par la Loi de liquidation, n'abandonneront évidemment pas le pays dans le désordre actuel.

L'intervention existe de fait et l'Égypte n'a pas les moyens de résister aux Puissances. Mais cette intervention n'a jamais eu pour objet une prise de possession ; elle n'a d'autre but que de délivrer notre pays de l'anarchie où il est plongé et de rétablir l'ordre public.

Quiconque oserait donc prêter l'oreille aux insinuations d'Arabi Pacha et tenterait de s'opposer à une force contre laquelle toute résistance est vaine, s'exposerait et exposerait son pays à un malheur certain dans l'intérêt personnel d'un seul, Arabi Pacha ; il serait criminel et jetterait sa patrie dans le plus grand des périls, sans pouvoir la sauver.

Si je n'étais pas certain que la France et la Grande-Bretagne n'ont aucune intention de s'emparer de l'Égypte, si je ne savais pas qu'elles sont mues par le désir d'améliorer sa situation, je serais le premier à exposer ma vie et mes biens jusqu'à ce qu'il ait plu à Dieu de décider et de rendre son arrêt tout puissant.

On a dit que les soldats Anglais fusillent sans raison les indigènes : c'est un mensonge ! aucune nation civilisée n'oserait commettre des actes aussi iniques. Mais il est vrai que les incendiaires, les pillards et les voleurs sont arrêtés et sévèrement jugés. Qui donc oserait intervenir en leur faveur ?

Tout habitant, soldat ou civil, peut rentrer librement à Alexandrie à charge de déposer ses armes ; il ne sera porté atteinte à la vie et aux biens de personne.

Tout Égyptien qui aime vraiment son pays doit se soumettre à mes ordres et écouter la voix de mes Ministres. Je fais loyalement appel à tous, et ceux qui auraient été trompés, ceux qui ne connaîtraient point la situation, tous peuvent encore revenir à la vérité; la porte du pardon est ouverte à tous: officiers, soldats ou civils; ceux-là seuls sont exceptés dont les agissements, trop connus, ne peuvent rester impunis.

Tous ceux qui ont encore dans le cœur quelque sentiment de loyauté et de religion doivent craindre la justice de Dieu en songeant aux conséquences d'une conduite qui ne peut que jeter le pays dans les plus grands dangers sans pouvoir en espérer un avantage quelconque, et entraîner la patrie dans la voie la plus désastreuse, la perte de l'honneur et l'avilissement de la défaite.

Puisse Dieu, par notre soumission à ses volontés, nous délivrer de plus grands maux et écarter de nous les périls qui nous menacent! Puisse la sécurité de la patrie et de nos foyers nous être rendue par l'intercession de notre saint Prophète!

Cinq jours après la destitution d'Arabi comme ministre de la guerre et de la marine, M. Cartwrigt adressa au nom du gouvernement anglais au président du ministère égyptien la note suivante :

MONSIEUR LE MINISTRE,

J'ai l'honneur de porter à la connaissance de Votre Excellence que le Gouvernement de Sa Majesté Britannique, ayant appris que Son Altesse le Khédive a destitué Arabi Pacha de ses fonctions comme Ministre de la guerre, se trouve en état de renouveler les relations amicales avec le Gouvernement Égyptien, et j'ai le plaisir de faire communication à Votre Excellence, des ordres que j'ai reçus de lord Granville à cet effet (1).

(1) Livre bleu d'Angleterre, 1882, N° 17, 540.

Aussitôt que la destitution d'Arabi Pacha fut connue au Caire, un grand conseil s'y réunit, où prirent part six cents notabilités, qui s'y étaient rendues de différentes villes d'Égypte. Ce conseil décida que le Sultan seul avait le droit de déclarer Arabi rebelle, et non le Khédive, et que la défense nationale devait continuer, toujours sous le commandement d'Arabi Pacha.

Sur ces entrefaites Arabi ne quitta pas du tout Kafr-Dawar qui, aussitôt occupé par lui, fut prédestiné à être teint du sang de cinquante chrétiens innocents environ. Le lendemain du bombardement, quelques-uns des Européens d'Alexandrie, n'ayant pas osé traverser la ville pour se réfugier à bord des vaisseaux ancrés dans le port, avaient pris la direction du chemin de fer du Caire avec l'espoir d'être sauvés là ou ailleurs. Ils étaient entrés dans le premier train, qu'ils avaient trouvé à la station du chemin de fer d'Alexandrie et qui était dirigé sur le Caire; mais aussitôt qu'il s'approcha de la station de Kafr-Dawar, ils furent attaqués avec acharnement dans le train même par les soldats d'Arabi et les Bédouins. Ceux qui parvinrent à sauter du train furent massacrés impitoyablement dans la station (1).

Un pareil massacre se passa à Damanhour, où les fellahs montrèrent une grande sauvagerie, car on arracha les yeux à une femme;

---

1. Parmi ces malheureux, il y avait M. Violetti, rédacteur du journal le *Phare d'Alexandrie*.

d'autres chrétiens furent coupés en plusieurs morceaux, et, cinq ou six cadavres s'agitant encore, on les traîna dans les rues et on les arrosa de pétrole, dont ils furent brûlés.

A Tantah, ainsi que dans ses environs, un autre massacre eut lieu : mais celui-ci ne prit pas des proportions graves, grâce au riche Bédouin Ahmed bey Mensaouï (1).

Ces massacres auraient pris des proportions plus graves, si Arabi Pacha (il faut lui rendre justice), qui fut émotionné par les malheurs que subissaient tant d'êtres innocents, ne les eût pas protégés énergiquement. En effet, il y eut un ordre du jour qu'il adressa à son armée et une circulaire qu'il expédia à toutes les autorités du pays pour leur ordonner de protéger tous les

(1) Ce brave Égyptien gardait à ses dépens, dans son château situé près de Tantah, cinquante familles chrétiennes, depuis le bombardement d'Alexandrie. Comme plusieurs personnes parmi ses protégés voulaient s'en aller pour aller trouver leurs parents, Mensaouï Bey s'étant mis à la tête de tous ces malheureux qui montaient au nombre de trois cents environ et avec une escorte de cinquante Bédouins les amena, au travers plusieurs milliers de fellahs qui étaient prêts à les massacrer, et sans aucun accident, à la station du chemin de fer. De là, après les avoir fait entrer dans le train qu'il loua pour cent livres, il les accompagna jusqu'à la ville d'Ismaïlia. Ce fut une juste récompense à ce brave homme que la décoration que le Roi des Hellènes lui accorda, pour la protection qu'il avait donnée à cent cinquante Hellènes environ. Mais, outre ce bey, il y eut encore d'autres braves Égyptiens dans différents villages d'Egypte qui protégèrent beaucoup les chrétiens qui étaient trouvés dans leurs patries pendant les jours terribles survenus en Egypte. Nous manquerions à notre devoir si nous n'écrivions pas leurs noms ici :

El-az-Osman-Dib, El-Saïd-Moustapha-Dovidar, Omdé-Hourm-Bilali, Mahomet bey Hassan, Hamouté bey, tous notables de Tantah, de Katr-el-Zayat, de Mihalla-Kimbir et de ses environs.

Européens. Il disposa ensuite de quelques trains,
pour transporter au Caire ou à Ismaïlia tous
ceux qui étaient cachés çà et là.

Pendant que ces faits se passaient en Égypte,
le maréchal Dervish Pacha partit soudain, le
19 juillet, pour Constantinople.

XIX

La Sublime-Porte accepte de prendre part à la Conférence. — Question du canal de Suez. — Déclaration
faite par Saïd Pacha à la Conférence au sujet de l'envoi d'un corps d'armée ottoman en Egypte. — Projet
de la France d'agir militairement au canal de Suez.
— Démission du cabinet de M. de Freycinet. — Déclaration faite à la Conférence par les Ambassadeurs
de la France et de l'Angleterre au sujet du canal de
Suez.— Déclaration faite à la Conférence par les représentants Ottomans sur l'intervention militaire des
grandes puissances. — Le gouvernement russe. —
Le gouvernement italien. — Proposition faite par le
gouvernement anglais au gouvernement italien de
coopérer avec lui en Egypte. — Refus du gouvernement italien et approbation de sa conduite par le
gouvernement autrichien. — Déclaration de lord Dufferin. — Réponse de la Sublime-Porte. — Proposition faite à la Conférence par le représentant de
l'Italie d'instituer au canal de Suez une police maritime internationale.— Espagne et Portugal. — Projet
des rebelles de détruire le canal de Suez. — M. de
Lesseps. — Occupation de la ville de Suez par l'amiral Ewet, autorisée par le Khédive. — Protocole de la
Conférence sur l'intervention militaire de la Turquie
en Egypte. — La Sublime-Porte accepte de déclarer
Arabi Pacha comme rebelle et d'intervenir en Egypte
sous quelques conditions. — Accord entre les membres de la Conférence sur la protection du canal de

Suez. — Justification donnée par lord Dufferin à la Conférence sur l'occupation de Suez. — Proposition faite à la Conférence de suspendre ses travaux. — Suspension silencieuse.

Nous avons vu, dans le chapitre XII, que la Conférence avait décidé, le 6 juillet, de confier à la Turquie, sous différentes conditions, l'intervention militaire en Egypte, et qu'elle avait ajourné ses séances, jusqu'à ce que sa décision fût approuvée par les cabinets européens.

Quelques jours après, eut lieu le bombardement, qui fut critiqué, dans un sens amical, par toutes les grandes puissances. Elles se pressèrent seulement de s'entendre entre elles et d'approuver les décisions prises par la Conférence.

Le 15 juillet, la Sublime-Porte fut priée par la note identique que tous les Ambassadeurs des grandes puissances à Constantinople lui communiquèrent et que nous venons d'insérer dans le chapitre XII, d'intervenir en Egypte.

Saïd Pacha répondit quatre jours après ce qui suit (1) :

Thérapia, le 19 juillet 1882.

Le soussigné Ministre des affaires étrangères de Sa Majesté Impériale le Sultan a reçu la note identique que Leurs Excellences MM. les Ambassadeurs de la Grande-Bretagne, d'Autriche-Hongrie, de France et d'Italie ainsi que MM. les Chargés d'affaires d'Allemagne et de Russie ont bien voulu lui adresser le 15 de ce mois pour demander l'envoi de troupes Impériales

(1) Livre bleu d'Angleterre, 1882, N° 17, 337.

Ottomanes en Égypte. — envoi nécessité par la situation actuelle de ce pays.

Si le Gouvernement Ottoman ne s'est point jusqu'à ce jour décidé, de sa propre initiative, à expédier des troupes sur les lieux, c'est qu'il avait, comme de raison, la conviction que les mesures de rigueur pouvaient être écartées.

Confiant en la sollicitude des Puissances pour le rétablissement de l'ordre et prenant acte cette fois encore, avec satisfaction, de la déférence qu'elles ont bien voulu témoigner solennellement et à plusieurs reprises pour les droits de souveraineté incontestables et incontestés de Sa Majesté Impériale le Sultan sur l'Égypte, le soussigné a l'honneur, d'ordre de son auguste maître, de faire savoir à MM. les Représentants des grandes Puissances que le Gouvernement Impérial consent à prendre part à la Conférence réunie actuellement à Constantinople uniquement pour les affaires égyptiennes, afin de discuter et d'arrêter les mesures nécessaires pour assurer le retour de l'état de choses régulier et normal en Égypte.

Le soussigné saisit, etc.

Signé : Saïd.

Comme la Sublime-Porte ne disait rien dans sa note, de l'envoi des troupes en Égypte, le gouvernement anglais, parait-il, regarda ce silence comme un échappatoire à la décision de la Conférence prise à cet effet, et il ordonna à son armée de partir immédiatement pour la Méditerranée.

Conformément à la note précitée, la Sublime-Porte annonça, le 22 juillet, à lord Dufferin qu'Assim Pacha, Ministre de l'Ewcaf, avait été nommé délégué du Gouvernement Ottoman à la Conférence [1].

La veille, 21 juillet, elle avait adressé une note verbale au même Ambassadeur, l'informant qu'à la suite de sa note verbale par laquelle il demandait une solution à la question du canal de Suez, une décision serait également prise sur cette affaire à l'instar des autres concernant l'Égypte [2].

À ce sujet, les Ambassadeurs de France et d'Angleterre avaient déjà insisté dans la neuvième séance de la Conférence, du 19 juillet, sur l'urgence de prendre une décision en alléguant les dangers existants. Mais les quatre autres Ambassadeurs, n'étant pas en mesure d'entrer immédiatement en délibération, se réservèrent d'en référer à leurs Gouvernements [3].

La dixième séance de la Conférence, où prirent maintenant part les délégués Ottomans, Saïd Pacha et Assym Pacha, eut lieu, le 24 juillet, à l'Ambassade d'Italie. Dans cette séance, où M. Corti céda la présidence à Saïd Pacha, ce dernier déclara qu'il acceptait en principe l'envoi des troupes Ottomanes en Égypte, qu'il considérait comme la base de la proposition adressée par la Conférence au Gouvernement Ottoman. Les délégués Ottomans, invités à faire savoir à la Conférence s'ils accep-

[1] Livre bleu d'Angleterre, 1882, N° 17, 384.

[2] Livre bleu d'Angleterre, 1882, N° 17, 376.

[3] Livre bleu d'Angleterre, 1882, N° 325.

taient la note identique, dans son entier, promirent d'apporter une réponse détaillée à la prochaine séance (1).

Pendant que la Conférence siégeait à Constantinople, la France et l'Angleterre continuaient leurs préparatifs militaires, pour toute éventualité.

Quoique la France n'eût pas pris part au bombardement, l'Angleterre n'avait pas cessé de lui proposer de s'unir à elle, en combinant les moyens d'action, pour mettre le canal de Suez à l'abri de toute atteinte.

Le 25 juillet, le ministre de la marine de France demanda à la Chambre un crédit extraordinaire de 9.410.000 francs qui permettrait au département de la marine d'entretenir au besoin en Égypte un corps de débarquement de 8.000 hommes, dont on n'aurait envoyé immédiatement, entre Port-Saïd et El-Kantara, que 4.000 hommes environ, pour mettre le canal de Suez à l'abri de toute atteinte et protéger les nombreux navires qui le parcourent (2), ainsi que le commerce et l'industrie des colonies françaises. L'action de la France serait absolument limitée à la protection du canal, c'est-à-dire à la surveillance de la partie du canal située entre Port-Saïd et Ismaïlia, tandis que l'Angleterre serait chargée de la surveillance de la partie située entre Ismaïlia et Suez.

La France et l'Angleterre seraient allées en

(1) Livre bleu d'Angleterre, 1882, N° 17, 415.
(2) Livre bleu d'Angleterre, 1882, N° 17, 436 et 437.

Égypte par leur initiative personnelle, et non
en vertu d'un mandat de l'Europe, parce que les
autres cabinets européens avaient répondu à la
proposition faite par les deux puissances qu'il
n'y avait pas lieu de donner un mandat, pour
un cas qui leur paraissait de force majeure, et
que chaque nation devait agir sous sa propre
responsabilité; d'autant plus qu'il ne leur con-
venait pas de donner un mandat pour l'occupation d'un territoire qui ne leur appartenait
pas [1].

La demande du gouvernement français étant
considérée comme dangereuse pour la paix de
la France, vu que la protection de Suez aurait
pu finir par une intervention réelle en Égypte,
fut rejetée par la Chambre française, le 28 juillet. Le lendemain, le ministère de M. Freycinet
donna sa démission.

Dès ce moment l'Angleterre, bon gré mal
gré, devait agir soit seule, soit avec la Turquie.

À la onzième séance de la Conférence, tenue
le 26 juillet, le Ministre des affaires étrangères,
après un échange d'idées préliminaires, déclara
que les troupes Ottomanes étaient sur le point
de partir pour l'Égypte.

Il admit que l'envoi des troupes ne pouvait
être que le résultat d'une entente convenue
avec les Puissances. Il examina ensuite chaque
point de la note identique du 13 juillet, et se

____

[1] Livre bleu d'Angleterre, 1882, N° 17, 486.

montra assez satisfait des explications qui lui avaient été données.

Les Ambassadeurs d'Angleterre et de France firent la communication suivante, en demandant à la Conférence d'en prendre acte :

« La France et l'Angleterre, ayant saisi la Conférence de leurs vues, qui ont été également communiquées aux différents Cabinets, et leurs propositions n'ayant pas rencontré d'objections, soit de la part de ces Cabinets, soit de la part de leurs représentants à la Conférence, les deux Puissances sont, quant à présent, convenues que, dans l'état actuel des choses, elles sont prêtes, si la nécessité se produit, à s'employer pour protéger le canal de Suez, soit seules, soit avec l'adjonction de toute Puissance qui voudrait prêter son concours. »

Les deux délégués Ottomans s'étant consultés entre eux, déclarèrent qu'ils acceptaient la proposition de la Conférence, telle qu'elle avait été formulée, — que l'intervention militaire des Puissances étrangères en Égypte ne serait plus considérée comme nécessaire. — Ils se réservèrent, d'ailleurs, d'adresser le lendemain, à la Conférence, une note dans ce sens [1].

Mais la communication de la France fut annulée, deux jours après, par le vote de la Chambre française, dont nous venons de parler, et par la démission du ministère de M. Freycinet.

Dans la même séance, tous les représentants

[1] Livre bleu d'Angleterre, 1882, N° 17, 162 (Protocole de la onzième séance).

européens se prononcèrent en faveur de la publication immédiate d'une proclamation de la
Sublime-Porte proposée par lord Dufferin, pour
soutenir le Khédive et pour dénoncer comme
rebelle Arabi Pacha.

La douzième séance de la Conférence, où l'on
devait se réunir, le 27 juillet, n'eut pas lieu,
parce que le représentant de la Russie, à la suite
de l'action isolée de l'Angleterre en Égypte,
avait reçu l'ordre de l'Empereur de ne pas assister à la Conférence (1), jusqu'à ce qu'il eût reçu
des instructions. Mais par l'intervention du
gouvernement italien auprès du gouvernement
russe, le Czar autorisa M. Onou à continuer à y
assister (2).

Toutefois Saïd Pacha, vu l'urgence de la
situation, s'empressa d'adresser à tous les Ambassadeurs la déclaration ci-après avec son
appendice, qu'il devait remettre à la Conférence,
dans cette séance qui n'eut pas lieu. Voici la
déclaration :

Les soussignés Plénipotentiaires de la Sublime-Porte
à la Conférence réunie à Constantinople pour les affaires
égyptiennes, ont l'honneur de porter de nouveau à sa
connaissance que le Gouvernement Impérial est sur le
point d'envoyer des troupes en Égypte pour y rétablir
l'ordre sur les bases indiquées dans la note identique
que MM. les Représentants des grandes Puissances ont
expliquées au sein de la Conférence et dont les Plénipotentiaires soussignés ont pris acte.

(1) Livre bleu d'Angleterre, 1882, N° 17, 474.
(2) Livre bleu d'Angleterre, 1882, N° 17, 487. — Livre vert
d'Italie, 1882, CDXXX et CDXXXI.

Le Gouvernement Impérial, se reposant avec une entière confiance sur l'équité des Puissances et leur résolution bienveillante de respecter les droits souverains de Sa Majesté le Sultan sur l'Égypte, espère fermement qu'en face de cette détermination de la Sublime-Porte, suggérée par la note précitée elle-même, l'occupation étrangère actuelle de ce pays sera abandonnée aussitôt que les troupes Ottomanes se seront rendues à Alexandrie.

Signé : Saïd.

Assim.

Le 27 juillet 1882.

Voici l'appendice :

En remettant à la Conférence la déclaration de ce jour, les Plénipotentiaires Ottomans entendent que la question des réformes militaires en Égypte, qui se rattache au *statu quo* normal, dont le maintien est désiré par les Puissances, sera réglé d'après les stipulations des Firmans Impériaux par un accord entre la Sublime-Porte et le Khédive d'Égypte [1].

Signé : Saïd.

Assim.

Le 27 juillet 1882.

Depuis dix jours, le comte de Corti agissait auprès de la Sublime-Porte, afin qu'elle ne demandât pas à la Conférence que les forces anglaises se retirassent de l'Égypte tout de suite. M. Corti parvint à obtenir ce résultat, le 26 juillet, de sorte que la Sublime-Porte se borna à exprimer au gouvernement anglais l'es-

---

[1] Livre bleu d'Angleterre, 1882, N° 17, 487.

poir seulement que ce dernier, prenant toujours
en considération les droits souverains du Sultan,
jugerait tout naturel de mettre fin à l'occupation de l'Égypte [1].

Le gouvernement anglais, pour montrer,
peut-être, sa reconnaissance au gouvernement
italien, lui proposa, vers la fin du mois de
juillet, de prendre part à l'expédition d'Égypte.
M. Mancini répondit qu'il ne pouvait pas adhérer
à la proposition de l'Angleterre, puisque l'intervention Ottomane était déjà décidée [2].

Le refus, que le gouvernement italien opposa
à la proposition faite par l'Angleterre, fut approuvé par le gouvernement autrichien : M. Cal-
noki dit au représentant de l'Italie, à Vienne,
que l'Autriche, aussi bien que l'Italie, ne voulait
pas que d'autres puissances fussent rétablies en
Égypte et que, dans l'arrangement définitif de la
question égyptienne, elle donnerait son appui à
l'Italie, pour protéger ses intérêts [3].

De même le comte de Hatzfeld, secrétaire d'État
en Allemagne, loua la conduite de l'Italie, laissant entendre qu'il n'avait pas à juger l'invitation que l'Angleterre lui avait adressée de
coopérer avec elle, pour rétablir [4] l'ordre en
Égypte ; il fit observer seulement qu'un règle-

---

(1) Livre bleu d'Angleterre, 1885, N° 17,501.

(2) Livre vert d'Italie, 1882, CDXLI. (Lettre de M. Mancini, en
date du 25 juillet 1882.

(3) Livre vert d'Italie, CDXLIX.

(4) Livre vert d'Italie, 1882, CDXLVII, CDXXIX et CDXXVIII.

ment définitif de la question égyptienne présup-
posait l'assentiment de l'Europe.

Pendant que la Sublime-Porte, d'un côté, portait à la connaissance des cabinets européens sa
résolution d'envoyer des troupes en Égypte, pour
y rétablir l'ordre, et qu'en même temps elle exprimait l'espoir qu'en face de cette détermination, l'occupation étrangère actuelle de ce
pays serait abandonnée, aussitôt que les troupes
ottomanes seraient arrivées à Alexandrie, l'Angleterre, de l'autre, trois jours après, c'est-à-
dire, le 30 juillet, faisait à la Sublime-Porte,
ainsi qu'à tous les Ambassadeurs membres de la
Conférence, par son représentant à Constantinople, les communications suivantes :

Le Gouvernement de Sa Majesté Britannique se
trouve dans l'obligation de maintenir ses troupes et de
continuer ses préparatifs, cette obligation lui ayant été
imposée par l'inaction prolongée du Gouvernement de
Sa Majesté Impériale le Sultan vis-à-vis de la situation
actuelle de l'Égypte. Il demande que l'envoi des troupes
Ottomanes en Égypte soit défini d'une manière satisfaisante, et que toute ambiguïté en soit écartée par une
déclaration préalable du Gouvernement Ottoman. Dans
ces conditions, il acceptera l'arrivée de ces troupes dans
ce pays et leur coopération.

Le Cabinet de Saint-James désire faire savoir à la
Conférence que, dès qu'il aura atteint le but militaire
qu'il a en vue, il invoquera l'aide des Puissances, afin
de prendre des mesures pour l'avenir et le bon gouvernement de l'Égypte.

Dans la séance du 26 juillet de la Conférence, tous
les Représentants étrangers s'étant prononcés en faveur
de la publication immédiate d'une proclamation de la

Sublime-Porte proposée par le Plénipotentiaire Britannique, pour soutenir le Khédive et pour dénoncer comme rebelle Arabi Pacha, objet des faveurs (1) et d'une haute distinction honorifique de la part de Sa Majesté Impériale le Sultan, en conséquence lord Dufferin demande à savoir l'époque à laquelle cette proclamation devra être faite.

En réponse à ces communications, Assim Pacha et Saïd Pacha adressèrent aux Ambassadeurs des grandes puissances, membres de la Conférence, la note ci-après, que nous devons publier *in extenso*, quoiqu'elle soit un peu longue, vu qu'elle est une des plus sérieuses dépêches diplomatiques concernant la question égyptienne (2). Voici cette note :

En ce qui concerne les assertions contenues dans le premier point, les Plénipotentiaires Ottomans croient devoir dire que, sans avoir nullement la pensée de préjuger l'action que le Gouvernement de Sa Majesté Britannique a cru utile d'entreprendre dans son propre intérêt comme État souverain et indépendant, alors surtout que, suivant ces déclarations, cette action en Égypte s'exerce dans les intérêts généraux égyptiens, ils sont pourtant d'avis que l'action directe dans ce pays du souverain territorial, dont les droits ont été à plusieurs reprises solennellement reconnus par l'Angleterre et les autres Puissances, serait peut-être de nature à produire un effet plus pratique et plus efficace que si elle était exercée de deux côtés à la fois.

Quant à l'assertion relative à l'inaction du Gouvernement Impérial, les Plénipotentiaires Ottomans la repoussent énergiquement et se font fort de démontrer le con-

(1) Livre bleu d'Angleterre, 1882. N° 17, 542
(2) Livre bleu d'Angleterre, 1882. N° 17, 542.

traire. En effet, aussitôt que les Puissances réunies en Conférence ont demandé au Gouvernement Impérial, par la note identique de leurs Représentants en date du 15 juillet, l'envoi de ses troupes en Egypte, la Sublime-Porte, qui a pu avoir ses raisons à elle pour décliner au début sa participation à cette assemblée, s'est pourtant empressée non seulement de déférer au vœu des Cabinets en prenant part à la Conférence pour arriver au prompt rétablissement de l'ordre en Egypte et arrêter les mesures nécessaires pour cet objet, mais encore elle a déclaré, dès la première séance, qu'elle acceptait aussi la demande qui lui était faite pour l'expédition militaire Ottomane en Egypte.

Dès lors, les Plénipotentiaires Ottomans se voient, en présence d'un fait aussi précis, dans une situation telle, qu'ils ne sauraient s'expliquer les raisons ou les preuves qui ont pu motiver l'assertion dont il s'agit.

Il en est de même, les Plénipotentiaires de la Sublime-Porte se permettent de l'avancer, pour la déclaration préalable demandée au Gouvernement, et qui forme l'objet du deuxième point.

MM. les Plénipotentiaires des grandes Puissances savent, en effet, que le Gouvernement, en se déclarant prêt à envoyer des troupes en Egypte, a basé cette résolution sur la teneur de la note identique en question qui a défini fermement aussi bien les conditions dans lesquelles devra s'effectuer cet envoi que le mode d'action des troupes Impériales et la mission qu'elles sont appelées à remplir sur les lieux, au point de vue du rétablissement de l'ordre, du fonctionnement régulier de l'administration et du maintien du *statu quo*, le tout en vertu d'un accord ultérieur qui sera établi à cet effet entre l'Empire et les six Puissances.

Il ne serait pas hors de propos d'ajouter ici que l'adhésion ses-énoncée de la Sublime-Porte a rencontré la satisfaction générale des Puissances, laquelle ne semblerait pas trop, à l'heure qu'il est, se concilier avec la concurrence posée dans le second point, et qui subordonne à la déclaration préalable qui précède l'accepta-

tion par l'Angleterre de l'arrivée des troupes ottomanes
en Égypte et leur coopération.

Quant au troisième point, celui-ci va de soi, et le
Gouvernement Ottoman n'a jamais eu pour sa part l'en-
vie de décliner le concours des Puissances, qu'il appelle
au contraire de tous ses vœux pour assurer le *statu
quo* égyptien. Son adhésion aux dispositions de la note
identique du 15 juillet, qui s'est également préoccupée
des conditions devant garantir l'avenir de ce pays,
prouve surabondamment ce que les Plénipotentiaires de
la Sublime-Porte ont l'honneur d'avancer.

Les Plénipotentiaires se reposent donc avec confiance
sur la haute sagesse de la Conférence pour voir les considérations qu'ils viennent d'exposer rencontrer son appréciation éclairée.

En ce qui concerne le contenu du quatrième point,
les Plénipotentiaires Ottomans ont l'honneur de faire remarquer que, si leur mémoire ne leur fait pas défaut,
la question de la proclamation à lancer en Égypte, proclamation qui entre dans le programme de leur Gouvernement, a été mise en avant, il est vrai, au sein de la
Conférence, mais n'a pas été arrêtée. Il est évident que
l'action militaire à laquelle la Sublime-Porte va procéder sur la demande des Puissances nécessitera une promulgation en Égypte pour bien définir cette action aux
yeux de la population égyptienne. Mais le Gouvernement Impérial est d'avis, et il espère qu'il sera approuvé
par les honorables membres de la Conférence, que la
proclamation, pour avoir un résultat sûr et efficace, devrait se faire simultanément avec la présence des troupes Impériales sur les lieux. C'est ainsi que la chose se
passe, d'ailleurs, partout où le désordre éclate et exige
des mesures de rigueur. Il est donc tout naturel de
penser qu'une proclamation qui aurait aussi bien à
expliquer l'état des choses qu'à accuser un sujet de
Sa Majesté Impériale le Sultan qui, au moment où il
témoignait de son dévouement et de sa fidélité envers
son souverain, a été, à l'instar d'autres fonctionnaires
égyptiens, l'objet de distinctions honorifiques, doit pui-

ser sa force dans le concours immédiat du facteur matériel dont l'absence au moment de la publication en rendrait stérile les dispositions, serait même peut-être de nature à aggraver la situation déjà si compromise du pays.

Les Plénipotentiaires Ottomans ont l'espoir que Leurs Excellences MM. les Représentants, membres de la Conférence, ne verront dans ces considérations du Gouvernement Impérial que son sincère désir d'arriver à rétablir l'ordre en Égypte en exposant franchement ses intentions en vue d'écarter toute mesure qui pourrait entraver la marche de l'apaisement et en tenant à cœur de s'appuyer, dans l'exercice de ses droits de souveraineté en Égypte, sur une entente loyale et féconde en résultats, entente qui aura à s'établir entre lui et les grandes Puissances.

À l'ouverture de la douzième séance de la Conférence, tenue le 2 août, les Délégués Ottomans saisirent la Conférence de la déclaration et son appendice en date du 27 juillet, qu'ils avaient déjà adressés directement à chacun de ses membres. La Conférence fut également saisie d'une double communication de l'Ambassadeur d'Angleterre touchant la présence des troupes Anglaises en Égypte, et la demande d'une proclamation déclarant Arabi rebelle, ainsi que de la réponse de la Sublime-Porte en date du 1ᵉʳ août.

L'Ambassadeur d'Italie donna ensuite lecture à la conférence de la proposition suivante :

La Conférence reconnaît qu'il convient d'organiser, pour la sécurité de la libre navigation du canal de Suez, avec le concours de la Sublime-Porte, un service purement naval de police et de surveillance, auquel

toutes les Puissances seraient appelées à participer
d'après des règles à convenir, et avec réserves de se
concerter dans chaque cas spécial où l'application de
ces règles paraîtrait insuffisante.

L'Ambassadeur d'Angleterre n'ayant pas d'instructions, ne pouvait qu'en référer à son Gouvernement.

L'Ambassadeur de France fit ressortir la simi-
litude entre cette proposition et celle qui avait
été précédemment formulée par son collègue
d'Angleterre et par lui-même.

Les Représentants d'Autriche, d'Allemagne et
de Russie adhérèrent à la proposition de l'Ambassadeur d'Italie.

Les Délégués Ottomans se réservèrent de répondre à la prochaine séance.

La déclaration du 27 juillet et son appendice,
relativement à l'acceptation par la sublime-Porte
de l'intervention en Egypte, ayant soulevé des
objections, MM. les Délégués Ottomans s'enga-
gèrent enfin à apporter à la prochaine séance
une déclaration plus catégorique [1].

Au sujet de la question du canal de Suez,
d'autres puissances encore, comme l'Espagne et
le Portugal, demandèrent à l'Angleterre à prendre part à la Commission qui serait chargée de
la surveillance du canal, à l'effet de pouvoir protéger les colonies qu'elles avaient dans l'Inde,
ainsi que dans l'Afrique orientale [2].

[1] Livre bleu d'Angleterre, 1882, N° 17, 544. (Procès-verbal
de la douzième séance de la Conférence.)

[2] Livre bleu d'Angleterre, 1882, N° 17, 559.

En effet, la grande œuvre de M. de Lesseps était en danger ces jours-là. Le 5 août, un grand conseil eut lieu au Caire, où on décida de détruire le canal de Suez sur quatre points : à Ras-el-esch, à Cantara, à Seil-El et à Salouf.

Tout était prêt pour ce but : des hommes, des machines et de la dynamite. Outre cela, des ordres secrets furent donnés au chef d'état-major général Mahmoud Pacha Fehmi de tout préparer pour l'occupation militaire du canal, conjointement avec Mahmoud Choukri Bey, aussi bon ingénieur qu'ami dévoué d'Arabi ; mais le vieux M. de Lesseps parvint de nouveau, par plusieurs télégrammes qu'il adressa à Arabi, à lui persuader d'ajourner l'opération, jusqu'à ce que les hostilités eussent commencé de ce côté-là.

L'Angleterre, ayant toujours en vue ce danger, désirait beaucoup protéger le canal par ses escadres mouillées à Port-Saïd et à Suez. D'ailleurs elle devait assurer le passage de l'escadre des Indes et de l'armée, qui était déjà partie d'Aden. Mais, M. de Lesseps, ainsi que le conseil de la Société du canal, ne cessaient de protester « au nom du droit menacé » 1 contre sa violation.

D'un côté, M. de Lesseps réclamait la protection de la France et, de l'autre, son fils déclarait 2 qu'aucun matelot français n'y débar-

---

1) Livre bleu d'Angleterre, 1882. N° 17, 560.

2) Livre bleu d'Angleterre, 1882. N° 17, 473.

querait, ce qui fit que le gouvernement français, à la demande de l'Angleterre, déclara que les protestations de M. de Lesseps, qui n'avait aucun caractère officiel, ne l'engageaient pas (1).

Malgré toutes les protestations faites par M. de Lesseps, le 4 août, une canonnière traversa le canal entre Suez et Timsah, sans payer les droits de passage et sans autorisation.

En même temps, un petit corps composé de 150 matelots occupa, par l'ordre de l'amiral Hoskins, autorisé à cet effet par le Khédive (2), la ville de Suez et principalement l'usine de la compagnie du canal, sans aucune résistance, l'armée égyptienne ayant pris la fuite.

La protection du canal de Suez continuait à être l'objet des délibérations de la Conférence dans sa quinzième séance, comme nous allons voir tout de suite; mais avant cela on signa, dans la quinzième séance du 7 août, le protocole suivant :

Les Délégués Ottomans ont fait à la Conférence la déclaration suivante :

« La Sublime-Porte accepte l'invitation d'intervenir militairement en Égypte, qui lui a été adressée par la note identique du 15 juillet, ainsi que les clauses et conditions qui s'y trouvent énumérées.

« La susdite déclaration a été acceptée par la Conférence (3). »

(1) Livre bleu d'Angleterre, 1882. Nº 17, 579 et 591.
(2) Livre bleu d'Angleterre, 1882. Nº 17, 618.
(3) Livre bleu d'Angleterre, 1882. Nº 17, 594.

Le même jour, Saïd Pacha déclara au gouvernement anglais « que pour donner une nouvelle preuve de son esprit de conciliation et de sa déférence à son vœu, le Gouvernement Impérial avait décidé de faire la proclamation concernant le maintien du Khédive et déclarant rebelle Arabi Pacha, et qu'il était chargé d'arrêter avec le Représentant de Sa Majesté Britannique les bases d'une convention militaire (1) ».

Le lendemain, 8 août, Saïd Pacha adressa à lord Dufferin la note suivante :

J'ai l'honneur de faire savoir à Votre Excellence que la Sublime-Porte est disposée à faire une proclamation énonçant le maintien de Son Altesse le Khédive et déclarant rebelle Arabi Pacha, et qu'elle vient de me charger de négocier avec Votre Excellence une convention militaire.

J'ai également l'honneur de vous prévenir monsieur l'Ambassadeur, que, en raison de l'importance que prennent les événements en Egypte, les troupes Ottomanes vont se mettre en route jeudi prochain, 10 août, pour se rendre sur les lieux (2).

Deux jours après Saïd Pacha, qui avait communiqué d'une manière officieuse à lord Dufferin une copie de la proclamation qui serait publiée le jour du départ des troupes ottomanes pour l'Égypte, fit connaître au gouvernement anglais les points suivants qui devaient servir pour base de la convention militaire.

(1) Livre bleu d'Angleterre, 1882, N° 17, 602.
(2) Livre bleu d'Angleterre, 1882, N° 17, 608.

Voici ces points :

1° Le Gouvernement Impérial Ottoman s'engage, sur la demande des grandes Puissances, contenue dans leur note identique du 15 juillet 1882, à envoyer des troupes en Egypte pour un délai de trois mois, en se réservant de prolonger la durée de leur séjour, suivant les termes de la note précitée.

2° Les opérations militaires nécessaires en Egypte seront dévolues aux troupes Impériales Ottomanes.

3° Le Gouvernement de Sa Majesté Britannique ne permettra pas à ses troupes qui se trouvent à Alexandrie de dépasser la zone qu'elles occupent actuellement dans cette ville et ses environs.

4° La durée du séjour des troupes Anglaises à Alexandrie sera, au plus, de trois mois à dater du jour de la signature de la présente Convention.

5° Tous les individus qui seront mis en état d'arrestation par suite des événements d'Egypte seront livrés aux autorités de Son Altesse le Khédive.

6° Les mesures se rattachant à la Convention militaire seront arrêtées entre le Commissaire Impérial Ottoman et le Commandant en chef des forces de Sa Majesté Britannique.

Dans le cas où on reconnaîtrait sur les lieux la nécessité de donner plus de développement aux points qui précèdent, la chose pourrait être concertée entre le Commissaire Impérial Ottoman et le Commandant en chef des forces Anglaises, et faire l'objet d'une annexe à la Convention (1).

Dans la même journée du 10 août, eut lieu la quinzième séance de la Conférence.

Le Président a remis en discussion la proposition Italienne, concernant le canal de Suez.

(1) Livre bleu d'Angleterre, 1882, N° 17, 623.

Les Représentants d'Allemagne, d'Autriche-Hongrie, de Russie et de Turquie ont exprimé leur adhésion antérieure.

L'Ambassadeur d'Angleterre a déclaré que son Gouvernement adhérait également à la condition qu'il soit entendu que la proposition Italienne se limite dans ses effets à la crise actuelle, et ne soit pas un empêchement, si la nécessité se produit, soit pour l'Angleterre, soit pour les autres Puissances, de mettre des troupes à terre et d'occuper certains points nécessaires à la sécurité du canal. Il est également entendu que l'Angleterre réserve toute sa liberté d'action pour les opérations militaires ayant en vue le rétablissement de l'autorité du Khédive.

L'Ambassadeur de France a fait savoir qu'il attendait incessamment ses instructions.

Le Chargé d'affaires de Russie a demandé à l'Ambassadeur d'Angleterre des explications sur l'occupation de Suez par les forces Anglaises.

L'Ambassadeur d'Autriche-Hongrie s'est associé à cette demande.

Lord Dufferin a répondu que cette occupation avait été effectuée par ordre de l'Amiral Anglais, en vue de sauver la ville d'un danger imminent, et devait être considérée comme ne portant aucune atteinte au caractère international du canal.

Le Ministre des affaires étrangères a annoncé que, par suite de l'acceptation par le Gouvernement Ottoman de la note identique, les troupes Impériales allaient partir aujourd'hui ou demain ; et en réponse à une demande de l'Ambassadeur d'Angleterre, il a ajouté qu'elles ne débarqueraient pas en Egypte avant l'arrivée du Commissaire et du Général en chef (1).

Dans la seizième séance de la Conférence, qui eut lieu le 14 août, fut signé le protocole suivant :

(1) Livre bleu d'Angleterre. 1882. N° 17, 636.

Le Président ayant rouvert la discussion sur la proposition italienne, relativement au canal de Suez, s'est adressé à l'Ambassadeur de France et lui a demandé s'il avait reçu des instructions l'autorisant à adhérer à la proposition.

L'Ambassadeur de France a répondu qu'il était autorisé à adhérer, si tous les Représentants des Puissances participant à la Conférence avaient donné leur adhésion, et a prié le Président de constater que les adhésions déjà acquises étaient maintenues. Tous les membres de la Conférence ayant répondu qu'ils maintenaient leur adhésion antérieure, l'Ambassadeur de France a déclaré qu'il adhérait également, en ajoutant que la France réservait son entière liberté d'appréciation quant à l'exécution des mesures auxquelles elle pouvait être appelée à prendre part en vertu de cet arrangement.

L'Ambassadeur d'Italie a remercié la Conférence, et abordant les moyens d'exécution, a fait la proposition suivante :

« Les Commandants des forces navales sur les lieux seront chargés par leurs Gouvernements respectifs de fixer les règles à établir pour la mise à exécution du projet que la Conférence venait d'adopter.

« Tous les membres de la Conférence ont accepté cette proposition en s'engageant à en informer leurs Gouvernements.

« Les Représentants des Puissances, ayant exprimé l'avis unanime que le moment leur semblait venu de suspendre les travaux de la Conférence, les Délégués Ottomans n'ont pas partagé cette manière de voir et se sont réservés de nous faire connaître la date de la prochaine séance. Le jour où les Puissances croiront opportun de suspendre nos séances, nos Gouvernements auront à nous donner l'instruction formelle de faire une déclaration en ce sens à la Conférence (1).

1) Livre bleu d'Angleterre, 1882, N° 17, 667.

Mais, quoique les travaux de la Conférence ne fussent pas suspendus tout à fait, quoique le représentant d'Angleterre en Italie eût indiqué au gouvernement italien, le 18 août, qu'il serait désirable qu'elle ne siégeât pas, et que le gouvernement Allemand se conformât aussi à ce désir, cependant, dès le 11 août, le conseil diplomatique avait cessé de travailler.

XX

Nous avons interrompu le récit de tout ce qui
se passait à Alexandrie et dans ses environs, de‑
puis le 19 juillet jusqu'au 14 août, ayant pris en
considération que l'attitude politique et mili‑
taire suivie par l'Angleterre en Égypte envers la
Turquie et les puissances européennes, ainsi
que celle de l'Empire Ottoman et des grandes
puissances, seraient mieux éclaircies, si nous
exposions, sans interruption, jusqu'au point où
nous sommes arrivés, les négociations engagées
entre les grandes puissances sur la question
égyptienne, et, en détail, les travaux de la Con‑

férence de Constantinople, où était formulée l'action politique de chaque puissance.

D'après ce qui résulte des protocoles de la Conférence, que nous venons de mentionner ci-dessus, la Sublime-Porte, qui n'avait pas la même manière de voir que les autres puissances, et principalement l'Angleterre et la France, n'avait pas voulu profiter de plusieurs occasions qui lui avaient été données, avant le bombardement d'Alexandrie, pour exercer entièrement ses droits souverains en Égypte. Elle s'était bornée seulement à y envoyer des commissaires autorisés à arranger la question égyptienne qui, de jour en jour, devenait plus compliquée, grâce à l'attitude insolente d'Arabi Pacha vis-à-vis de son prince, des grandes puissances et d'elle-même. Maintenant que l'Angleterre s'engageait par le bombardement à compléter son action en Égypte, la Sublime-Porte comprit qu'elle ne pouvait pas y agir seule, et, bon gré mal gré, elle fut obligée d'accepter la coopération de l'Angleterre, dont l'action efficace en Égypte était déjà un fait accompli et reconnu par toutes les grandes puissances.

Il résulte aussi des mêmes protocoles, ainsi que des négociations engagées entre les cabinets européens, que l'Italie et la France faisaient surtout attention au canal de Suez, et qu'après le refus par lequel elles avaient répondu à la proposition de l'Angleterre de coopérer à son action en Égypte, elle pensait à agir toute seule à ses risques et périls.

Déjà, depuis le commencement de juillet, se formait en Angleterre et dans l'Inde un corps d'armée de 35.000 hommes qui, sous le commandement de sir Garnet Wolseley, devait faire la campagne d'Égypte ; et des ordres étaient donnés pour que plusieurs transports fussent prêts pour y transporter cette armée.

Quelques bataillons anglais, tout prêts à Chypre, furent envoyés en Égypte et débarquèrent à Alexandrie vers la moitié du mois de juillet.

Au nord d'Alexandrie, et à une distance de quinze minutes environ de cette ville, par le chemin de fer, il y a la petite ville de Ramleh, où se reposent les habitants d'Alexandrie pendant l'été. Là, et près de la station du chemin de fer Fleming, lesdits bataillons formèrent un petit camp qui, en cas de besoin, pourrait être protégé, du côté de la mer, par les cuirassés anglais. À l'est aussi de Ramleh et entre celui-ci et Kafr-Dawar, on éleva sur deux collines situées près de l'aqueduc deux redoutes, sur lesquelles on mit deux grands canons qui pourraient soutenir la défense, ainsi que les reconnaissances que les Anglais comptaient faire vers Kafr-Dawar. En outre, on éleva une grande redoute près du canal Mahmoudié et du château Antonialis, où l'on mit deux canons et quelques mitrailleuses pour défendre, du côté du sud, le camp anglais et Alexandrie.

À une petite distance de là commencent les murs que Méhémet-Ali avait fait bâtir, et dont la ligne, ruinée plus ou moins sur quelques

points, finit presque près du pont de Mahmoudié, où Alexandrie commence à être exposée. Ce
fut là que les Anglais élevèrent quelques barricades et mirent quelques petits canons et quelques mitrailleuses.

De là au canal de Mahmoudié, il y a les forts
du Mex, que les Anglais occupèrent et fortifièrent
pour repousser les attaques des Bédouins.

Tous ces points, depuis la porte de Rosette,
qui était occupée et fortifiée par les Anglais,
comme nous l'avons dit plus haut, furent reliés
par le télégraphe, de sorte qu'un corps d'armée
considérable pourrait se concentrer vite et se
rendre là où sa présence serait nécessaire, d'autant plus que les Anglais occupèrent également
la ligne du chemin de fer entre Ramleh et Kabarry (1).

Grâce à ces mesures prises par les Anglais, il
y avait une certaine sécurité à Alexandrie vers
la fin de juillet. Le feu était déjà éteint. On ne
voyait plus qu'un peu de fumée, çà et là, qui
sortait des ruines. Cette amélioration relative de
la situation à Alexandrie encouragea beaucoup
d'Européens qui avaient émigré à commencer à
revenir pour s'occuper de leurs intérêts et reprendre leurs travaux. Mais Alexandrie était
menacée par une disette d'eau, parce que, comme
nous venons de le raconter, Arabi Pacha avait
ordonné de barrer le canal de Mahmoudié. On se
trouva obligé de le barrer du côté de la mer, de

____

(1) C'est le débarcadère du chemin de fer.

former plusieurs réservoirs, où chaque homme n'avait le droit de prendre qu'une quantité d'eau définie par un billet de son consulat, et d'empêcher les Européens qui revenaient à Alexandrie de débarquer.

Depuis que les Anglais occupaient Alexandrie, il n'y avait aucune autorité égyptienne, excepté le Khédive et le conseil des ministres, qui n'avaient pas lieu de fonctionner. Il n'y avait que les Anglais qui gouvernassent le pays, sous la force de la loi militaire. La position des autorités consulaires était devenue difficile : elles n'étaient pas en correspondance officielle avec les autorités militaires d'Angleterre, dont la mission était purement militaire; et, en cas de besoin, elles s'entendaient avec elles, soit verbalement, soit par l'intermédiaire du Consulat d'Angleterre. Mais nous devons reconnaître que les autorités anglaises, étant toujours conciliantes, nous faisaient toutes les facilités possibles.

Ce ne fut que le 20 juillet qu'Ahmet-Refaat Pacha, nommé par le Khédive gouverneur d'Alexandrie, prit possession du gouvernorat, occupé jusqu'alors par les Anglais.

Dans cet état de choses, l'ordre public n'était troublé que par quelques incursions nocturnes des Bédouins, du côté de Ramleh et du Mex; mais elles étaient toujours repoussées par les mitrailleuses anglaises.

Quant aux Bédouins, cette idée dominait les Anglais que ce serait une des plus grandes difficultés que leur expédition aurait rencontrées en Egypte, et spécialement près du canal de Suez. Pénétré de cette idée, le gouvernement anglais avait envoyé en Egypte le docteur Palmer, avec beaucoup d'argent, pour entreprendre de gagner à la cause britannique les tribus de Bédouins campés entre Gaza et la mer Rouge; mais l'issue de cette excursion dangereuse fut la mort de Palmer ainsi que de sa suite.

Heureusement l'expédition des Anglais en Egypte leur prouva combien leur estime envers les Bédouins était mal fondée, car bien qu'il y en ait cinquante tribus à peu près qui peuvent donner 30.000 hommes environ en état de combattre, néanmoins le corps de 6.000 qu'Arabi avait formé à Kafr-Dawar, avec des fusils des derniers systèmes, ne contribua à rien autre qu'à des massacres et des pillages qu'ils faisaient même dans les villages fellahs.

Depuis le 16 juillet, l'envoi en Egypte de l'armée anglaise était faite régulièrement par des transports énormes. En dix jours, plus de 4.000 soldats campaient à Ramleh, sous le commandement des majors généraux Alisson, Earl et Graham. Cette force n'étant pas suffisante pour attaquer Kafr-Dawar, ne faisait que des reconnaissances et quelques escarmouches aux environs de Ramleh. La plus sérieuse fut celle qui eut lieu, le 5 août, sous le commandement des lieutenants généraux Alisson et Graham, à une distance de 8.000 mètres de Kafr-Dawar. Le résultat fut de 25 soldats blessés et d'un officier

tué du côté des Anglais, et de plusieurs soldats
tués et 30 prisonniers du côté égyptien.

Pour faciliter les reconnaissances, les Anglais
firent un train blindé composé de deux wagons,
dans le premier duquel ils mirent un canon, les
soldats devant rester dans le second. Ce train,
qu'on avait mis sur les rails du chemin de fer
du Caire, et sur lequel montaient quelquefois
sir Seymour et Alisson, partait de Kabarry, avançait peu à peu en parallèle du canal Mahmoudié
et s'arrêtant à une certaine distance du lac Maréotis, faisait des reconnaissances en tirant de
temps en temps quelques coups de canon.

XXI

Pendant que l'armée anglaise se concentrait à
Alexandrie, un grand conseil national se réunit,
le 29 juillet, au Caire, sous la présidence de Yacoub-Sami Pacha, à qui était confiée, depuis

quelques jours. la présidence du suprême conseil révolutionnaire autorisé à gouverner l'Egypte. Ce conseil rendit la décision suivante. qui fut publiée dans le *Moniteur* du gouvernement révolutionnaire :

Vu les différents Décrets du Khédive. parmi lesquels celui qui destitue Arabi Pacha de ses fonctions comme Ministre de la guerre, ainsi que les circulaires du dernier, et ayant entendu Yacoub Pacha Sami qui demande s'il doit exécuter les ordres du Khédive et ceux de ses Ministres, qui restent à Alexandrie gardés par l'armée Anglaise. les soussignés déclarent avec serment qu'après l'occupation d'Alexandrie par une armée étrangère et l'application des mesures prises par Arabi Pacha, pour repousser l'ennemi, ce dernier est et doit être Ministre de la guerre et de la marine, ainsi que chef de l'armée Egyptienne avec des pouvoirs absolus en ce qui concerne les opérations militaires.

Le Khédive ayant agi contre les lois religieuses et politiques du pays. ses ordres ainsi que ceux de ses Ministres, quels qu'ils soient, doivent être considérés comme nuls.

Le sous-secrétaire d'Etat est autorisé à soumettre cette décision à Sa Majesté le Sultan.

Fait au Ministère de l'intérieur.

Samedi, 29 juillet.

A ce grand conseil prirent part trois princes parents du Khédive, sept princes de la famille Gehen. le mufti. le grand cadi d'Egypte. le patriarche des cophtes. trente ulemas et juges, vingt-huit pachas. le grand rabbin. la plupart des gouverneurs des provinces, et cent notables et négociants des différentes religions.

A l'exception de quelques-unes de ces personnes qui avaient assisté au conseil et qui avaient signé sa décision, lesquelles succombèrent à la force qui fut exercée sur elles par le parti militaire, les autres, qui visitaient souvent Arabi Pacha à Kafr-Dawar, étaient si fanatisés par les mensonges et les versions fausses que leur faisait chaque jour le chef de la révolution, qu'ils commencèrent à être persuadés que leur vie, leur religion et leur honneur étaient en danger, et qu'une guerre sainte avait déjà commencé entre l'Angleterre et l'Égypte. L'augmentation de ce fanatisme eût été dangereuse. L'armée anglaise devait agir promptement et avec succès. Elle devait briser par de rudes coups les rebelles et étonner l'Égypte. Ce fut ainsi peut-être que raisonna le général Wolseley, pour déclarer que la campagne anglaise en Égypte serait terminée le 15 septembre.

Le 10 août, arriva à Alexandrie le grand transport « l'*Orient* », à bord duquel il y avait le duc de Connaught, fils de la reine d'Angleterre, et 1,000 soldats de la garde royale.

Le 11, deux autres transports, l'*Oronte* et le *Hollandais*, y arrivèrent, à bord desquels il y avait 1,300 soldats, le lieutenant général Hellis et le duc de Teck.

Le lendemain, vinrent à Alexandrie le lieutenant général sir Edward Hamley, commandant de la 2ᵉ division de l'armée d'expédition, et son

aide de camp le major général sir Evelyn Wood
et sir Garnet Wolseley avec son état-major, ainsi
que huit transports, dont quelques-uns firent
débarquer quelques bataillons d'armée et d'autres restèrent sous vapeur hors du port.

Aussitôt que le général en chef de l'armée anglaise eut débarqué, le Khédive fit publier les
proclamations suivantes (1) :

Nous, Khédive d'Égypte, faisons savoir aux autorités
civiles et militaires de l'Isthme de Suez que l'Amiral et
le Commandant en chef des forces de Sa Majesté Britannique, chargés de rétablir l'ordre en Égypte, sont
autorisés à occuper tous les points qu'ils jugeront utiles
pour les opérations militaires à entreprendre contre les
rebelles.

Invitons les dites autorités à porter le présent ordre
à la connaissance de tous les habitants de l'Isthme et
particulièrement des agents employés du canal maritime.

Faisons savoir, en outre, à tous que toute opposition
au présent ordre constituera une violation de notre
volonté Khédiviale et exposera les contrevenants aux
conséquences les plus graves.

Fait au palais de Ras-el-Tin, le 11 août 1882.

Signé : Méhémet Tuewfik.

M. le général Wolseley, Commandant en chef des
troupes Britanniques, n'ayant d'autre but que le rétablissement de la paix et de l'ordre en Égypte, est
autorisé par nous à prendre toutes les mesures militaires qu'il jugera utiles.

Vous devez donc, à la réception de notre présent
ordre, lui prêter votre concours et obéir à ses ordre

(1) Livre vert d'Italie, 1882, DLI.

qui sont, en réalité, les nôtres. Quiconque se soumettra à lui sera considéré comme se soumettant à nous-même, et quiconque ne se soumettra pas, sera considéré comme rebelle et traité par nous en conséquence.

Nous vous adressons donc le présent ordre, afin que vous vous y conformiez scrupuleusement (1).

(Cacheté) Méhémet Tewfik.

Dans le même temps, Arabi Pacha continuait à fortifier Kafr-Dawar et ses environs.

La première ligne de défense s'étendait à une longueur de 1,000 mètres au delà du lac Maréotis et sur tout l'espace qui était à l'est de Ramleh.

Au coin où le canal de Mahmoudié s'unit avec celui de Katatmpé, il mit de fortes avant-gardes, pour maintenir le passage vers Atphe et Damanhour.

Derrière cette dernière ville, il y a un poste qui avait servi, dans le temps, aux Bédouins de la Basse-Égypte à faire un camp : c'est celui de Tel-el-Barout, près duquel il y a la station du chemin de fer, où se rencontrent les lignes qui mènent de la Haute-Égypte à Kafr-el-Zayad et celles qui mènent au Caire. Ce point stratégique fut occupé et fortifié par Arabi Pacha pour maintenir les communications entre Kafr-Dawar et le Caire par Kafr-el-Zayad.

D'après ce que nous avons exposé dans le chapitre XVIII, un corps d'armée, parti d'Alexan-

(1) Livre bleu d'Angleterre, 1882. N° 17, 89.

drie ou de Ramleh pour marcher contre le Caire par le Delta, aurait rencontré à chaque pas des lacs et des canaux, tandis qu'il lui serait plus facile de faire la campagne par le canal de Suez, si ses deux bouts, celui de Suez et de Port-Saïd étaient occupés par lui. Dans ce cas, il pourrait, après s'être concentré au milieu du canal, à Ismaïlia, prendre la direction du canal des Eaux-Douces, et par Nefiche, Ramseh, Magfar, Maxamah et Tel-el-Kibir s'avancer à Zagazig, et de là au Caire. Arabi Pacha, prévoyant ce cas, avait fortifié, autant que possible, ces positions et principalement celle de Tel-el-Kibir, où devraient se concentrer toutes les opérations qui se passeraient de ce côté-là, et qui, parce qu'il n'avait pas osé détruire le canal, était maintenant occupée par les Anglais.

Malgré tout, et quoiqu'il dût traverser des plaines sablonneuses, en plein mois d'août, et sous un soleil brûlant, le général Wolseley préféra faire la campagne de ce côté-là, ne laissant à Alexandrie que quelques bataillons, pour protéger la ville et occuper l'ennemi par quelques escarmouches.

Jusqu'au 20 août, toute l'armée anglaise, qui débarquait à Alexandrie, se concentrait toujours à Ramleh, excepté celle qui était venue avec sir Wolseley et qui restait à bord. Nous entendions même très souvent gronder le canon à cause des escarmouches qui avaient lieu surtout pendant les derniers jours entre elle et l'armée égyptienne dans la plaine de Ramleh.

Soudain, le 20 août, pendant qu'une escarmouche avait lieu dans cette plaine et près du canal de Mahmoudié, sous le commandement du lieutenant général Hamley, la plus grande partie de l'armée anglaise, après être descendue de Ramleh, s'embarqua à bord des transports, ancrés dans le port d'Alexandrie. Vers le soir, tous ces vaisseaux, avec cinq cuirassés, prirent la direction d'Aboukir, de sorte qu'on aurait pu croire qu'un bombardement de ce fort et un débarquement de soldats auraient lieu de ce côté-là.

Mais la grande flotte fit voile pour Port-Saïd, où elle arriva le lendemain, 21 août.

Déjà, dans la nuit du 19 au 20, cinq cents Anglais de l'infanterie de marine, ayant débarqué, sous le commandement du capitaine Ferfax, avec trois mitrailleuses, avaient occupé la ville de Port-Saïd, sans aucune résistance, et désarmé la garnison égyptienne, composée de cent quarante hommes.

Dans la même nuit, trois cents Anglais de l'infanterie de marine, après avoir coupé les fils télégraphiques sur Suez et Port-Saïd, avaient débarqué à Ismaïlia, sous le commandement du commandant de l'*Orion*, Fitz-Roy, sans aucune résistance, pendant que les bateaux anglais, l'*Orion* et le *Karysfort*, envoyaient des obus contre Nefiche, où se trouvait l'avant-garde égyptienne à trois kilomètres d'Ismaïlia, pour la faire sortir ; ce qui eut lieu en effet, lorsque, d'un côté, quatre cent cinquante marins anglais envoyés par l'amiral Hoskins aidèrent Fitz-Roy à s'avancer et à occuper Néfiche ; et, de l'autre, le capitaine Edward, à la tête de deux cents matelots, prit possession de Kantara.

La veille, 18 août, l'amiral Hewet avait envoyé une lettre à l'agent de la compagnie du canal à Suez, par laquelle il l'informait que, conformément aux instructions du gouvernement britannique, il interdisait l'entrée du canal à tous les navires, même aux canots de la compagnie, et qu'au besoin il aurait recours à la force pour faire appliquer cette mesure. Vers neuf heures du matin, un canot s'engageait dans le canal sans avoir réglé les taxes, pour appliquer la mesure indiquée.

Quelques jours après, débarqua à Suez, sans aucune difficulté, la division Indienne sous le commandement du lieutenant général Makfersoon.

Ainsi fut annulée, en dix jours, la décision prise par la Conférence sur la police navale du canal. Le cabinet d'Allemagne le premier, lorsque le gouvernement italien voulut sonder, le 22 août, sa manière de voir sur ce sujet, répondit que comme la situation s'était modifiée à la suite des opérations de l'Angleterre sur le canal de Suez, et que maintenant les points principaux étaient en son pouvoir, dans ces conditions il paraîtrait assez malaisé d'établir pratiquement un service de surveillance collective [1].

Le général sir Wolseley, qui était arrivé, le

1. Livre vert d'Italie, 1882. DXXXIV.

21 août. à Ismaïlia avec sir Seymour et M. Hoskins. s'empressa de se rendre à Néfiche. qui depuis deux jours était occupée par Fitz-Roy. avec le lieutenant général Graham, pendant que le capitaine Hastinx. à la tête de deux cents soldats Écossais et d'un détachement d'infanterie de marine attaquait les Égyptiens à Chalouf; et avec l'assistance des mitrailleuses des cuirassés les forçait de prendre la fuite, après avoir laissé cent hommes hors de combat et quarante-cinq prisonniers.

Dans la journée du 23. les rebelles. ayant élevé les jours précédents un barrage dans le canal d'eau douce. sir Garnet Wolseley crut nécessaire de s'avancer pour occuper, à sept lieues d'Ismaïlia. un point important. où il avait appris que le canal pouvait être sérieusement endommagé.

Le 24. avant que le jour eût paru. il se mit en marche avec la cavalerie Household. deux canons de l'artillerie montée. quatre-vingts hommes de l'infanterie montée et environ mille hommes du régiment York et Lancaster. sans compter les soldats de l'infanterie de marine. Ce petit corps d'armée prit possession de la ligne entre Magfar et Maxshuta. et la cavalerie Household chargea l'infanterie rebelle. Le chemin de fer vint alors renforcer considérablement les Égyptiens. Mais Wolseley garda sa position pendant tout le jour. quoiqu'il eût affaire à un corps de dix mille hommes et à une cavalerie surpassant en nombre la sienne. qui était d'autant

plus fatiguée, que les chevaux venaient à peine
le débarquer. Pendant ce temps-là l'ennemi
construisait une autre digue dans le canal;
mais le lendemain, on s'en emparait, et l'ennemi
était complètement mis en déroute.

Après avoir pris Magfar, les troupes anglaises
se retranchèrent entre celle-ci et Maxamah.

Les forces rebelles, composées de deux régiments d'infanterie et de nombreux Bédouins,
et sous le commandement de Rachid Pacha
Hasmi, attaquèrent les positions anglaises.

Les rebelles à la première décharge tuèrent
deux artilleurs et cinq chevaux. Alors eut lieu
une action générale: les troupes anglaises prirent
l'offensive et opérèrent en même temps un mouvement de flanc avec leur artillerie, dans le but
de couper la retraite à l'ennemi.

Les pertes des rebelles furent très sérieuses:
d'après ce que leurs officiers mêmes avaient rapporté, plus de cinq cents hommes furent enterrés
dans le champ de bataille. La fuite des rebelles
fut si rapide que le mouvement de flanc n'eut
pas le temps de réaliser son but. Ils couraient
aussi vite qu'ils pouvaient, et leurs fusils furent
retrouvés abandonnés sur les rives du canal.

Pendant que l'action avait lieu, Mahmoud
Pacha Fehmi arriva par un train spécial au
secours de Rachid Pacha, et dans le but de
soutenir la lutte. Dans la fuite générale, le train
aussi fut ramené par les officiers qui en étaient
chargés. Mahmoud n'avait point de cheval, et
n'était accompagné que de son unique domesti-

que, lorsqu'un détachement de cavalerie anglaise arriva et les fit prisonniers.

Comme il était habillé en civil, on le prit d'abord pour un espion, mais lorsqu'il déclara son rang, il fut conduit au quartier du duc de Connaught. L'ex-ministre ayant fait des observations parce qu'on l'avait mis dans une petite chambre, on lui répondit qu'il devait s'en contenter, puisqu'un prince, fils de la reine, l'avait occupée la nuit précédente. Alors il demanda à manger et à boire; et l'on s'empressa de le servir.

Le jour suivant, Mahmoud fut transporté à Ismaïlia et mis en présence de sir Garnet Wolseley, qui l'interrogea sérieusement. Sir Garnet lui demanda s'il s'était rendu comme les autres officiers d'état-major, où s'il avait été fait prisonnier de guerre; sur quoi Mahmoud répondit : « Je suis un prisonnier, mais les autres sont des déserteurs. »

Le 1er septembre, il fut transféré à Alexandrie à bord de l'*Euphrates* et consigné au palais de Ras-el-tin.

Après cette victoire, l'armée anglaise se campa entre Maxamah et Cassassine. Cet avancement agile étonna beaucoup les Égyptiens, qui occupaient Kafr-Dawar, quoique Arabi eût tâché de les encourager par des nouvelles fausses des victoires gagnées par l'armée égyptienne et de la captivité de sir Seymour, qu'on attendait au Caire. La discipline militaire avait presque cessé, et plusieurs désertions se produisaient chaque jour. Arabi comprit qu'il ne pouvait compter que sur Tel-el-Kibir; et ce fut là que, depuis le 24 août, il avait concentré la plus grande partie de son armée, n'ayant laissé à Kafr-Davar qu'un petit corps de six mille hommes environ.

Bien que sir Wolseley eût déclaré que l'expédition anglaise serait terminée le 15 septembre, bien que l'armée anglaise eût avancé assez en deçà d'Ismaïlia, nonobstant, le gouvernement anglais, prenant en considération le cas où son armée aurait pu rencontrer de grandes difficultés à Kafr-Dawar, à Tel-el-Kibir et au Caire, préparait encore un corps d'armée, composé de cinq mille hommes et un grand train blindé avec trente-six canons, qui auraient servi dans un cas de siège. Outre cela, d'ordre de Wolseley, dix mille fellahs commencèrent à creuser près d'Alexandrie un grand fossé, pour faire s'unir la mer avec le lac de Maréotis. On supposait qu'en cas d'une déroute de l'armée égyptienne à Tel-el-Kibir, elle se réfugierait par Zagazig à Kafr-Dawar et au Caire pour y résister.

C'était pour rendre vaine cette résistance probable qu'on préparait en Angleterre le grand train blindé et qu'on creusait le grand fossé près d'Alexandrie, pour rendre facile l'entrée au lac Maréotis des canonnières qui pourraient coopérer avec l'armée.

De ces préparatifs il résulte que l'Angleterre n'avait pas une mauvaise opinion de l'armée égyptienne et n'était pas aussi optimiste que son général. Comme elle était une grande puissance, elle devait prévenir même les moindres échecs dans ses opérations militaires, et garder intact son prestige en Europe ainsi que dans l'Inde.

égyptienne et n'était pas aussi optimiste que son général. Comme elle était une grande puissance, elle devait prévenir même les moindres échecs dans ses opérations militaires, et garder intact son prestige en Europe ainsi que dans l'Inde.

XXII

Démission du ministère Ragheb Pacha et formation d'un
nouveau ministère sous la présidence de Chérif Pacha. — Proclamation du Sultan contre Arabi Pacha.
— Convention militaire. — Bataille entre Maxamah
et Cassassine et déroute des Égyptiens. — Bataille à
Cassassine et déroute des Égyptiens. — Arabi, Tulba
et le général anglais Lowe. — Bataille à Tel-el Ki-
bir et dispersion complète de l'armée égyptienne. —
La cavalerie indienne. — Fuite d'Arabi Pacha au
Caire. — Occupation du Caire par les Anglais. — Remise par Arabi Pacha de son sabre aux Anglais. —
Entrée au Caire de sir Wolseley.

Pendant que le canon grondait en Égypte, le
ministère égyptien de Ragheb Pacha, dont l'institution était provisoire, comme nous avons vu
plus haut, ayant donné sa démission, un nouveau
ministère lui succéda, le 28 août, sous la présidence de Chérif Pacha. Les membres de ce
ministère, nommé par le Khédive, étaient les
personnes suivantes :

Chérif Pacha, ministre des affaires étrangères
et président du conseil des ministres;
Riaz Pacha, ministre de l'intérieur;

Haïdar Pacha, ministre des finances;

Fahri Pacha, ministre de la justice;

Kaïri Pacha, ministre de l'instruction publique;

Zeki Pacha, ministre des wakfs;

Ali Pacha Mobarrek, ministre des travaux
publics;

Omer Pacha Loutfi, ministre de la guerre et
de la marine.

Pendant ces jours fut publiée à Constantinople,
d'après le désir du gouvernement anglais, la
proclamation suivante (1) contre Arabi Pacha:

Le 25 août/5 septembre 1882.

Vous savez tous que Sa Majesté Impériale le Sultan a
daigné confier le Khédivat d'Égypte à Son Altesse Mé-
hémet-Tewfik Pacha, conformément aux pouvoirs
octroyés par les Firmans Impériaux; que Son Altesse
étant le Représentant unique de Sa Majesté Impériale
dans l'administration de l'Égypte, ses ordres doivent
être obéis et que tout acte contraire tombe sous le coup
de la responsabilité.

Or, Arabi Pacha, contrairement aux dispositions clai-
res et précises des lois, a été assez criminel pour attaquer les prérogatives et attributions du Gouvernement
Impérial; il a été la cause de la perturbation de l'ordre
et de la confiance publiques, a placé une nombreuse population dans le cas de subir des pertes immenses
d'hommes et de biens, et a finalement provoqué des
interventions militaires étrangères en Égypte.

Si le Gouvernement de Sa Majesté Britannique, qui

1) Livre bleu d'Angleterre, 1882. N° 17, 150.

si un ancien ami de l'Empire, est allé plus tard jusqu'à bombarder Alexandrie, c'est que les armements des
forts de cette ville et l'augmentation du nombre des
canons avaient constitué un état de choses Agressif contre la flotte Anglaise mouillée dans ce port, et provoqué
dès lors la méfiance dudit Gouvernement. Bien que le
Gouvernement Impérial eût, à cette époque, prodigué
tous les conseils de sagesse et de bienveillance ainsi
que tous les moyens de persuasion, et qu'il eût donné
les ordres réitérés pour faire cesser les armements en
question, afin de ne donner lieu à aucune attaque de la
part de l'escadre Britannique et pour faire voir combien
la situation deviendrait grave dans le cas contraire,
cependant Arabi Pacha a désobéi à ces ordres et méconnu ces conseils.

On a voulu également représenter comme un acte
obligatoire de défense le feu ouvert par les batteries
de la ville à la suite de l'attaque faite par la flotte Anglaise. Mais le véritable but d'Arabi Pacha, et ses actes
le prouvent, était de créer le désordre dans le pays, de
semer la division parmi la population égyptienne et de
servir ses intérêts personnels illégitimes.

Si telles n'avaient pas été ses intentions : 1° loin de
créer une situation de nature à appeler sur Alexandrie
les violentes hostilités de l'escadre, il aurait, au contraire,
pour les prévenir, prêté l'oreille aux exhortations et
aux ordres qui lui étaient donnés; 2° outre les causes
et les conditions multiples et importantes qui se ratta-
chaient à la question des représailles contre la flotte, il
aurait pensé que ces représailles étaient absolument
subordonnées au Chérif et qu'il n'était investi d'aucun
pouvoir légitime à cet égard; et dès lors il n'aurait pas
été sans raison la cause d'une si grande effusion de
sang et n'aurait point mis le Gouvernement Impérial
dans la situation difficile où il se trouve actuellement en
appelant l'intervention militaire étrangère dans le
pays; et ce pour arriver uniquement à son but et à ses
désirs.

En faisant assiéger pour la seconde fois la résidence

de Son Altesse le Khédive, immédiatement après le bombardement de la ville d'Alexandrie, Arabi Pacha a donné lieu pour la première fois à une intervention militaire par terre — intervention motivée par le débarquement de soldats ordonné par l'Amiral Anglais dans le but de ramener la confiance.

Et lorsque le Gouvernement Ottoman a envoyé sur les lieux, en qualité de Commissaires Impériaux Leurs Excellences le Muchir Dervish Pacha, le Président de la Cour de cassation Lebib Effendi, le Lieutenant de la garde du Tombeau du Prophète, Essad Effendi et Kadri Effendi, pour faire venir Arabi Pacha à Constantinople, à l'effet de l'exhorter d'une manière plus efficace à sortir de la voie malhonnête qu'il suivait en Égypte, pour prévenir toute intervention étrangère en réglant d'une façon pacifique la question égyptienne, et pour écarter en même temps toute obligation douloureuse pour le Gouvernement Impérial de recourir aux mesures de vigueur envers des particuliers qui s'étaient engagés dans une ligne de conduite imprévoyante et insensée sans distinguer la réalité des choses, en d'autres termes sans réfléchir aux préjudices qui devaient résulter d'une pareille conduite aussi bien pour leur pays que pour le Gouvernement ; lorsqu'enfin ces Commissaires firent, pour l'accomplissement de leur mission, toutes les démarches et prodiguèrent à Arabi Pacha tous les sages conseils voulus et conformes à la foi, au Chérif et aux exigences de la situation, ce dernier, au lieu d'obéir, a au contraire répondu catégoriquement qu'il persisterait dans la voie qu'il s'était tracée, qu'il opposerait la force contre tous ceux, étrangers ou non, qui viendraient en Égypte, qu'enfin si le Gouvernement Impérial lui-même y envoyait des soldats, ceux-ci n'y seraient pas reçus. Ce qui précède ressort clairement du rapport officiel collectif que les Commissaires Impériaux susnommés ont soumis à la Sublime-Porte.

De même, la retraite d'Arabi Pacha pour y instituer, de son propre chef, une administration et se déclarer ainsi l'ennemi de l'autorité locale légitime, constitue en

lui-même un fait tellement illégal et si plein de conséquences graves, qu'il n'a pas besoin de preuves. Mais
ce qui est clair surtout, c'est que plus Arabi Pacha et
ses partisans persisteront dans leur conduite actuelle,
tendant à entourer leurs actes d'un caractère légal en
déguisant leurs mauvais desseins et à surprendre, par
toutes sortes de publications pompeuses, la bonne foi
des personnes peu au courant de la réalité des faits et
les assujettir à leurs vues, plus le Gouvernement de Sa
Majesté Britannique donnera de l'extension aux mesures prises par lui afin de sauvegarder son honneur militaire et plus aussi le Gouvernement Impérial verra
s'étendre le cercle des difficultés politiques où il se
trouve, de telle sorte qu'il résultera de tout ceci des
inconvénients aussi bien au préjudice de l'Égypte, qui
forme une partie intégrante et importante de l'Empire
qu'à celui du Gouvernement Impérial.

Avant que la ville d'Alexandrie eût été menacée par
l'escadre Britannique, Arabi Pacha, en dépit de ces actes
énumérés ci-haut et dignes de châtiments exemplaires
et malgré surtout la déclaration qu'il fit de s'opposer
par la force des armes à une expédition militaire Ottomane, eut d'une part recours au Khédive pour implorer
le pardon et la clémence de Sa Majesté Impériale, et
d'autre part il donna au nom de l'armée égyptienne, à
Son Excellence Dervish Pacha, des assurances d'obéissance à l'Empire en renouvelant en même temps son
attachement et sa fidélité envers le Khédive. Ces assurances officielles furent à cette époque portées à la connaissance du public, sur le rapport du maréchal Dervish Pacha, les prières et les sollicitations faites de la
sorte furent agréées, et sur la demande du même maréchal une décoration impériale d'un ordre élevé fut con-
férée à Arabi Pacha afin de lui inspirer une confiance
encore plus grande et des sentiments d'obéissance et de
dévouement.

Néanmoins, Arabi Pacha a méconnu ces hautes faveurs, persisté dans sa conduite répréhensible et illé-
gale, et levé ouvertement l'étendard de la révolte. Il

s'est attiré lui-même sa condamnation comme rebelle et insurgé — condamnation qui est la conséquence naturelle de ses actes.

On ne doit pas ignorer non plus que le Khédive étant un des grands dignitaires de l'Empire, possédant la confiance de la Sublime-Porte et que le Gouvernement Impérial ayant à cœur de sauvegarder le prestige et l'autorité de Son Altesse et de maintenir intacts les privilèges et le pouvoir qui lui sont dévolus par les Firmans Impériaux, les actes qu'Arabi Pacha a osé commettre vis-à-vis du Khédive sont en tous points contraires à la volonté du Gouvernement Impérial.

En conséquence, tout le monde doit savoir que le caractère d'insurgé que s'est approprié Arabi Pacha est le résultat de sa conduite et de ses procédés et que le Gouvernement Impérial est décidé à maintenir l'autorité et les privilèges de Son Altesse le Khédive.

La Sublime-Porte, qui avait déclaré qu'elle ferait publier cette proclamation, aussitôt que l'armée ottomane serait partie pour l'Égypte, cette fois-ci se pressa de faire la publication, afin qu'elle pût écarter les plaintes que l'Angleterre lui faisait de ne pas la mettre au jour et de ne pas envoyer l'armée en Égypte le plutôt possible.

Mais cette difficulté étant aplanie, il y avait une autre entrave plus sérieuse, celle de la convention militaire que la Turquie devait contracter avec l'Angleterre au sujet de l'envoi de ses troupes en Égypte. Encore que la Sublime-Porte eût invité, dès le 8 août, lord Dufferin à se concerter avec elle sur cette convention, encore qu'au commencement de septembre, elle

lui eût remis un projet (1) pour être approuvé et
signé par lui. néanmoins, presque pendant un
mois que les pourparlers continuèrent. les deux
parties n'aboutirent à rien. des difficultés sérieuses s'étant présentées dans la durée des
négociations.

(1) Voici ce projet :

ARTICLE I

Le Gouvernement impérial Ottoman, ayant l'intention d'envoyer
un corps d'armée en Égypte, fixe le chiffre de la première division
qui sera expédiée sur les lieux à 5,000 ou 6,000 hommes, en se
réservant d'arriver au nombre nécessaire d'après une entente
ultérieure entre les Hautes parties contractantes.

ARTICLE II

Les troupes expéditionnaires Ottomanes débarqueront à Aboukir.

ARTICLE III

Les Commandants en chef des deux corps d'armée s'entendront
au préalable sur les mouvements et opérations militaires des
troupes Impériales Ottomanes, qui dépendront exclusivement de
leur propre Commandant en chef.

ARTICLE IV

Aussitôt que les motifs qui ont provoqué les mesures militaires
en Égypte auront cessé d'exister. l'évacuation des troupes des
Hautes parties contractantes aura lieu simultanément.

ARTICLE V

Dans le but de faciliter les communications entre les deux
armées, il sera attaché à chacune d'elles un officier supérieur
appartenant à l'autre. Ces deux officiers supérieurs auront le
même grade (1).

1. Livre bleu d'Angleterre, 1882. N° 17. 98.

Le gouvernement anglais, dont l'armée occupait déjà Alexandrie, Port-Saïd, Ismaïlia et Suez, voulait exclure ces points de l'opération de l'armée ottomane et indiquait à la Sublime-Porte, comme points où l'armée impériale pourrait débarquer et opérer, Aboukir, Damiette et Rosette, sans qu'elle eût pu approcher d'Alexandrie et traverser Ramleh, pour aller à Aboukir, comme la Sublime-Porte l'exigeait (1).

Le gouvernement ottoman, considérant ces conditions comme contraires à sa dignité et à sa souveraineté en Égypte, les repoussait.

Toutefois ce désaccord entre les deux gouvernements n'empêchait pas l'armée anglaise de s'avancer en Égypte. Après avoir réparé les communications par le chemin de fer, que les rebelles avaient coupées, et augmenté ses forces, sir Garnet Wolseley ne pouvait pas rester inactif dans les plaines désertes de l'Égypte, sous le soleil brûlant de septembre, qui chaque jour faisait plusieurs victimes. D'ailleurs, le 15 septembre, où il avait promis de terminer la campagne d'Égypte, n'était pas loin.

Le lundi 28, les rebelles attaquèrent les positions anglaises à Kassassine avec huit bataillons d'infanterie et douze canons, dans le but de reprendre les écluses du canal qui se trouvaient au pouvoir d'un corps de troupes britanniques, commandé par le major-général Graham; ce

(1) Livre bleu d'Angleterre, 1882, N° 17, 98.

corps fut attaqué vigoureusement par les forces rebelles.

La cavalerie anglaise fut promptement envoyée de la gare de Maxamah comme aide au général Graham, et dès que la nuit fut venue, l'ennemi était mis en déroute; seulement on ne put réussir à emmener les canons qui avaient été capturés et que les rebelles purent emporter, grâce à l'obscurité. Les pertes des Arabistes furent très sérieuses.

Les troupes britanniques eurent 1 officier tué, 6 blessés, 19 soldats tués et 53 blessés.

Voici d'ailleurs le rapport officiel du général Graham sur cette affaire :

Mes troupes stationnaient à l'écluse de Kassassine.

Vers neuf heures trente du matin, la cavalerie ennemie apparaissait sur notre front de bataille. A midi, les rebelles ouvraient le feu avec deux canons de fort calibre, mais ne nous causaient aucun mal.

A trois heures de l'après-midi, l'ennemi feignit de se retirer. J'ordonnai en conséquence à mes hommes de se replier. C'était l'heure du souper. La brigade de cavalerie qui était venue à mon aide retourna donc à Maxamah. A quatre heures vingt, l'infanterie ennemie, bien soutenue et protégée par un feu d'artillerie aussi vif que bien dirigé, s'avança et tenta de forcer mon aile droite. J'ordonnai à la brigade de cavalerie et à un bataillon d'infanterie de marine d'aller en avant de Maxamah.

En même temps je fis avancer le bataillon de l'infanterie de marine le long de la rive méridionale du canal, dans le but de prendre l'ennemi en flanc. Ce mouvement fut admirablement exécuté par le colonel Tuson, qui fit manœuvrer son bataillon avec une rare habileté; ses hommes tiraient bien et avec précision.

A cinq heures, j'ordonnai au général Lowe d'attaquer l'aile gauche de l'ennemi avec la cavalerie, ce qu'il fit très vaillamment. A six heures quarante-cinq, je donnai l'ordre d'une marche générale en avant, comptant que la cavalerie qui se trouvait en tête de mon aile droite attaquerait à la même heure la gauche de l'ennemi. Le bataillon d'infanterie de marine arriva de Maxamah et s'avança avec nous pendant deux ou trois lieues. L'ennemi se retira devant nous. A huit heures, j'apprenais le résultat de la charge de cavalerie et, trois quarts-d'heure après, tout étant tranquille, je retournai au camp.

La conduite des troupes et leur fermeté sous le feu a été parfaite; les soldats attendaient avec impatience de se mesurer avec l'ennemi. Rien ne saurait égaler la valeur de l'infanterie montée, commandée par le lieutenant Pigott, qui est un officier aussi capable qu'intrépide. Je regrette d'avoir à déclarer que cet officier et Edwards ont été blessés. Les pièces de canon ont été habilement manœuvrées par l'artillerie sous le commandement du capitaine Tucker.

J'estime que les forces de l'ennemi devaient être de 1,000 cavaliers et de 8,000 fantassins, appuyés de 12 pièces de canon.

Dès lors, les deux armées concentraient leurs forces: celle des Anglais à Kassassine, celle des Egyptiens à Tel-el-Kibir.

Le 9 septembre, à l'aube, les Egyptiens attaquèrent l'aile droite des Anglais, qu'en même temps ils tâchèrent de tourner de Salihé. Dans le cas où ils auraient réussi, ils seraient entrés au travers de la parade anglaise, ils auraient interrompu sa communication avec le chemin de fer et ils les auraient jetés dans le canal. Ce plan si bien conçu, qui avait échoué pendant le combat du 28 août, échoua aussi le 9 septembre.

quoiqu'on eût vu venir de Damiette au champ
de bataille les excellents bataillons des Soudanais et qu'on eût envoyé beaucoup de pièces
d'artillerie.

Arabi Pacha disposa toutes ses forces : 15,000
Égyptiens d'infanterie, 2,000 de cavalerie,
3,000 Bédouins et 62 canons prirent part à l'attaque directe faite contre l'ennemi, pendant que
Tulba Pacha marchant de Salihé avec 7,000 soldats et 24 canons devait achever de tourner
l'aile droite des Anglais.

Vis-à-vis de cette armée, dont la marche était
facilitée par une ligne de collines sablonneuses,
les Anglais n'opposèrent que dix bataillons,
c'est-à-dire 8,000 hommes détachés des divisions
commandées par Graham et Wuillis.

Le canon grondait vivement. Le duc de Connaught, qui était invité par le télégraphe, se
pressait de se rendre au champ de bataille, avec
la division de la garde royale qu'il commandait.
Pendant un quart d'heure, la position des Anglais fut très critique. Mais le lieutenant-gé-
néral Lowe se précipita de nouveau, comme il
avait fait pendant le combat du 28, avec la cavalerie anglo-indienne sur l'aile gauche des Égyptiens et, après deux brillantes charges, les força
de reculer en laissant sur le champ de bataille
300 morts et 5 canons. Plusieurs prisonniers
restèrent dans les mains des Anglais.

Après avoir avancé à une distance de quatre
mille mètres de Tel-el-Kibir, le général anglais fut obligé, à la suite d'une vive canonnade

produite de ce côté-là, de retourner à Kassassine, amenant 10 morts et 60 blessés.

Les officiers les plus vifs de l'état-major de Wolseley, qui arriva à Kassassine après le combat, exprimèrent l'opinion d'attaquer les forts ennemis dans la même journée; mais le général en chef ne crut pas cela prudent.

Mais, dès ce jour, il était évident que la bataille décisive aurait lieu prochainement.

Pendant deux jours, le 10 et le 11 septembre, l'armée était restée dans ses tentes, dans la plaine de Kassassine. Elle n'avait rien à faire et s'en plaignait d'autant plus que la chaleur était accablante et l'eau toujours exécrable.

D'un côté, l'énervement résultant de l'inactivité, de l'autre, l'impossibilité de se procurer de l'eau filtrée, et surtout de s'expliquer pourquoi l'intendance et le service des transports faisaient toujours défaut dans les moments où l'on en avait le plus besoin, il s'ensuivait que l'armée anglaise commençait à trouver que la vie était triste, que le service actif était une chimère, et que même sir Garnet Wolseley lui-même n'était pas entièrement à la hauteur de sa tâche.

Mais dans l'après-midi du 11, cette inquiétude et ce mécontentement disparurent soudainement. Le bruit se répandit dans le camp qu'il devait y avoir une attaque nocturne.

Bientôt ces bruits se confirmèrent et les ordres furent donnés de brigade en brigade. Les tentes devaient être enlevées à six heures du soir, aucun clairon ne devait résonner après le coucher du soleil. Régiment par régiment, les troupes devaient se placer en ordre de marche, le long du chemin de fer, et y attendre l'ordre d'aller en avant. Le camp entier fut bien vite en mouvement et aussitôt après le coucher du soleil, à l'heure du crépuscule, on pouvait voir l'armée abandonnant sans bruit ses campements, se massant par régiments au delà de la ligne du chemin de fer.

En Égypte, le crépuscule dure peu et au bout d'une demi-heure, à peine pouvait-on distinguer dans l'obscurité, qui tombait rapidement, les masses sombres des troupes marchant en bataillons vers l'ennemi.

À droite, sur les sables profonds s'avançaient comme des fantômes les batteries d'artillerie et la cavalerie anglaise ; sur le flanc, vers l'extrême droite, on voyait la brigade de la garde royale glisser lentement sur la crête des ondulations sablonneuses, et ressemblant plutôt à des nuées fantastiques.

Ces mouvements s'opéraient sur le côté nord du canal. En même temps, du côté sud, et à deux milles à peu près en avant, le contingent Indien du général Makpherson s'était déjà rassemblé ; le 72ᵉ était là au milieu des chaumes provenant de la dernière moisson, derrière eux et sur leur gauche, la batterie de campagne et six cents mulets environ du régiment Indien étaient au bivouac, pendant que la cavalerie du Bengale, le 13ᵉ lanciers, le 2ᵉ B. C. célèbre dans l'histoire de l'Inde, et le 6ᵉ, s'avançaient en contournant les dattiers et en traversant les champs de coton et de maïs.

Dans l'espace de trois heures environ, l'immense campement était désert, et l'on n'y voyait plus que çà et là une sentinelle isolée du West Kent montant la garde, auprès des tentes vides et un Beluchet veillant sur les mulets de transport.

Du côté de l'intendance, ce ne fut que mouvement toute la nuit et, dans le lointain, vers l'extrémité de ce camp formidable il s'étendait sur un espace de deux milles le long du canal on entendait encore ce bourdonnement confus de voix d'hommes et d'animaux qui jamais ne s'arrête dans les foules qui suivent le camp des régiments Indiens. Bientôt les feux allumés par les régiments qui venaient de partir s'éteignirent l'un après l'autre, et le campement abandonné retomba dans le silence du désert.

Et l'armée ?

Elle avait marché sur les collines et sur les pentes sablonneuses jusqu'à ce qu'elle fût arrivée à portée du feu de l'ennemi, et s'il eût fait jour, presque en vue des têtes basanées qui fourmillaient dans les retranchements de Tel-el-Kibir. C'est là qu'elle établit son bivouac.

Au centre du corps d'attaque se trouvaient la brigade Écossaise, les 42e, 75e, 74e, 79e régiments sous les ordres du général Alisson, avec le 60e tirailleurs en avant-garde ; à sa droite, le 48e Royal Irish fusiliers, commandés par le général Graham, et à la réserve, les gardes, les grenadiers,

es Scots et les Coldstreams, commandant : duc
e Connaught.

Sur la gauche des Highlanders se trouvaient
es régiments des 84°, 46° et 55° ainsi qu'un ba-
aillon d'infanterie de marine.

Sur la voie du chemin de fer au flanc gauche
taient les Highlanders et les gardes avec 42 piè-
es d'artillerie, et à la droite de l'artillerie B. H.
atteries N. H. et G. B..

Sur le flanc droit s'étaient portés la cavalerie
oyale, les 4° et 7° dragons, en tout 1.110 sabres.

Avant qu'il fît assez jour pour distinguer h om-
es et chevaux, l'armée s'était de nouveau avan-
ée en silence.

Bien avant que le jour parût, les Highlanders
e trouvaient sur le dernier plateau : les Égyp-
iens dans leurs retranchements avaient reçu
eur ration du jour consistant en pain et fèves ;
ais, ayant placé tout le long de leurs lignes les
munitions de réserve pour la journée, ils se reti-
èrent derrière leurs ouvrages de terre et de là
ils examinaient le camp, dans l'attente de saisir
un son ou d'apercevoir un mouvement de ces
maudits infidèles qu'ils croyaient pouvoir facilement repousser jusqu'à la mer, d'où ils venaient.

Les Highlanders ne pouvaient rien voir, rien
entendre ; cependant à 500 mètres environ se
trouvait l'armée égyptienne entière et elle avait
eu depuis longtemps la nouvelle des forces qui
s'approchaient devant elle, du nord au sud, mais
qu'elle ne pouvait pas encore distinguer. Les

Écossais savaient aussi que de puissantes batteries étaient placées à droite et à gauche. Mais tout était encore caché par le brouillard du matin, qui ne s'était pas encore levé des replis de la plaine ondulée.

Mais ils avançaient. Une petite colline se trouvait devant eux couverte d'une croûte de gravier, et la marche lente et régulière de la Black Watch et de ses valeureux soldats ressemblait plutôt au doux mugissement des vagues sur une plage de cailloux qu'à la marche bruyante d'une troupe déterminée à la lutte.

Les Égyptiens avaient-ils abandonné leurs retranchements? Voilà bien à droite et à gauche les batteries qui devaient balayer les Highlanders, mais pas un canon ne se fait entendre. A distance de 400 mètres, juste en face d'eux, on apercevait indistinctement les terrassements de l'ennemi. Derrière ces terrassements l'ennemi veillait. Il vit bientôt, aux premiers rayons de l'aube, s'avancer les Highlanders, et il se tenait prêt à faire feu au premier signal.

Dans l'étendue de terrain si maladroitement négligé par l'ennemi, les Écossais avançaient toujours. Chaque minute que l'Égyptien gaspillait ainsi était pour les Anglais plus précieuse que de l'or, car chaque seconde qui s'écoulait représentait la vie d'un de leurs soldats.

L'ennemi n'était plus qu'à 300 mètres, mais il se tenait encore invisible.

Encore dix pas, vingt pas, trente pas et tout à coup, comme si le ciel et la terre se fussent en-

flammés, dix mille coups de fusil éclatent à la
fois et lancent, à travers la plaine, un feu si terrible de mousqueterie, une telle pluie de balles
qu'on tremble encore rien que d'y songer.

Au même instant les batteries ouvrirent leur
feu : la bataille est commencée.

Les Highlanders avaient l'ordre de ne pas répondre, la main crispée sur leurs carabines.
Ils s'avancèrent donc en attendant l'ordre de
charger.

Ils ne l'attendirent pas longtemps.

— Chargez!

Et ils s'élancèrent à l'ennemi.

Tous les régiments rivalisaient entre eux dans
cet élan impétueux. Tous voulaient participer à
l'honneur de la journée, et avec des hourrahs qui
perçaient à travers la fusillade de l'ennemi, ils
s'avancèrent comme des lions sur les retranchements à travers les lignes, d'où partait un feu
meurtrier, plongèrent pêle-mêle dans une fumée
épaisse et, une minute après, étaient sur les
tranchées, frappant de leurs baïonnettes et sa-
brant les Égyptiens stupéfaits.

Ils s'attendaient, abrités par leurs retranchements, à échanger leur feu avec celui des régiments britanniques, à découvert dans la plaine,
et, dans le cas où les Anglais eussent avancé encore, ils pensaient qu'ils auraient à rencontrer
les fragments de leurs forces, face à face dans les
retranchements, ayant toujours l'avantage d'être
à l'abri d'une attaque de flanc.

Mais que pouvaient-ils faire, disaient-ils

contre des hommes qui n'ont pas tiré un seul coup de feu, mais qui se sont jetés, en poussant des cris, jusque sous le canon de leurs fusils, commençant à charger à la baïonnette à droite et à gauche.

Cette seule charge a décidé du sort de l'armée d'Arabi. Les Égyptiens, saisis plutôt par la promptitude de cette course impétueuse que par le courage, demeurèrent pendant une minute indécis et puis s'enfuirent de leurs retranchements à travers la colline, avec les Highlanders acharnés à leur poursuite. Le feu des soldats anglais était rapide et bien nourri et, tout le long de la ligne de sa fuite, l'ennemi tombait comme des épis.

Pendant les cinq minutes qui décidèrent du sort de la rébellion, les brigades à droite s'étaient précipitées et avaient aussi enlevé les retranchements. Le général Graham fut le premier de sa brigade qui pénétra dans ces retranchements, tandis que sur la gauche le 46° perdait son brave colonel, tombé au premier feu.

Le 46°, avec des hommes déterminés, en était venu aux mains corps à corps avec les Égyptiens et les avait chassés de leurs terrassements.

Les rebelles n'ont pas eu une seule minute pour reprendre haleine, car les Anglais étaient immédiatement derrière eux, les poursuivant dans toutes les directions, dans la plaine, à travers leurs retranchements, comme au milieu de leurs camps, ils chassaient les hommes fanatiques du corps des Arabistes.

Les batteries grondaient encore, cherchant avec obstination à arrêter la marche des vainqueurs, mais les canons anglais ouvrirent leur feu, qui bien dirigé les réduisit une à une au silence, et ensuite ce feu fut tourné contre les fugitifs.

Parmi les premiers qui quittèrent le camp, se trouvait Arabi en personne; puis, se ruant derrière lui comme un torrent vivant, ses soldats se dirigeaient dans la région sud, pendant qu'un plus petit nombre fuyait vers le nord. Mais les premiers avaient encore à lutter avec le contingent indien.

Le 72ᵉ avait vaillamment chargé et pris une batterie, et les hommes qui fuyaient devant lui, chassés par les Belouchis, 20ᵉ et 70ᵉ nᵒˢ 1, se mêlèrent au corps principal des fuyards, de sorte que tous se trouvèrent à la merci de la cavalerie du Bengale. Une simple charge dans cette masse avait suffi pour prouver combien la défaite égyptienne était absolue, car les rebelles refusèrent de se battre et même de résister: aussi, jetant leurs armes, ils attendaient qu'on les égorgeât. Mais les braves régiments, méprisant cette foule misérable, s'avancèrent au milieu de ces milliers d'êtres épouvantés, dont ils épargnèrent la vie, contents de leur avoir fait déposer les armes. Ceux qui s'étaient dirigés vers le nord rencontrèrent les sabres britanniques sur leur route: mais, bien qu'ils eussent éprouvé des pertes énormes, ils furent encore assez heureux de pouvoir s'échapper sans avoir à leurs trousses l'artillerie de campagne, qui les eût criblés d'obus dans leur fuite.

Deux heures après la première fusillade, les hourrahs des Écossais annonçaient que la bataille était terminée.

La canonnade qui résonnait au loin accéléra encore la fuite des rebelles, mais les troupes britanniques avaient balayé le champ de bataille, et les morts et les blessés occupaient seuls les retranchements de Tel-el-Kébir.

Les infirmiers militaires étaient tout entiers à leurs douloureux devoirs, et les tentes de l'ennemi comprises dans les lignes des retranchements avaient été transformées en ambulance et bien vite remplies de blessés anglais. Des soldats et des chirurgiens parcouraient le champ de bataille, prêtant également leur assistance à l'ennemi, et des quantités de bidons d'eau, dont les Anglais avaient eux-mêmes grand besoin, furent vidés par eux dans la bouche des Égyptiens évanouis.

Lorsque le sang des soldats est excité et qu'ils voient parmi eux, gisant sur le sol, leurs camarades morts ou mourants, il n'est pas étonnant que parfois une nature brutale se révèle, mais ceux qui insistent trop sur ce point devraient se rappeler que les soldats anglais, chose rare, dans le nombre des blessés, ont contribué à soulager les souffrances de l'ennemi.

Ils devraient également se souvenir que les Égyptiens, trompés par des informations que leurs officiers faisaient expressément circuler

parmi eux, prétendant que les Anglais ache-
vaient et mutilaient toujours les blessés, se sou-
levaient avec peine, s'appuyaient sur le coude et
tiraient un dernier coup de feu contre des
hommes qui, non seulement avaient épargné
leur vie, mais qui essayaient dans ce moment
même de la leur préserver.

Plus de 2,000 soldats égyptiens furent mis
hors de combat, plus de 4.000 furent prisonniers,
40 canons égyptiens furent pris par les Anglais,
et deux pachas, Ressid et Sennaad, furent blessés. Arabi Pacha avait pris la fuite vers Zagazig,
étant monté sur un cheval arabe.

Telle était la terreur panique qui dominait les
soldats égyptiens pendant la poursuite que leur
faisait subir principalement la cavalerie Indienne, dont les lances et les sabres firent parmi
eux un carnage terrible, et telle la confusion qui
les avait surpris, que, quelques heures après la
bataille, Arabi lui-même ne savait où et dans
quel état se trouvait son armée. Les dépêches
suivantes échangées entre lui, du Caire, et Abdelal de Damiette, prouvent l'alarme, la grande
confusion qui était produite sur l'armée égyptienne après la bataille, et la naïveté de ses
chefs :

Abdelal à Arabi :

Où se trouve notre armée ?

Arabi à Abdelal :

Je n'en sais rien ; demandez des renseignements à
Talha.

Abdelal à Arabi :

Où se trouve maintenant l'ennemi ?

Arabi à Abdelal :

Je n'en sais rien. Le télégraphe de Zagazig ne répond pas.

Abdelal à Arabi :

N'êtes-vous pas encore en état de m'informer sur notre armée ?

Abdelal à Arabi :

Pas encore ; occupez-vous d'apprendre sa position.

Après la bataille, les lieutenants généraux Makpherson et Lowe, qui avaient complété la décomposition de l'ennemi par la cavalerie anglo-indienne, d'ordre de Wolseley, après avoir fait une marche brillante d'une distance de cinquante milles dans trente heures, se hâtèrent d'entrer, avec la cavalerie qu'ils commandaient, au Caire, pour protéger la capitale contre l'incendie et le pillage.

Aussitôt que la capitale de l'Égypte fut rendue à ces généraux sans aucune résistance, le général Lowe exigea du gouverneur Ibraïm bey Fawzi, nationaliste, mais d'un caractère modeste et conciliant, qu'il rendît le dictateur (1).

Arabi Pacha, avant que les Anglais fussent entrés au Caire, s'était rendu chez son compagnon

____

(1) Grâce à lui, le Caire fut sauvé de l'incendie.

Ali-Fehmi Pacha, qui était blessé, où s'étaient réunis quelques membres du gouvernement révolutionnaire. Tulba Pacha, Omer bey Rahmi et Mahmoud-Sami Pacha, pour examiner la question de la défense de la capitale. Après une longue discussion, on décida, d'après l'opinion d'Arabi Pacha, de rendre la citadelle; et comme au moment même on annonça l'arrivée de l'avant-garde anglaise, Arabi Pacha dépêcha au gouverneur de la forteresse l'ordre de la livrer au général anglais. Ensuite, accompagné par son ami et collègue Tulba Pacha, Arabi Pacha se rendit chez le gouverneur, et de là auprès du général anglais vers dix heures du soir.

L'ennemi acharné de l'Angleterre, en livrant son sabre au chef de ses troupes, n'évita pas de dire d'un air abattu : qu'au commencement de la révolte, qu'il avait faite, il n'avait jamais pensé à déclarer la guerre contre les Anglais, qu'il estimait beaucoup, et que ce n'était qu'à cause du Khédive qu'il avait été forcé de tourner contre eux son sabre. Pendant toute la durée de la guerre, disait-il, il avait rempli son devoir comme soldat; que maintenant que tout était passé, les Anglais et les Egyptiens devenaient amis, comme dans le passé. Quant à sa personne, le dictateur d'Egypte déclara qu'il se rendait à l'armée anglaise comme un soldat vaincu, ayant confiance en l'honneur de l'Angleterre.

Deux jours après, le général en chef des troupes anglaises fit sa rentrée triomphale au Caire.

où toutes les notabilités de la capitale s'empres-
sèrent de lui exprimer leur reconnaissance de
ce qu'il les avait débarrassés du fléau de la rébellion.

XXIII

Après la défaite complète des rebelles à Tel-
el-Kibir, la paix se rétablit tout de suite en
Égypte.

Toutes les garnisons des villes et tous les détachements d'armée qui occupaient les différents points se hâtèrent de rendre les armes
aux vainqueurs.

Cet exemple fut aussi imité par les Bédouins,
qui commencèrent aussitôt à reprendre leur vie
nomade, et par Abdelal, le brave colonel du régiment des Soudanais, qui était cantonné à Damiette, malgré toutes les menaces qu'il avait
adressées aux Anglais, disant qu'il leur résiste-
rait avec acharnement.

À ce qu'il paraît, l'œuf de la victoire, que le
Cheik Mahomet-Heloui avait trouvé à Mansourah et qu'Abdelal avait envoyé à Arabi, d'après
ce que le journal officiel des rebelles avait écrit,
n'avait pas malheureusement le pouvoir ma-

gique de couronner de lauriers les têtes des rebelles égyptiens, et principalement celles de leurs chefs : Mahmoud-Sami Pacha, Tulba Pacha, Ali-Fehmi Pacha, Mahmoud-Fehmi Pacha, Yacoub-Sami Pacha, Soliman-Daout, Ali Pacha Roubi, Omer Bey Rahmi, Nedim, Saïd-Kandil Bey et Abdelal Pacha, qui tous furent emprisonnés avec Arabi Pacha.

Pendant que la rébellion dominait l'Égypte, et surtout pendant les derniers jours, il régnait au palais de Ras-el-tin une tranquillité lugubre; mais après la bataille de Tel-el-Kibir on vit renaître la gaieté et la vivacité des beaux jours; et tout le monde se pressa de visiter et de féliciter le bon Khédive.

Le 14 septembre se présentèrent devant lui les délégués du Caire, Boutro Pacha et Réouf Pacha, pour lui manifester la soumission des habitants de la capitale; vint aussi le chef du corps d'armée de Kafr-Dawar, Ali Pacha Rubi, pour lui demander pardon en pleurant; mais celui-ci fut renvoyé en prison.

Parmi les visiteurs on eût certainement vu Arabi lui-même, si le Khédive n'avait pas rejeté la lettre qu'il lui avait envoyée par Boutro Pacha, et par laquelle il lui demandait pardon.

XXIV

Dissolution de l'armée égyptienne. — Rétablissement
des gouverneurs. — Rentrée du Khédive au Caire. —
Inutilité de la convention militaire. — Prévoyance
du Khédive pour les victimes du massacre et du pillage d'Alexandrie. — Condamnation d'Arabi Pacha
et de tous les chefs de la révolution. — Leur exil à
Ceylan.

L'armée, qui avait attiré tant de malheurs sur
l'Égypte et qui avait été tout à fait mise en
désordre à Tel-el-Kébir par sir Garnet Wolseley, fut dissoute par un décret du Khédive, le
19 septembre.

Après l'application de cette mesure et après
qu'il eut nommé tous les gouverneurs des provinces, le Khédive rentra dans sa capitale, où, le
10 septembre, eut lieu sur la place d'Abdin la
grande revue de l'armée anglaise, composée de
17.000 soldats et 4.000 chevaux.

Peut-être Arabi et ses complices voyaient et
admiraient des fenêtres de leurs prisons obscu-
res cette parade splendide des Anglais. Il y avait
un an à peu près que, fiers et hautains, ayant

concentré sur la même place l'armée égyptienne et ses batteries, les rebelles avaient forcé de cette manière le Khédive à accepter leurs propositions révolutionnaires. Maintenant qu'aucune trace des soldats égyptiens ne paraissait nulle part, ils furent éclairés et persuadés que, quoiqu'il soit facile de renverser des ministères et d'imposer des chartes constitutionnelles par la baïonnette, de vouloir avilir le prince du pays à qui on demande pardon à la fin, il est cependant dangereux de mépriser les grandes puissances, de toucher à leurs intérêts importants, et de blesser et massacrer dans les rues leurs représentants et leurs sujets.

Après le 13 septembre, la convention militaire, qui devait être contractée entre le Gouvernement Ottoman et le Gouvernement Anglais, devint inutile. En effet, le 27 du même mois, la Sublime-Porte adressa à lord Dufferin une communication dans laquelle elle reconnaissait que l'envoi en Égypte de troupes turques était maintenant inutile; et elle exprimait le désir et l'espoir que l'armée anglaise quitterait prochainement l'Égypte, après avoir rempli sa mission.

Après le rétablissement de l'ordre en Égypte, tous ses habitants indigènes et européens se hâtèrent de revenir reprendre leurs travaux et de réparer, autant que possible, les dégâts qu'ils avaient subis pendant la crise égyptienne.

Outre les grands désastres qui s'étaient produits à Alexandrie, des dégâts considérables avaient été aussi faits à Tantah, à Kafr-Zayat, à

Zifta et à Kafr-Dawar; mais la production du
coton, principale source de la richesse du pays,
n'avait été que très peu éprouvée dans les environs de Kafr-Dawar.

La pénible situation dans laquelle se trouvaient la plupart des personnes éprouvées par le
massacre, le pillage et l'incendie d'Alexandrie
avait ému profondément le bon cœur du Khédive
Tewfik, qui, considérant comme un devoir d'humanité de rassurer les victimes de ces désastres
et de calmer leurs appréhensions pour l'avenir,
avait affirmé, depuis le 7 août, sa volonté d'in-
demniser, dans des conditions à déterminer en
temps opportun, toutes les victimes sans distinction de nationalité, d'une manière équitable,
compatible avec les ressources du pays.

Le gouvernement égyptien devait aussi s'occuper de la poursuite judiciaire des chefs de la
révolution et de leurs complices, ainsi que de
tous les brigands qui avaient joué le premier
rôle pendant le massacre, le pillage et l'incendie
d'Alexandrie. Les plus renommés, parmi ces
derniers, Moustapha Argissous, Mohamet Essaït
et Tarak Atia avaient déjà été pendus après une
condamnation à mort prononcée par la Cour
martiale d'Alexandrie.

Le décret qui ordonnait l'institution à cet effet
d'une commission d'enquête et de Cours martiales
fut publié, le 21 septembre. Mais, quant aux
principaux personnages du drame égyptien, les
promoteurs de toutes les catastrophes produites
en Égypte, on crut bon de leur donner un meil-

leur sort. Après une longue enquête faite contre
ceux-ci, dans la durée de laquelle ils étaient dé-
fendus par les avocats anglais, M. Napier et
M. Broadley, qui étaient venus exprès en Égypte,
on crut juste de caractériser tous les chefs de la
révolution comme coupables politiques, bien que
des dépositions graves, relatives au rôle qu'ils
avaient joué principalement pendant l'incendie
et le pillage d'Alexandrie, comme nous l'avons
exposé plus haut, pesassent sur eux.

Ce fut dans de telles conditions et en la qualité précitée que, le 2 décembre 1882, comparu-
rent par-devant la Cour martiale du Caire: Arabi
Pacha, Tulba Pacha, Mahmoud-Sami Pacha,
Ali-Fehmi Pacha, Abdelal Pacha, Mahmoud-
Fehmi Pacha et Yacoub-Sami Pacha, contre qui
on lut l'acte d'accusation suivant :

1° Que, contre le droit des gens, ils avaient
hissé à Alexandrie, le 12 juillet 1882, le drapeau
blanc, afin que, sous la protection de ce signal
international, cette ville fût incendiée et pillée ;

2° Qu'ils avaient poussé les Égyptiens à s'armer contre le gouvernement du Khédive ;

3° Qu'ils avaient continué la guerre, bien
qu'Arabi Pacha fût déjà destitué de ses fonctions, comme ministre de la guerre et de la marine.

Ces crimes sont punis, d'après les articles 55
et 56 du Code pénal et militaire d'Égypte, par la
peine de mort. En effet, la Cour martiale, dans

cinq minutes, condamna les accusés à cette peine
extrême sans aucune discussion préalable. Mais
aussitôt que la sentence fut lue, on lut un décret
du Khédive, par lequel la peine de mort était
commuée en l'exil perpétuel hors de l'Égypte et
de ses dépendances.

Quelques jours après, le 17/29 décembre 1882,
tous les exilés quittèrent l'Égypte, se rendant à
l'île de Ceylan, qui leur avait été destinée comme
lieu d'exil par l'Angleterre.

Dans ce beau pays de la mer des Indes, sous
un ciel splendide et un doux climat, les hommes
qui avaient produit tant de malheurs dans leur
patrie, inspirés uniquement par des sentiments
de vengeance, d'ambition et d'intérêt, jouissent
maintenant de l'air aromatisé des parfums des
orangers et des citronniers qui embaument cette
contrée. Là, tranquilles et loin des bouleverse-
ments sociaux et politiques, ils loueront et re-
mercieront toujours la Providence divine qui
leur donna une si heureuse existence et l'Angleterre qui se montra si grande envers de si petits ennemis.

Ces sentiments nobles Arabi Pacha, l'ennemi
acharné des Anglais, les avait déjà montrés, lorsque recevant à Suez, le jour où il quittait pour
toujours sa patrie, la bénédiction du Cheik Abdi,
il voulut bien déclarer que les Anglais continue-
raient son œuvre, et maintiendraient les immunités égyptiennes.

Ce fut ainsi que finit le drame égyptien, qui
avait ému tout le monde civilisé.

On crut bon de ne pas émotionner de nouveau le monde par un dénouement tragique. On se conforma précisément à la règle du nouvel art dramatique, par laquelle il n'est pas permis de présenter sur la scène beaucoup de cadavres.

La mort de l'incendiaire d'Alexandrie, Soliman Daout, un des personnages secondaires du drame égyptien, suffit pour expier tous les crimes commis par la révolution.

CONCLUSION

Depuis lors, quatre années et demie se sont écoulées. Mais la secousse produite en Égypte par Arabi Pacha fut telle qu'à peine recommence-t-elle à renaître, aidée par sa fertilité naturelle, par son Vice-roi, par la Turquie, l'Angleterre, toute l'Europe.

Mais tant de sang versé en Égypte, tant de ruines produites à Alexandrie, tant de dégâts faits à l'agriculture et au commerce n'ont-ils servi à rien?

Aucun changement n'a-t-il eu lieu dans le système gouvernemental, administratif, législatif, judiciaire, intellectuel, militaire et financier d'Égypte?

Le moindre des principes du parti militaire, soi-disant national, ou plutôt des prétextes sous lesquels Arabi Pacha cachait ses desseins, n'a-t-il réussi relativement au Contrôle et aux Conventions internationales ?

Son Altesse le Khédive Tewfik Pacha, dont l'honorabilité, la prudence et l'esprit conciliant pour tous les éléments qui existent en Égypte sont reconnus par toutes les puissances, continue à gouverner le pays, étant animée des meilleures et des plus loyales intentions envers ses sujets.

Dans l'accomplissement de cette tâche, le Khédive a, comme collaborateur infatigable, Nubar Pacha, dont l'intelligence, l'esprit fin et pratique sont reconnus dans toute l'Europe et dans toute l'Égypte, où pendant longtemps il a été premier ministre. Pendant la durée de la crise Égyptienne, Nubar Pacha ne joua aucun rôle, ayant évité de se mêler à une complication dont il prévoyait les tristes résultats plus que tout autre homme politique. D'ailleurs, Nubar Pacha ayant été considéré par Arabi Pacha comme étranger, parce qu'il est Arménien, n'aurait nullement pu s'entendre et collaborer avec lui à la direction des affaires de sa patrie, dans les circonstances que le dictateur avait provoquées.

D'accord entre le Khédive, Nubar Pacha et son ministère et avec le concours de lord Dufferin comme haut commissaire en Égypte de la Reine d'Angleterre, une loi organique a été promulguée, le 1ᵉʳ mai 1883, marquant le commencement d'une ère de progrès. L'Égypte est dotée d'institutions qui mettent, en quelque sorte dans ses propres mains, le dépôt de ses destinées :

chacun, du plus humble au plus influent Égyptien,
est appelé à désigner les plus utiles interprètes
des besoins du peuple; chacun peut concourir
par là à l'œuvre de l'administration du pays.

Par cette loi, au lieu de la Chambre des délégués, il est institué une Assemblée générale des
représentants du pays, qui est composée des
ministres, des présidents, vice-présidents et
membres du conseil législatif et des notables
délégués.

Les notables délégués, au nombre de quarante-
six, sont élus au chef-lieu des quatorze moudiriehs de la Haute et de la Basse-Égypte, par les
électeurs des villes et villages. Nul ne pourra être
délégué s'il n'est électeur, depuis cinq ans au
moins, s'il n'a trente ans révolus, s'il ne paie
dans la moudirieh 2.000 piastres, tarif d'impôt
foncier.

L'Assemblée générale est convoquée au Caire
une fois au moins tous les deux ans par décret
Khédivial, et elle peut être close ou dissoute par
décret rendu sur la proposition du conseil des
ministres. Le président du conseil législatif préside de droit l'Assemblée générale.

Nul impôt nouveau, direct, foncier ou personnel ne peut être établi en Égypte, sans avoir
été discuté et voté par l'Assemblée générale.
L'Assemblée générale est consultée pour avis sur
tout emprunt public, sur la construction de tout
canal et toute ligne de chemin de fer, et sur les
questions en projet qui sont soumises à sa discussion par le gouvernement. L'Assemblée géné-

rale ne peut délibérer que si les deux tiers au moins de ses membres assistent à la délibération. Les délibérations sont prises à la majorité des voix.

Il est institué aussi un Conseil législatif composé de trente membres permanents ou délégués, dont un président et deux vice-présidents. Les membres permanents du Conseil sont au nombre de quatorze ; ils sont nommés et révoqués par le Khédive et reçoivent une indemnité. Les Conseillers délégués, au nombre de seize, dont un vice-président, sont élus par les Conseils provinciaux, exercent gratuitement leurs fonctions et leur mandat a une durée de six années. Le Conseil est convoqué tous les ans par décret du Khédive. Les ministres prennent part aux séances du Conseil législatif et à toutes les discussions avec voix consultative. Le budget des recettes et des dépenses est communiqué, le 1er décembre de chaque année, au Conseil, qui pourra émettre des avis et des vœux sur l'ensemble de chacune de ses sections. Le service du tribut, celui de la Dette publique et généralement toutes charges ou obligations résultant de la Loi de liquidation, ou de conventions internationales, ne pourront être l'objet d'aucune discussion, ni d'aucune expression de vœu. Aucune Loi, aucun décret portant règlement d'administration publique ne sera promulgué, sans avoir été préalablement présenté pour avis au Conseil législatif. Le Conseil législatif, qui se réunit les 1er février, avril, juin, août, octobre décembre de chaque année, ne peut délibérer que si les deux tiers au moins de ses membres assistent à la délibération. Hors les cas où la majorité de deux tiers est requise, les délibérations sont prises à la majorité des voix.

Par la même loi organique on a attaché près de chaque moudirich (1) un Conseil provincial, dont les membres sont élus par les électeurs délégués, convoqués à cet effet à la moudirich. Les fonctions des conseillers provinciaux sont gratuites. Nul n'est éligible au Conseil provincial s'il n'est inscrit sur les listes électorales, depuis cinq ans au moins, s'il ne paye pas 5.000 piastres par an d'impôt foncier à la moudirich, s'il ne sait lire et écrire et s'il n'a trente ans révolus. Les membres des Conseils provinciaux sont nommés pour six ans. Ils sont renouvelés par moitié tous les trois ans. La dissolution d'un Conseil provincial peut être prononcée par décret. Un Conseil provincial ne peut se réunir que s'il a été convoqué par le Moudir, en vertu d'un décret déterminant l'époque et la durée de la réunion. Les Conseils provinciaux doivent être réunis au moins une fois par an. Le Conseil provincial est présidé par le Moudir, qui a voix délibérative, et il ne peut délibérer que si la moitié plus un des conseillers

(1) Moudirich signifie la province et la préfecture. Le Moudir a les mêmes attributions à peu près que le gouverneur général vali en Turquie. Il y a 14 moudirich en Égypte : Charbieh, Menoufieh, Dakahlieh, Charkieh, Béhéra, Ghizeh, Gallioubieh, Beni-Souef, Fayoum, Minieh, Siout, Ghirgheh, Kheneh et Esneh.

sont présents. L'avis préalable du Conseil provincial est nécessaire dans les questions suivantes :

1° Changements proposés à la circonscription du territoire de la moudirieh et des villages ;

2° Direction des voies de communication par terre ou par eau et travaux d'irrigation ;

3° Établissement, changement ou suppression des foires et marchés dans les moudiriehs ;

4° Les objets sur lesquels il pourra être appelé à donner son avis, en vertu des lois, décrets ou règlements.

5° Les questions sur lesquelles il est consulté par l'administration. Le Conseil provincial peut émettre spontanément des vœux sur les questions intéressant le progrès de l'agriculture et de l'instruction publique. Les délibérations du Conseil provincial en cette matière ne seront définitives qu'après avoir reçu la sanction du gouvernement.

Les Administrations civiles de l'État sont aussi réglées par un décret du Khédive, quant aux conditions d'admission, d'avancement et de licenciement des fonctionnaires et employés. Il est institué auprès de chaque administration :

1° Un Conseil qui prend le nom de Conseil d'administration et de discipline ;

2° Un bureau central du personnel ;

3° Des délégations du Conseil d'administration peuvent être établies dans les provinces ;

4° Les décisions du Conseil d'administration sont sans appel, après avoir reçu l'approbation du ministre. Nul ne peut-être promu d'un grade inférieur à un grade supérieur, s'il n'a auparavant subi avec succès un examen spécial.

Dans la réorganisation générale que le gouvernement a voulu faire en Égypte, il ne pouvait pas laisser de côté la question principale de la justice.

Par un décret du Khédive du 14 juin 1883, une grande réforme des tribunaux indigènes a été introduite.

Il est institué un tribunal de première instance au Caire, à Alexandrie, à Benha, à Tantah, à Mansourah, à Beni-Souef, à Siout et à Kénah. Chacun de ces tribunaux est composé au moins de cinq juges, dont un président et un vice-président. Les jugements sont rendus par trois juges.

Il est institué, dans le ressort de chaque tribunal, un ou plusieurs tribunaux de justice sommaire dont les fonctions sont remplies par un juge ou un juge suppléant délégué par le tribunal de première instance.

Il est institué deux Cours d'appel : l'une au Caire, l'autre à Siout. Chacune de ces Cours est composée au moins de huit conseillers, dont un président et un vice-président. Les arrêts sont rendus par cinq conseillers. Les Cours d'appel et les tribunaux de première instance pourront former deux ou plusieurs Chambres.

Il est institué près des tribunaux un Parquet à la tête duquel est un procureur général (1), qui a par lui-même ou par ses substituts la direction de la police judiciaire, l'exercice de l'action publique et l'action disciplinaire.

Les tribunaux connaissent de toutes les contestations en matière civile et commerciale entre indigènes. En matière répressive ils connaissent des contraventions, délits et crimes commis par les indigènes, en dehors de ceux qui ressortissent à la juridiction mixte. Dans les affaires criminelles emportant la peine capitale, d'après la Charia, l'avis préalable du Mufti sera demandé. Les contestations relatives à la Dette publique, à la constitution des Wakfs, aux mariages, à la dot, à la pension, aux donations, aux legs, aux successions, sont en dehors de la compétence de ces tribunaux.

Les tribunaux de première instance connaissent en appel des sentences rendues par les tribunaux de justice sommaire, ainsi que des contraventions.

Les Cours d'appel connaissent en assemblée

____

(1) Ce poste important a été occupé par un Anglais, sir Benson Maxwel.

générale, comme Cour de cassation, de tous pour-
vois pour vice de forme ou violation de la loi.

Les audiences sont publiques, la défense est
libre, la langue arabe est la langue judiciaire.

Tous les jugements doivent être rendus en
vertu et par application des Codes égyptiens, des
lois, des décrets et des règlements actuellement
en vigueur.

Il y a près les Cours et les tribunaux un personnel
suffisant de greffiers, d'interprètes et d'huissiers
assermentés.

Pour être nommé substitut, il faut avoir vingt-
trois ans au moins, avoir passé un an comme
substitut adjoint dans un parquet, ou avoir obtenu un diplôme de licencié en droit, ou un titre
équivalent.

Pour être nommé magistrat dans les Cours et
tribunaux, il faut justifier de connaissances suffisantes en droit.

Le gouvernement égyptien a fait tout son possible pour établir en Égypte un système de justice européen. C'est un pas vers le progrès, mais
où trouvera-t-il les magistrats qui pourraient
contribuer par leurs lumières et leur capacité à
la réalisation de cette réforme? Combien d'Égyptiens y a-t-il qui aient fait des études de droit en
Europe ou du moins en Égypte, pour être nom-

més magistrats ou substituts du procureur général? C'est cette grande difficulté de manque
d'hommes de loi qui força, à ce qu'il paraît, le
gouvernement égyptien à ne demander pour
nommer un magistrat, que des connaissances suffisantes en droit. Mais un greffier ou un commis
greffier, ou un huissier pourraient avoir ces
connaissances, sinon par l'étude, du moins par
l'expérience, de sorte que ces employés inférieurs seraient considérés comme capables, conformément à la loi, d'occuper le poste sérieux du
juge.

Évidemment la justice qui serait rendue par
de tels magistrats serait meilleure que celle qui
était rendue, il n'y a que quelque temps, par le
cadi ou le gouverneur, ou par les commis des
impôts et des douanes, qui n'évitaient pas même
d'appliquer la peine horrible de la bastonnade.
Mais ni le Khédive, ni son ministre de la justice,
H. Fakhry Pacha, qui ont constitué la loi précitée, ni lord Dufferin, qui leur a conseillé la
réorganisation des tribunaux indigènes, n'ont
jamais pensé à une telle réforme. Il est alors absolument nécessaire de former, en Égypte, des écoles
de droit (1), où l'on pourrait combiner, autant
que possible, l'enseignement du droit ottoman,
du Code égyptien et des coutumes raisonnables
du pays avec le droit européen, ou d'envoyer, en
Europe, un grand nombre d'Égyptiens, élèves

(1) Il y a quelques années qu'une école de droit a été instituée
en Égypte; mais l'enseignement du droit européen qu'on y suit,
laisse beaucoup à désirer.

des écoles supérieures, pour être initiés à l'esprit et aux principes des législations européennes.

L'état des tribunaux internationaux, dont nous avons assez parlé dans l'introduction de notre ouvrage, est la même qu'avant la crise égyptienne. Aucun changement n'y est fait, du moins jusqu'aujourd'hui.

Dans un des protocoles annexés au projet de la convention anglo-turque, dont nous parlerons plus bas, il y avait cet article, spécifiant qu'il serait fait des propositions aux puissances européennes, pour donner à ces tribunaux une autorité plus étendue en matière criminelle.

Si cette réforme des capitulations européennes, relative à la juridiction pénale des autorités consulaires en Égypte et aux usages diplomatiques, se réalisait, elle serait, d'après nous, très juste.

Vraiment nous ne pouvions pas comprendre ce qu'était la juridiction des tribunaux mixtes, restreinte dans les affaires relatives au droit civil, à l'époque où nous étions en Égypte, principalement en notre qualité de Juge président le tribunal consulaire de Grèce à Alexandrie, surtout lorsque comparaissaient devant nous, pour se plaindre, d'après la coutume diplomatique qui règne en Égypte, des Égyptiens maltraités par des Grecs. Nous ne pouvions pas comprendre que toutes les puissances européennes, ayant considéré, en 1874, que les tribunaux internationaux donneraient toutes les garanties nécessaires à la bonne action de conférer la justice, et

étant tombées d'accord pour leur confier la juridiction civile dans tous les procès entre étrangers
d'un côté et entre indigènes et étrangers de l'autre, ne leur aient pas donné en même temps la
juridiction criminelle.

D'ailleurs les puissances européennes devaient
donner ce droit aux tribunaux mixtes, car cela
aurait maintenu sérieusement la sûreté publique, en contribuant à ce que la police locale agît
plus facilement et énergiquement dans le cas où
le malfaiteur serait un Européen, sachant bien
que ce seraient les juges du pays qui se pronon-
ceraient là-dessus et non des juges étrangers, et
qu'ils feraient attention à la conduite suivie par
elle pendant la durée de l'instruction préliminaire.

Si les juges près les tribunaux mixtes sont
dignes de confiance pour se prononcer sur la fortune mobilière et immobilière des Européens
vivant en Égypte et des Égyptiens, et à notre
sens ils en sont dignes, ainsi qu'il est prouvé par
une expérience d'une douzaine d'années, pourquoi croit-on qu'on ne pourrait pas leur permettre
de décider sur la liberté et l'honneur des Européens d'Égypte ?

Mais, avant de donner la juridiction pénale
aux tribunaux mixtes, il faut bien faire attention
aux organes inférieurs de la police judiciaire,
qui sont les avant-gardes de la justice. Il faut les
séparer de la police administrative, ou, comme
ce n'est pas facile, l'une étant liée à l'autre, il
faut du moins limiter strictement la ligne de leur
action et les soumettre à des conditions telles

qu'on pourrait être sûr de l'inviolabilité du domicile et de la tranquillité des personnes innocentes.

La situation intellectuelle continue à être à peu près telle qu'elle était avant la crise. Aux écoles primaires, multipliées par Ismaïl Pacha dans les villes et dans les villages, on en a ajouté quelques autres encore: mais dans toutes ces écoles, on continue à n'apprendre qu'à lire dans le Coran, et à n'en écrire que les versets. La grammaire arabe et les éléments de l'arithmétique sont laissés aux écoles provinciales, qui sont au-dessus des écoles primaires, et à ceux du Caire et d'Alexandrie, dont les élèves, recrutés la plupart contre leur volonté, reçoivent aussi des leçons d'allemand et de français, sans qu'ils sachent rien de sérieux de leur propre langue. Le même enseignement à peu près est continué aux écoles préparatoires, où l'on ajoute le turc et l'anglais, ainsi que les éléments de géométrie et de physique. C'est de ces écoles qu'on prend les élèves pour les écoles militaires, l'école polytechnique, l'école d'agriculture, l'école de médecine et l'école de droit.

Malgré toutes les grandes dépenses faites pour la conservation de ces écoles supérieures, l'enseignement qu'on y suit laisse beaucoup à désirer: et la preuve en est qu'il n'est sorti de là aucun homme de lettres et de sciences, principalement par rapport au droit, qui pût jouer à ce point de vue un rôle important dans sa patrie, sans se trouver dans la nécessité de suivre les

cours d'une faculté européenne, même pour les
premiers éléments. C'est ce qu'avait compris le
Khédive Saïd Pacha. C'est pourquoi il entretint
pendant quelque temps en Europe et surtout en
France des écoles égyptiennes [1]: de sorte que
leurs élèves se trouvant dans un milieu tout à
fait étranger à leur éducation, qui d'ailleurs est
très limitée et inspirée de principes ne s'accordant pas beaucoup avec le progrès intellectuel et
la civilisation européenne, auraient pu comprendre plus facilement qu'en Egypte la science
à laquelle ils seraient le plus aptes.

Pourtant le réformateur Arabi Pacha, l'ennemi de l'élément étranger, qui ne fit pas du tout
cas de l'instruction intellectuelle de sa patrie,
aurait pu bien comprendre pourquoi tant d'Européens y sont allés comme avocats, comme juges, comme médecins, comme ingénieurs, comme
officiers et enfin comme employés du gouvernement égyptien, s'il eut fait attention à la situation déplorable où se trouvaient toutes les écoles
de sa patrie. Au lieu d'être jaloux des Européens
et de provoquer contre eux le massacre et l'émigration qu'ils subirent, le dictateur devait les
soigner et les rendre plus utiles, comme avaient
fait les Khédives Ismaïl Pacha et Saïd Pacha,
qui aimaient sincèrement leur patrie. Mais ce
que lui n'avait pas fait est fait aujourd'hui par
le Khédive et son ministère; et on peut espérer

[1] Aujourd'hui l'Égypte entretient, en France, un nombre d'é-
lèves pour lesquels on dépense, par an, 4,000 l. égyp.

que ceux-ci prendront toutes les mesures pour améliorer la situation intellectuelle de l'Égypte qui, d'ailleurs, y est très apte, grâce à l'intelligence de ses habitants.

La situation de l'armée égyptienne s'est un peu améliorée, grâce aux officiers supérieurs anglais qui y sont adjoints. D'après ce système, qui a produit dans l'armée anglaise des Indes des résultats satisfaisants, le personnel des officiers supérieurs est composé en nombre égal d'officiers anglais et d'officiers égyptiens, de sorte que la moitié des bataillons, batteries, etc., est commandée par des officiers supérieurs anglais et l'autre moitié par des officiers supérieurs égyptiens. Le nombre de ces officiers anglais augmentera peut-être dans l'avenir, si l'Angleterre garde le droit d'en nommer pendant cinq années, comme elle l'exige.

Ces officiers sont choisis parmi les meilleurs de l'armée anglaise, et étant parvenus à apprendre l'arabe, au moins pour pouvoir s'entendre avec les soldats égyptiens et leur faire comprendre leur enseignement, sont devenus très utiles. Par conséquent on peut espérer que dans quelques années l'armée égyptienne, sur l'échelle de six années de service dans l'armée active et huit ans dans la réserve, sera initiée à la discipline admirable de l'armée anglaise, à l'esprit et à la tactique des armées européennes.

Quant à la gendarmerie, elle est divisée en deux régiments : l'un affecté au service de la Haute-Égypte, l'autre au service de la Basse-

Égypte. Chaque régiment est composé de sept compagnies, dont chacune est attachée au chef-lieu de chaque province.

La gendarmerie, ayant des instructeurs anglais, n'a pas à s'occuper de police ordinaire. Elle constitue une petite force armée à la disposition permanente des gouverneurs pour assurer le maintien de l'ordre, la sécurité publique et le service des patrouilles, des gardes, etc.

Quant à la situation financière, il résulte du relevé des versements faits à la caisse de la Dette Publique sur les revenus des provinces [1], Garbieh, Menoufieh, Béhéra et Siout, affectés pendant les années 1880, 1881, 1882, 1883, 1884, 1885, 1886, que la situation financière en Égypte ne s'est pas améliorée, depuis que l'ordre s'y est rétabli jusqu'au commencement de l'année 1886. Les versements faits sur les revenus de ces provinces à la Dette unifiée s'étaient élevés :

		L. ST.	PF.
Pendant l'année 1880 à		2.441,346	»
— 1881 à		2.457,684	»
— 1882 à		2.365,362	15
— 1883 à		2.383,276	16
— 1884 à		2.250,999	13
— 1885 à		2.387,710	15
— 1886 à		2.317,664	10

Il y a alors entre les versements faits à cette Dette pendant l'année 1880, c'est-à-dire avant la crise égyptienne, et les versements faits pendant

(1) Les revenus de ces provinces sont affectés à la Dette Unifiée.

la dernière année 1886 une diminution de L. st.
123.684,9 p.

Les versements faits sur les revenus des chemins de fer[1] et télégraphes, ainsi que du port
d'Alexandrie à la Dette Privilégiée, s'étaient élevés :

		L. ST.	PF.
Pendant l'année 1880 à.		756,872	»
— 1881 à.		995,000	»
— 1882 à.		763,000	»
— 1883 à.		783,391	65
— 1884 à.		971,000	04
— 1885 à.		930,000	»
— 1886 à.		860,000	»

Il y a alors entre les versements de l'année
1881 et les versements de l'année 1886 une diminution de L. st. 135.000. Ce ne sont que les recettes des douanes et des tabacs qui montrent
une certaine augmentation pendant la dernière
année 1886, relativement aux recettes des années 1883, 1884 et 1885, d'après le tableau ci-
après :

		L. ST.
Recettes de 1883		692,798
— 1884		734,797
— 1885		826,612
— 1886		818,705

Ainsi, il y a entre les recettes des douanes et
des tabacs effectuées pendant l'année 1881, c'est à-

(1) Ces revenus sont affectés à la Dette Privilégiée.

dire au commencement de la crise égyptienne, et les recettes effectuées pendant la dernière année 1886, une augmentation de l. st. 155.907, qui peut être attribuée, pour la plupart, à la convention commerciale et douanière conclue en mars 1884 entre le gouvernement hellénique et le gouvernement égyptien, dont nous parlerons plus bas.

Il est tout naturel qu'après la secousse produite par la révolution en Egypte, la plupart de ses revenus aient diminué sensiblement; par conséquent, il est très compréhensible que le déficit de 1884 et des années antérieures, qui s'était élevé à l. ég. 2,657,000, ait été évalué pendant l'année 1885 à l. ég. (1) 3.857,000, d'autant plus que, pendant les années 1882, 1883 et 1884, les circonstances avaient exigé des dépenses extraordinaires, pour lesquelles les budgets des recettes ne fournissaient aucune ressource : savoir pour l'armée d'occupation l. ég. 922.336, pour le Soudan et pour la défense de la frontière l. ég. 814.584, pour la construction du palais de justice et de la nouvelle douane l. ég. 96.096, pour les frais de la commission des indemnités l. ég. 22,523, pour pension 25.746, etc. En ajoutant à ce déficit colossal de l. ég. 3,857,000 la somme importante de 106.795.236 francs, qui devait être payée, pour les indemnités allouées, en 1883 et 1884, par la commission internationale

(1) Compte rendu des travaux de la Commission de la Dette Publique d'Égypte pendant l'année 1886.

aux victimes des événements de 1882, la situation financière de l'Égypte était très critique au commencement de l'année 1885.

Par actes diplomatiques intervenus à Londres, le 17 mars 1885, le gouvernement égyptien, avec l'assentiment de Sa Majesté le Sultan, pour faire face à cette situation critique de ses finances, a été autorisé à émettre la quantité des titres nécessaires pour produire une somme effective, maxima de L. st. 9.000.000, sous l'engagement de toutes les grandes puissances, soit à garantir conjointement et solidairement, soit à demander à leurs parlements l'autorisation de garantir conjointement et solidairement le service régulier du nouvel emprunt.

Aux termes du décret, qui fait partie de ces conventions et que Son Altesse le Khédive a promulgué, le 27 juillet 1885, l'annuité de cet emprunt, fixée à L. st. 315.000, devait être prélevée comme première charge sur les revenus affectés à la Dette Privilégiée et à la Dette Unifiée, la partie non absorbée par l'intérêt devant être employée à l'amortissement. L'emprunt aussi autorisé a été, en vertu d'un décret du 28 juillet, émis aux taux de 3 p. 100 et au cours de 95 1/2, son montant nominal a été de L. st. 9.424.000, ayant produit la somme effective de L. st. 8.999.920.

En attendant la promulgation du décret modificatif de la Loi de liquidation, les Commissaires de la Dette Publique, le Directeur et les Contrôleurs de la Daïra Sanieh, et les Administrateurs

des domaines de l'État, ont été invités à opérer
sur le coupon venant à échéance, le 15 avril,
pour la Dette Privilégiée et la Dette de la Daïra,
le 1ᵉʳ mai prochain, pour la Dette Unifiée, et le
1ᵉʳ juin prochain, pour l'Emprunt domanial une
retenue de 5 p. 100, l'amortissement de la Dette
Privilégiée et Unifiée étant suspendu.

Le service de cet emprunt est effectué par la
Commission de la Dette Publique dans les mêmes conditions que le service des Dettes Privilégiée et Unifiée. C'est elle qui a payé comme
première charge les indemnités allouées aux victimes des événements de 1882, s'élevant à la
somme de 106,795,236 fr. Après avoir satisfait
à ce payement, les produits de l'Emprunt garanti sont affectés, par l'article 9 du décret du
27 juillet, aux charges suivantes :

	L. ÉG.
1. Règlement du déficit de 1884 et des années antérieures.	2,657,000
2. Déficit de 1885 évalué à.	1,200,000
3. Travaux d'irrigation.	1,000,000 (1)
4. Indemnité pour rachat de pension.	550,000
5. Fonds réservés pour le service de la trésorerie.	500,000
Total en L. ég.	4,920,000

Total en L. st. 6,058,461 10.

(1) De ce million le gouvernement égyptien n'a demandé jusqu'à l'année 1886 que L. st. 20,000.

Il restait donc à la caisse de la Dette Publique, au 31 décembre 1885, non employée sur l'emprunt, la somme de 1.681.450. l. st. 14-11.

Mais si la situation financière de l'Egypte n'était pas florissante jusqu'au commencement de l'année 1886, pendant cette année elle a commencé à s'améliorer sensiblement, parce qu'on a fait des économies considérables à tous les ministères (1) et administrations et que les recettes des contributions indirectes et des services administratifs ont commencé à augmenter considérablement. Ainsi les recettes des contributions indirectes présentent une différence en plus entre l'année 1882 et l'année 1886 de liv. égyp. 262.689, les recettes des services administratifs présentent une différence en plus entre ces deux années de l. ég. 68.409 et les revenus des administrations présentent une différence en plus entre ces deux années de l. ég. 405.903.

Tel est le résultat financier produit en Égypte, principalement par la crise qu'Arabi Pacha y avait provoquée. C'a été de nouveau l'Europe contre qui Arabi a voulu faire la guerre, qui, ayant été portée de nouveau garante du grand emprunt dont nous venons de parler, est parvenue à faire arrêter la crise égyptienne. C'a été aussi l'Europe qui s'est empressée de faire re-

---

1 Les dépenses du ministère de la guerre s'élevaient pendant l'année 1882, à la somme de l. ég. 427.282, tandis que pendant l'année 1886 elles s'élèvent à l. ég. 130.151. Pour le ministère de la marine, les dépenses étaient pendant l'année 1882 de l. ég. 64,899, tandis qu'aujourd'hui on ne dépense rien.

construire par ses capitaux la ville d'Alexandrie, qu'Arabi Pacha avait voulu changer en Pompéia. C'est des capitaux de l'Europe que 386 Égyptiens, victimes des événements de 1882, ont encaissé 16.500.389 fr. pour indemnité.

Du moins l'Égypte n'a-t-elle rien gagné au soulèvement provoqué par Arabi Pacha, quant au Contrôle, qui gênait beaucoup le parti militaire, soi-disant national. Aucune amélioration ne s'y est-elle introduite?

Nous avons exposé en détail dans l'introduction de notre ouvrage le système de Contrôle dont le but unique, d'après le décret Khédivial du 15 novembre 1879, était de consolider les garanties offertes aux créanciers de l'Égypte.

Pour débarrasser l'Égypte de l'ingérence étrangère nécessitée par la nature de cette institution dans ses affaires, ingérence qui portait atteinte aux prérogatives et à l'autorité du gouvernement vis-à-vis du pays, Chérif Pacha, président du conseil des ministres, avait demandé par un mémorandum, adressé au gouvernement anglais, le 7 novembre 1882, et par un rapport soumis au Khédive, vers la fin de janvier 1883, la suppression du Contrôle qui, d'après lui, ne relevant des différentes puissances signataires de la Loi de liquidation n'était pas partie intégrante des garanties concédées aux créanciers de l'État, son existence ou son abolition dépendant seulement d'une entente spéciale entre la France et l'Angleterre, d'une part, et l'Égypte, de l'autre. Chérif Pacha avait proposé en même temps la nomination d'un Conseiller financier au lieu des deux Contrôleurs avec des attributions spéciales et définies.

D'abord le premier ministre ne définissait pas la nationalité de ce fonctionnaire, pourvu qu'il fût Européen; mais ensuite il nommait même la personne qui pourrait occuper ce poste important : c'était sir Colvin.

L'Angleterre, à qui la nouvelle combinaison proposée conservait et accordait une place prépondérante à celle des autres puissances, donna tout de suite son approbation; et bien que la France eût déclaré à bon droit, le 20 janvier 1883, qu'elle ne pouvait pas accorder un acquiescement explicite ou implicite au changement de l'organisation actuelle, et qu'elle tenait le gouvernement égyptien pour responsable des conséquences éventuelles de ses décisions au regard des intérêts français engagés en Egypte [1], néanmoins cette réforme se réalisa et sir Auckland Colvin, le Contrôleur actuel d'Angleterre, a été nommé Conseiller financier auprès du gouvernement égyptien, pendant que le Contrôleur français, M. Brédif, partait du Caire avec l'autorisation de son gouvernement.

Ce fut ainsi que, par le décret Khédivial du 18 janvier 1883, furent abrogées les dispositions du décret du 18 novembre 1876, relatives au Contrôle général, et les décrets du 4 septembre et du 13 novembre 1879.

1. Livre bleu d'Angleterre, 1883, N° 6, 45.

Toutes les attributions du Conseiller financier
ne sont pas, il est vrai, celles qu'avaient autrefois les Contrôleurs, principalement celle de la
présence constante aux séances du conseil,
quelles que puissent être les questions à examiner; mais comme eux, il peut assister aux
séances du conseil des ministres avec voix consultative, toutes les fois qu'il sera invité par le
premier ministre ou le ministre des finances, et
qu'il s'agira des questions financières, sans
avoir le droit d'intervenir dans les affaires administratives du pays. Mais qui pourrait garantir
que le Conseiller anglais se bornerait strictement
aux attributions financières?

Quoique le titre du Contrôle général fût abrogé,
la Commission de la Dette Publique, qui fait partie du système du Contrôle, non seulement a
gardé ses prérogatives, mais elle a reçu encore
des attributions plus étendues sur le service de
l'emprunt garanti, et le nombre de ses membres
au lieu de quatre a été porté à six, d'après décrets des 19 février et 1er mars 1885, par l'adjonction d'un Commissaire allemand et d'un
Commissaire russe, sur la désignation de leurs
gouvernements. Ce sont quelques économies
seulement qu'on a faites sur le service de cette
Commission, et par suite desquelles elle n'a
coûté au gouvernement, pendant l'année 1886,
que 29.029 l. ég.

Excepté l'abrogation du Contrôle général et
l'institution du poste important du Conseiller
financier, on n'a pas fait en Égypte d'autres

changements relatifs au système contributaire, à la corvée, à l'irrigation du pays?

Par un décret du Khédive, à partir du 1er octobre 1883, l'impôt du douzième sur la valeur locative est perçu sur les maisons d'habitations, hôtels, entrepôts ou magasins, usines ou fabriques, bâtiments d'exploitations et généralement sur toutes les propriétés bâties en Égypte et jardins y attenant, qu'elles soient occupées par le propriétaire, par l'usufruitier, ou par d'autres à titre gratuit ou onéreux.

À la fin de 1885, le premier ministre, Nubar Pacha, envoyait à MM. les Agents et Consuls généraux des puissances au Caire une circulaire dans laquelle il exposait le désir du gouvernement de dégrever l'impôt foncier, qui dans les six dernières années s'élevait à 4.918.000 L. ég., de 200.000 L.ég., et d'employer, d'autre part, à la suppression partielle de la corvée qui, tant par sa nature qu'à raison du mode suivant lequel elle est répartie, est un des grands maux et une des grandes injustices pesant sur l'Égypte, une somme de 250.000 L. ég., pour qu'on n'ait plus besoin annuellement en chiffres ronds, que de dix millions de journée de corvée, au lieu de vingt-trois millions, moyenne des quatre dernières années. Le premier ministre demandait l'acquiescement des puissances à ces mesures. Un projet de décret à soumettre à l'approbation des puissances fut élaboré et soumis à leur examen; mais un accord unanime, quant à son adoption, n'étant pas intervenue, il fut retiré

27.

par le gouvernement, bien que les Commissaires de la Dette Publique l'eussent appuyé.

Depuis lors, cette réforme absolument nécessaire à la prospérité des Égyptiens et s'accordant avec les principes de la civilisation reste pendante à cause de l'attitude de l'Europe (1).

Le 4 décembre 1886, malgré toutes les difficultés faites par la Commission de la Dette Publique, dont l'assentiment n'était pas demandé, par application de l'article 6 du décret du 2 mai 1876, le *Journal officiel* publiait un décret relatif à un nouveau canal désigné sous le nom de « Canal Nubarich », qu'on se propose de creuser dans la province de Béhéra, et qui doit arroser des terres concédées gratuitement par l'État, tant en 1884 que précédemment. Aux termes de ce décret, l'exécution de ce canal très utile, évaluée à 60,000 l. ég., est concédée à un groupe représenté par le banquier grec, M. Constantin Zervudachi.

L'introduction des tabacs en Égypte est soumise à un droit d'octroi faisant partie des revenus affectés, droit qu'un décret du 29 mars 1879 avait fixé à 25 p. t. par ocke pour les qualités supérieures, dites houza et basma et à 5 p. t. pour toutes les autres qualités. Mais, par application de la législation ottomane, l'entrée des

___

(1) Pendant l'impression de cet ouvrage un autre projet a été soumis par le gouvernement égyptien aux grandes puissances sur la même base que celui qui est mentionné ci-dessus. Excepté l'Angleterre et la France qui l'ont accepté, les autres puissances ne se sont pas encore prononcées.

tabacs d'autre provenance. que la Turquie, était
absolument prohibée.

Au mois de mars 1884, le gouvernement égyptien, usant des droits formels qui lui sont
conférés par les Firmans, signait avec le gouvernement hellénique une convention commerciale
et douanière lui accordant pour l'exercice du
droit de visite douanière, des facilités nouvelles,
les agents des douanes pouvant désormais accoster
et visiter les navires, et faire à terre des perqui-
sitions à domicile, sans attendre l'effet des ré-
quisitions adressées pour cet objet aux autorités
consulaires.

En échange de ces avantages, les ports et le
territoire égyptiens sont ouverts aux tabacs de
provenance hellénique, sous la condition que,
quelle que soit leur qualité, ils seraient assu-
jettis à un droit uniforme de douane fixé à
5 p. t. par ocke, et pouvant être relevé, si le
gouvernement égyptien le juge nécessaire, au
cours de la convention, jusqu'à 10 p. t. [1].

Cette mesure devant porter atteinte au mono-
pole, dont jouissaient jusqu'alors les tabacs ori-
ginaires de Turquie, le gouvernement égyptien
estima que pour éviter les protestations de la
Sublime-Porte, il y aurait lieu tout au moins de
ne pas protéger les tabacs helléniques par un
tarif différentiel, et de réduire en conséquence à
5 p. t. par ocke le droit d'octroi sur tous les ta-

[1]. Cette augmentation de 10 p. t. a commencé à partir du
11 avril.

bacs ottomans, c'est-à-dire de supprimer le droit de 25 p. t. pour le tabac de première qualité, ce qui se réalisa, avec l'assentiment de la Commission de la Dette Publique.

Les résultats favorables pour l'Égypte provenant de la convention précitée figurent dans les bordereaux de la direction générale des douanes égyptiennes desquels il résulte que les importations de tabacs avaient donné en 1884 147.130 l. eg., tandis qu'en 1885 elles ont produit la somme de 212.267 l. eg., le double des versements de l'année 1883, dans laquelle l'importation des tabacs de la Turquie était seule autorisée.

En mars 1885, le gouvernement égyptien, avec l'adhésion de la Commission de la Dette Publique, a aboli le droit de pesage et fit augmenter les droits d'octroi portés de 9 à 10 p. 100, ainsi que les droits douaniers sur tous les objets à 4 1/2 p. 100 à partir du 20 juillet de la même année.

En décembre 1885, le gouvernement, toujours avec le consentement des Commissaires de la Dette Publique, a modifié les droits d'enregistrement, qui étaient une charge très lourde pour la partie la plus pauvre de la population.

Tels sont les principaux changements faits par le gouvernement en Égypte, changements, dont quelques-uns se sont réalisés et d'autres sont en train de se réaliser.

Il y a encore d'autres réformes à faire en Égypte, indiquées par les hauts-commissaires de la Reine d'Angleterre, lord Dufferin et sir

Drummond Wolff qui, l'un après l'autre, y étaient envoyés, pour examiner de près sa situation et se prononcer sur les améliorations qui seraient nécessaires pour un meilleur avenir du pays, ainsi que par le haut-commissaire du Sultan Ahmed Mouktar Pacha.

Nous allons voir ces réformes plus bas dans le texte du projet de la Convention anglo-turque.

Mais quelle est, après la crise que l'Égypte a traversée, sa situation politique vis-à-vis de la Turquie, de l'Angleterre, de la France, de l'Europe?

Depuis que l'Angleterre a occupé militairement ce pays, elle n'a jamais cessé de déclarer qu'en vertu du *statu quo* cette occupation ne serait pas éternelle; qu'aussitôt qu'elle serait sûre que de nouveaux désordres ou troubles n'y auraient pas lieu, elle rappellerait ses troupes. Elle n'a jamais cessé de reconnaître les droits incontestables du Sultan sur l'Égypte et les privilèges et les immunités égyptiennes acquises en vertu des Firmans de plusieurs Sultans; elle reconnaissait, il n'y a pas même longtemps, lorsqu'elle prit part à la Conférence de Constantinople, que la question égyptienne ayant un caractère européen, comme plusieurs fois les autres puissances l'avaient formulé, elle ne pourrait pas y avoir sa liberté d'action, et y donner la solution qu'elle voudrait, malgré les grands sacrifices en hommes et en argent qu'elle a subis dans ce pays-là. Ce fut à la suite de ces déclarations. que l'Europe et la Turquie avaient toléré l'action isolée de l'Angleterre en Égypte à ses risques et périls. action qui était très bien justifiée. lorsqu'elle eût lieu.

Grâce à sir Wolseley et à l'armée anglaise, cette action a amené les résultats attendus : le rétablissement de l'ordre public et de l'autorité du Sultan et du Khédive. que la campagne anglaise visait. d'après les déclarations du gouvernement anglais. La rébellion faite par Arabi Pacha n'ayant été inspirée d'aucun principe de ceux qui pourraient laisser des traces indélébiles en Égypte. une fois que lui et ses collègues furent battus. tout motif qui pourrait provoquer de nouveaux troubles et désordres a disparu entièrement. Par conséquent il n'y a aucune raison qui puisse justifier le prolongement de l'occupation militaire britannique. Il est tout naturel. alors. que cette occupation prolongée jusqu'aujourd'hui ait rendu soupçonneuses la Turquie et l'Europe. Mais l'Europe. ou du moins la France et l'Italie. qui s'intéressent directement à l'Égypte. l'une en général. l'autre par rapport au canal de Suez. n'ayant pas proposé la réunion d'une Conférence. pour arranger la question égyptienne. comme elle l'avait fait autrefois. l'Angleterre a repris sa liberté d'action et. en ayant profité. elle a procédé à des négociations directes avec la Sublime-Porte. par l'intermédiaire de son représentant spécial sir Drummond Wolff. négociations dont le résultat a été la convention suivante, qui a été signée le 22 mai

1887, par sir Wolff, Kiamil Pacha et Saïd Pacha à Constantinople et ratifiée par la Reine d'Angleterre, mais qui n'est pas ratifiée par le Sultan.

Voici cette Convention, qui est restée en projet :

Sa Majesté la Reine du Royaume-Uni de la Grande-Bretagne et d'Irlande, Impératrice des Indes, et Sa Majesté l'Empereur des Ottomans, ayant, en conformité des stipulations de la Convention conclue à Constantinople, le 24 octobre 1885, envoyé de Hauts-Commissaires en Égypte, et les susdits Commissaires ayant présenté leurs rapports à leurs Gouvernements respectifs, Leurs Majestés ont résolu de conclure une Convention ultérieure, conformément aux points énoncés dans le susdit acte.

(Suivent les noms des Plénipotentiaires : Sir Henri Drummond Wolff, pour l'Angleterre, et, pour la Turquie, Kiamil Pacha, grand-Vizir et Saïd Pacha, Ministre des affaires étrangères).

ARTICLE 1er

Les Firmans Impériaux actuellement en vigueur en Égypte sont maintenus, sauf le cas où ils se trouveraient modifiés par la présente Convention.

ARTICLE 2

Le Khédiviat d'Égypte comprend les territoires énoncés dans les Firmans Impériaux concernant l'Égypte.

ARTICLE 3

Le Gouvernement Impérial Ottoman invitera les Puissances signataires du traité de Berlin à approuver une Convention qui aura pour but de mieux assurer la liberté de la navigation par le canal de Suez.

Par cette Convention, le Gouvernement Impérial Ottoman déclarera que ce canal maritime sera toujours libre et ouvert, en temps de paix comme en temps de guerre, pour les navires de guerre et les bâtiments marchands passant d'une mer à l'autre, sans distinction de pavillon, et payant les droits en se conformant aux règlements actuellement en vigueur ou à ceux qui pourraient être promulgués ultérieurement par l'administration compétente.

La Convention stipulera que les grandes Puissances s'engageront, de leur côté, à ne point entraver le libre passage du canal en temps de guerre, et à respecter les biens et établissements qui appartiennent au canal.

Elle stipulera de même que le canal ne sera jamais assujetti au blocus, et qu'aucun droit de guerre ou acte d'hostilité ne sera exercé tant dans le canal que dans un rayon de trois milles marins à partir des ports de Suez et de Port-Saïd.

Il y sera énoncé également que les Agents diplomatiques des Puissances signataires en Égypte surveilleront l'exécution de la Convention toutes les fois qu'il se produirait des circonstances de nature à menacer la sûreté ou la liberté du passage par ce canal; que ces Agents se réuniront quand ils seront convoqués par l'un d'entre eux, sous la présidence du Commissaire spécial nommé à cet effet par la Sublime-Porte ou par le Khédive, afin de vérifier et de constater les cas de danger, et en informeront le Gouvernement Égyptien pour qu'il puisse aviser aux moyens propres à assurer la protection et le libre passage du canal; qu'en tout cas ils se réuniront une fois par an en vue de constater que la Convention a été dûment observée.

Il y sera, en outre, stipulé qu'aucune entrave ne pourra être apportée aux mesures qui seraient nécessaires pour la défense de l'Égypte et la sécurité du canal, et, finalement, que les deux Hautes parties contractantes inviteront aussi les autres Gouvernements à adhérer, à l'instar des Puissances signataires, à la Convention sus-mentionnée.

ARTICLE 4

Attendu que la situation anormale du Soudan et les troubles causés par les événements politiques en Égypte pourront, pendant quelque temps, rendre nécessaire l'adoption des précautions extraordinaires pour la sûreté des frontières et la sécurité intérieure de l'Égypte, le Gouvernement de Sa Majesté Britannique surveillera la défense et l'organisation militaire du pays.

Dans ce but, il maintiendra en Égypte le nombre de troupes Britanniques qu'il jugera nécessaire, et continuera à exercer l'inspection générale sur l'armée Égyptienne.

Les conditions concernant le retrait des troupes Britanniques et la cessation de toute surveillance exercée par le Gouvernement de Sa Majesté Britannique sur l'armée Égyptienne seront remplies conformément aux stipulations de l'article 5 de la présente Convention.

ARTICLE 5

À l'expiration de trois ans à partir de la date de la présente Convention, le Gouvernement de Sa Majesté Britannique retirera ses troupes d'Égypte. Si, à cette époque, l'apparition d'un danger à l'intérieur ou à l'extérieur nécessitait l'ajournement de l'évacuation,

les troupes Anglaises se retireront de l'Égypte immédiatement après la disparition de ce danger, et deux
ans après l'évacuation précitée, les dispositions de
l'article 1 ci-dessus cesseront complètement d'avoir leur
effet.

Lors du retrait des troupes Britanniques, l'Égypte
jouira des avantages du principe de sûreté territoriale,
et, lors de la ratification de la présente Convention, les
grandes Puissances seront invitées à signer un acte
reconnaissant et garantissant l'inviolabilité du territoire
Égyptien.

D'après cet acte, aucune Puissance n'aura le droit,
dans aucune circonstance, de débarquer des troupes
sur le territoire Égyptien, sauf les cas prévus dans le
règlement annexé à la présente Convention.

Toutefois, le Gouvernement Impérial Ottoman usera
de son droit d'occuper militairement l'Égypte, s'il y a
des raisons pour craindre une invasion de l'extérieur, ou si l'ordre et la sécurité à l'intérieur sont trou-
blés, ou bien si le Khédiviat d'Égypte refuse d'exécuter ses devoirs envers la Cour souveraine ou ses
obligations internationales.

De son côté, le Gouvernement de Sa Majesté Britannique est autorisé par cette Convention à envoyer,
dans les cas précités, des troupes en Égypte, lesquelles
prendront les mesures nécessaires pour écarter ces
dangers. En prenant ces mesures, les commandants de
ces troupes agiront avec tous les égards dus aux droits
du pouvoir souverain.

Les troupes Ottomanes, ainsi que les troupes Britanniques, seront retirées de l'Égypte dès que les causes
motivant cette intervention auront cessé.

Si, par suite d'empêchements, le Gouvernement Ottoman n'expédiait pas de troupes en Égypte, il y enverra
un Commissaire pour se tenir pendant la durée du
séjour des troupes Britanniques auprès de leur commandant.

Chaque fois que les deux États sentiront la nécessité
d'envoyer des troupes en Égypte, ils notifieront le cas

l'un à l'autre, et agiront conformément à la présente Convention.

ARTICLE 6

Lorsque la présente Convention aura été ratifiée, les deux Hautes parties contractantes notifieront le fait, en premier lieu, aux Puissances signataires du traité de Berlin, et, subséquemment, aux autres Gouvernemen's qui ont fait ou accepté des arrangements avec le Khédiviat de l'Egypte, en les invitant à y donner leur adhésion.

ARTICLE 7

La présente Convention sera ratifiée et les ratifications seront échangées à Constantinople dans l'espace d'un mois à partir de la date de la signature de cet acte, ou plus tôt si faire se peut.

Signé : Henri DRUMMOND WOLFF,

KIAMIL PACHA, SAÏD PACHA.

ANNEXES

I

Si par une circonstance quelconque la navigation du canal de Suez était obstruée, les Puissances qui auront adhéré à la Convention conclue en date de ce jour entre la Grande-Bretagne et l'Empire Ottoman auront le droit de faire passer à travers le territoire Egyptien, les troupes qu'elles auraient à envoyer d'une mer à l'autre.

Toutefois, aucune de ces Puissances ne pourra, en pareil cas, maintenir plus de 1,000 hommes à la fois sur le sol égyptien, et le passage de ces troupes devra s'effectuer par les moyens et les voies les plus rapides.

Toutes les fois qu'une de ces Puissances usera de cette faculté elle en notifiera le fait par l'entremise de son Consul, vingt-quatre heures d'avance, au Gouverneur du port de débarquement, qui surveillera et contrôlera le passage des troupes.

II

Il est entendu que si, à l'expiration des trois ans stipulés dans la Convention de ce jour pour le retrait des troupes Britanniques de l'Égypte, une des grandes Puissances méditerranéennes ne l'avait pas acceptée, le Gouvernement de Sa Majesté Britannique considérerait ce refus comme l'apparition d'un danger à l'extérieur prévu par l'article 5 de la Convention et les moyens d'exécution de la susdite Convention seront de nouveau débattus et arrêtés entre le Gouvernement Impérial Ottoman et le Gouvernement de Sa Majesté Britannique.

III

Il sera fait des propositions aux Puissances adhérant à la Convention pour régler les questions relatives aux douanes, à la Daïra Sanieh, à la Caisse de la Dette Publique, à la presse, aux tribunaux, aux quarantaines.

Les attributions de la Commission de la Dette Publique seront limitées au maniement et au contrôle des fonds nécessaires pour le coupon. Toutes sommes autres que celles destinées à cet objet seront appliquées par le Gouvernement Égyptien à tel usage qu'il jugera convenable, sans être soumise au contrôle des fonctionnaires de la Dette.

Les tribunaux mixtes jouiront d'une autorité plus étendue en matière criminelle.

Toutes les Puissances seront invitées à donner leur adhésion en ce qui concerne les conditions ayant un caractère international.

IV

Il sera fait des propositions aux Puissances adhérant à la Convention pour le règlement des finances et des chemins de fer.

Les Puissances seront invitées à déclarer que le tribut payable annuellement par l'Égypte au Sultan, dont le montant est de 750,000 l. st., constituera la première charge sur le trésor égyptien.

En somme cette Convention, ou plutôt ce projet, a été basé sur la reconnaissance et le respect des droits du Sultan comme suzerain d'Égypte. Par conséquent on pourrait admettre, d'après l'interprétation littérale de la Convention, qu'à ce point de vue l'Angleterre n'a pas démenti les déclarations qu'elle a souvent faites à la Turquie, depuis déjà cinq ans; mais elle heurtait, par l'article 5, les intérêts de l'Europe, dont l'avis ou plutôt l'adhésion ne serait demandée dans l'avenir que sur les conventions ayant un caractère international, et principalement elle lésait les intérêts de la France, dont l'influence incontestable qu'elle a exercée en Égypte conjointement avec l'Angleterre, il y a cinq ans, serait devenue nulle.

En un mot, par cet acte diplomatique, la question égyptienne perdrait son caractère européen, que les cinq puissances, au moins la France, l'Italie et la Russie n'ont jamais cessé de lui donner, et prendrait dorénavant un caractère qui assurerait à l'Angleterre une position exceptionnelle en Égypte. Il est tout naturel, alors, que la Convention précitée ait ému la France et la Russie, les deux puissances qui s'intéressent plus que les autres à la question égyptienne, l'une directement, l'autre indirectement, et qui pour cette raison se sont trouvées d'accord, les autres puissances étant plus ou moins pour la Convention, et que par conséquent des démarches énergiques aient été faites par elles auprès de Sa Majesté le Sultan, pour l'éclairer sur le sens de l'acte qu'on lui proposait de ratifier et sur les conséquences auxquelles il s'exposait en cédant à l'Angleterre.

C'est la première fois depuis 1870 que la France a décidé de laisser sa position réservée, de suivre une ligne de politique digne de ses grandes traditions en Orient et de reprendre dans la question égyptienne le rôle qui lui appartenait et qu'elle avait abandonné en 1882.

Voici la note remarquable qui a été communiquée au Sultan en langue turque, le 22 juin, par le comte de Montebello, appuyé par M. Nelidow :

Le Gouvernement Français a définitivement résolu de ne pas accepter la situation qui résulterait de la Convention Égyptienne.

Si celle-ci était ratifiée, le Gouvernement consacrerait son attention à sauvegarder ses intérêts mis en péril par le trouble apporté à l'équilibre méditerranéen, et, à cet effet, prendrait telles mesures qui pourraient lui sembler nécessaires.

D'autre part, si Votre Majesté Impériale ne ratifie pas la Convention, l'Ambassadeur de France est autorisé par son Gouvernement à donner à Votre Majesté Impériale l'assurance catégorique et formelle que le Gouvernement Français garantira et protégera Votre Majesté Impériale contre toutes conséquences, qu'elles qu'elles puissent être, résultant de la non ratification.

En conséquence, Votre Majesté n'ayant plus motif d'hésiter, non seulement donnera joie et satisfaction au peuple musulman en ne ratifiant pas un arrangement qui l'inquiète et le chagrine, à juste titre, mais encore sanctionnera et fortifiera les liens de vieille amitié qui existent entre l'Empire Turc et la France.

La politique désintéressée de la France, pouvant seule sauver l'Empire Ottoman des empiétements et de l'ambition de l'Angleterre, le maintien de l'amitié dont nous avons parlé sera regardé par Votre Majesté comme beaucoup plus avantageux.

A la suite de ces démarches, la Sublime-Porte a demandé à l'Angleterre, qui a été obligée de lui accorder deux délais pour la ratification, d'abord que l'article 5 fût effacé; mais cette proposition ayant été rejetée, elle a exprimé ensuite le vif désir qu'une modification y fût apportée ainsi qu'il suit :

En cas de danger intérieur ou extérieur, qui menacerait l'Égypte, l'armée Ottomane seule aurait le droit d'intervenir, l'armée Anglaise ne pouvant faire cela qu'à la demande de la Sublime-Porte.

Mais le Gouvernement anglais n'a pas aussi

voulu acquiescer à cette proposition par la raison qu'en cas de danger, une action prompte étant nécessaire, elle ne pourrait pas se réaliser, d'après la modification proposée, parce que, suivant elle, des négociations devraient avoir lieu pendant que le danger empirerait en Égypte.

Toutefois, une autre modification sur l'article 5, formulée dans une déclaration qui devait être annexée à la Convention, a été proposée par la Sublime-Porte et acceptée par lord Salisbury, ainsi qu'il suit :

1º Si un des cas prévus par l'article 5 de la Convention nécessitait un ajournement de l'évacuation Britannique ou une réexpédition des troupes Anglaises en Égypte après l'évacuation, il est entendu que la présence des troupes Anglaises en Égypte serait une simple assistance au Gouvernement Ottoman et ne constituerait pas un empiétement sur les droits souverains et sur le prestige du Sultan;

2º Si, dans l'avenir, la Porte le juge nécessaire et, sur sa proposition, la Convention sera modifiée;

3º Il est entendu que, si l'exécution de l'article 5 de la Convention est retardée, par suite de la non-adhésion d'une Puissance méditerranéenne, l'Angleterre ne pourra pas de ce chef réclamer des concessions portant atteinte aux droits souverains du Sultan et à l'intégrité de la Turquie.

Mais pendant que cette déclaration était soumise à la sanction du Sultan, l'Ambassadeur de France à Constantinople faisait auprès de lui de nouvelles démarches par lesquelles il renouvelait les réserves de la France contre la modification projetée de l'article 5.

Le Sultan Abdul-Hamid-Han, dont la grande sagacité est reconnue par tout le monde, et qui est un des plus grands Sultans qui aient gouverné l'Empire Ottoman, ayant pris en considération les conseils sincères de la France et ayant compris la différence qui existait pour l'Angleterre d'occuper l'Égypte en vertu d'un coup de force ou d'être investie d'un mandat qui aurait régularisé sa situation sur les bords du Nil, a proposé, à bon droit, le changement entier de la Convention et surtout de l'article 5, par un autre qui donnerait à lui seul le droit exclusif d'intervenir en Égypte. Dans ce sens il aurait proposé de modifier l'article précité ainsi qu'il suit :

En cas de troubles intérieurs en Égypte, les troupes Turques procéderaient à une réoccupation de ce pays. Si la Porte refusait de prendre cette mesure, un corps de troupes fourni par les armées des États secondaires serait, après consultation des grandes Puissances, envoyé en Égypte.

Cette proposition devait annuler entièrement la Convention, ratifiée déjà par la Reine d'Angleterre, et nécessiter une nouvelle Convention qui n'aurait donné à l'Angleterre aucune prérogative.

Il est tout naturel alors que cette modification radicale ait été rejetée par l'Angleterre et que, par conséquen', la ratification de la Convention n'ait pas eu lieu.

Le gouvernement britannique a déclaré que, dans le cas où la Convention ne serait pas rati-

fiée par le Sultan et acceptée par les autres
grandes puissances, il resterait dans la position
où il se trouvait vis-à-vis de la Turquie avant
la Convention.

Après le refus du Sultan de ratifier la susdite
convention, sera-ce l'Angleterre qui réglera à
son gré cette position?

Le prolongement de l'occupation militaire de
l'Égypte dépendra-t-il dorénavant de l'Angleterre seule?

Le sous-secrétaire d'État au Foreing-Office a
qualifié, dernièrement, d'un mot la situation
qu'a créée à l'Angleterre le rejet de la convention : « Que la Convention soit ou non ratifiée,
a dit sir Fergusson, notre départ d'Égypte n'en
sera ni précipité, ni retardé. »

Mais quand ce départ aura-t-il lieu?

Cela sera la grande question dans l'avenir, qui
sera peut-être résolue par des négociations de
cabinet à cabinet, puisque la question égyptienne, que l'Angleterre a voulu caractériser par
la convention comme une question anglo-turque,
après le rejet de ladite convention est rentrée de
nouveau dans le domaine international auquel
elle ressortait sur la base toujours des droits
incontestables de Sa Majesté Impériale le Sultan
sur l'Égypte.

FIN

TABLE DES MATIÈRES

Pages.

PARIS. — IMP. C. MARPON ET E. FLAMMARION, RUE RACINE, 26.

IMPRIMERIE C. MARPON ET E. FLAMMARION
RUE RACINE, 26, A PARIS.

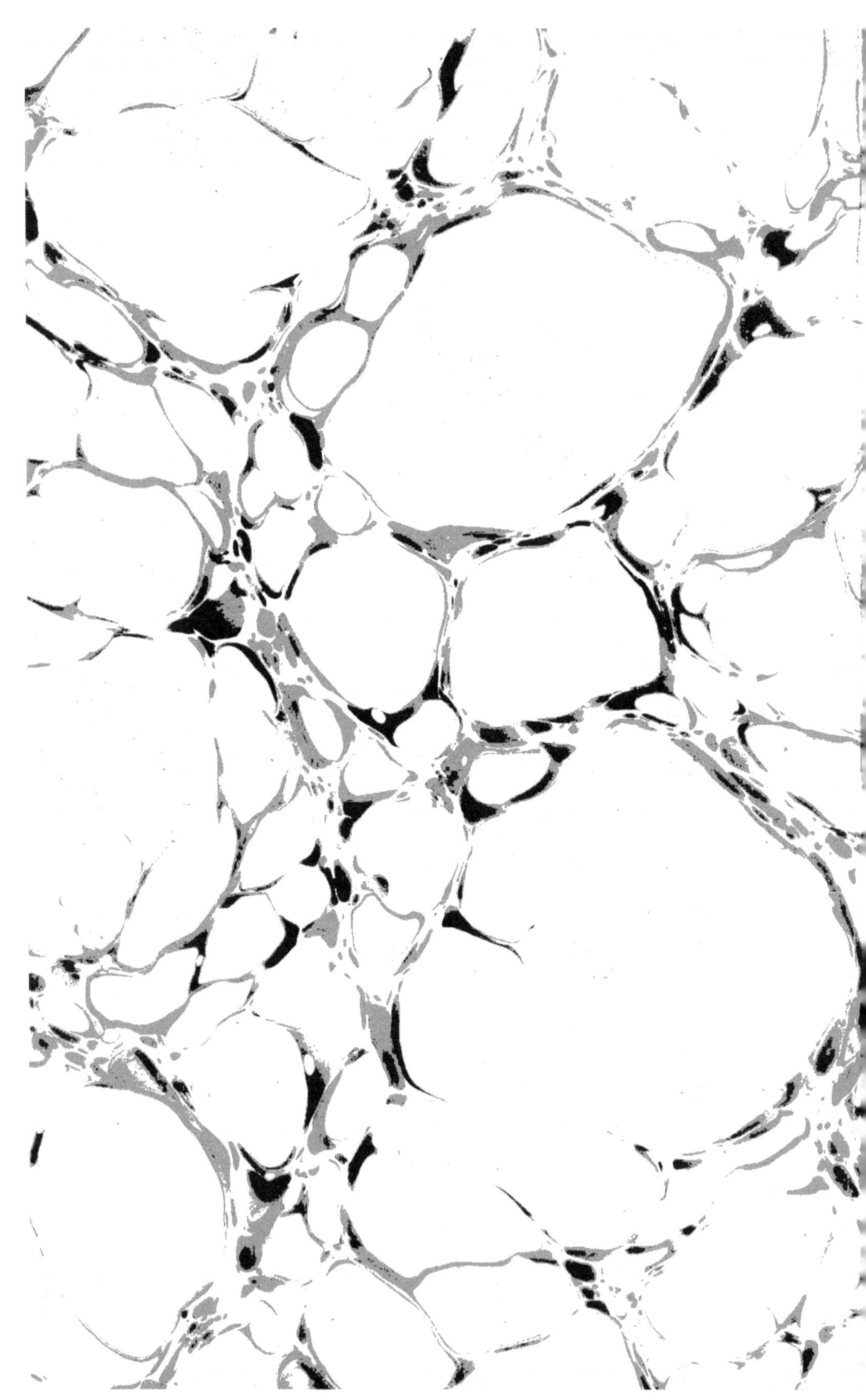

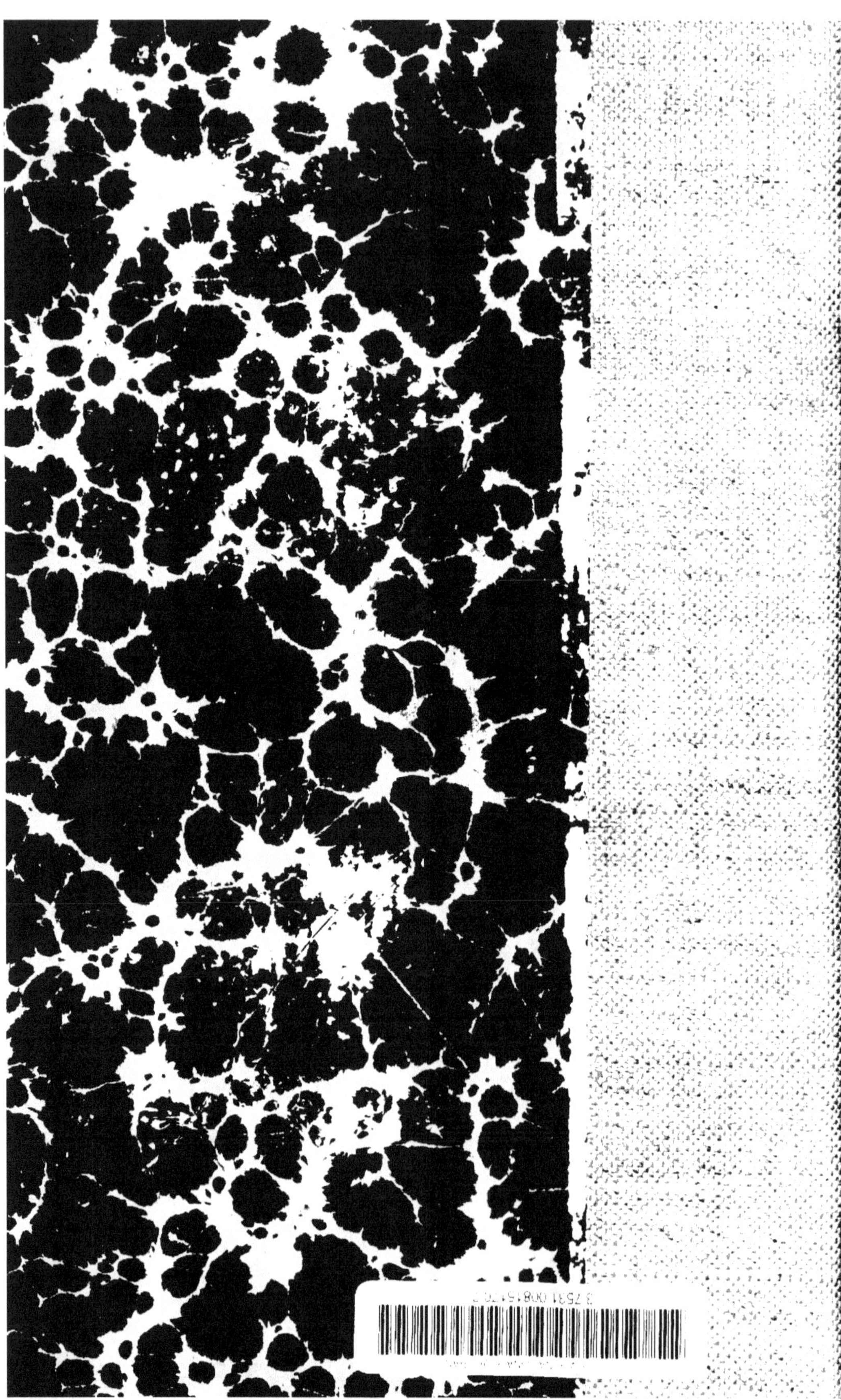